Nachhaltigkeit ist uns wichtig!
Mit diesem Buch unterstützen Sie eine ökologische Produktion. Wir verwenden FSC-zertifizierte Papiere, drucken mit mineralölfreien Druckfarben, verzichten auf das Einschweißen in Plastikfolie und achten auf kurze Transportwege.

Einfach nachhaltig

EVELYN JASCHKE
@mrsgreenhouse.diy

DIE KREATIVE WELT von Mrs. Greenhouse

NACHHALTIGE DEKO-PROJEKTE
FÜR ZU HAUSE

CV

INHALT

Vorwort

Willkommen ... 8
Ab in die Jeans ... 13

Projekte

Von der Jeanshose zum Hundeknochen ... 17
Blumen- und Pflanzenpresse selbst gemacht ... 21
Gartenkräuter hübsch verpackt mit Blätterprint ... 25
Konfetti geht immer ... 29
Lavendelduft für die Sinne ... 33
Lavendelspray ... 36
Kaffee-Körperpeeling ... 38
Weinkorken-Schlüsselanhänger ... 41
Have Fun – fröhliche Pomponblümchen ... 45
Neonteelichter aus Futterdosen ... 49
Neonvasen ... 53
Aus Alt mach Neu – ein Schränkchen mit neuem Look ... 57
Windlichter im Beachhouse-Style ... 61
Vom Muffinförmchen zum Adventskalender ... 65
Bedrucktes Geschirrtuch ... 69
Gewürzgläser im neuen Look ... 73
Hanging herbs – Kräuterdosen zum Aufhängen ... 77
Makramee-Handtuchhalter ... 81
Milchkarton-DIY – eine Grundanleitung ... 85
Kartentäschchen aus einem Milchkarton ... 89
Kofferanhänger aus einem Milchkarton ... 93
Ein Zeichen setzen: Milchkarton-Lesezeichen ... 97
Milchkarton-Mappe mit Siebdruckmotiven ... 101
Designer-Milchkarton als Gastgeschenk ... 105
Vom T-Shirt zum Untersetzer ... 109
Vom Küchenbrett zum Memoboard ... 113
DIY-Korb aus Pappkarton ... 117
Papierschiffchen aus Geldschein ... 121
Geschenke aus der Schachtel ... 125
Gute-Reise-Box ... 126
Führerscheinbox ... 128
Hochzeitsbox ... 130
Glückwünsche mit alten Buchseiten ... 133
Von der Nuss zur Pflanze – Übertöpfe aus Snackdosen ... 137

Vorlagen ... 140
Impressum ... 141

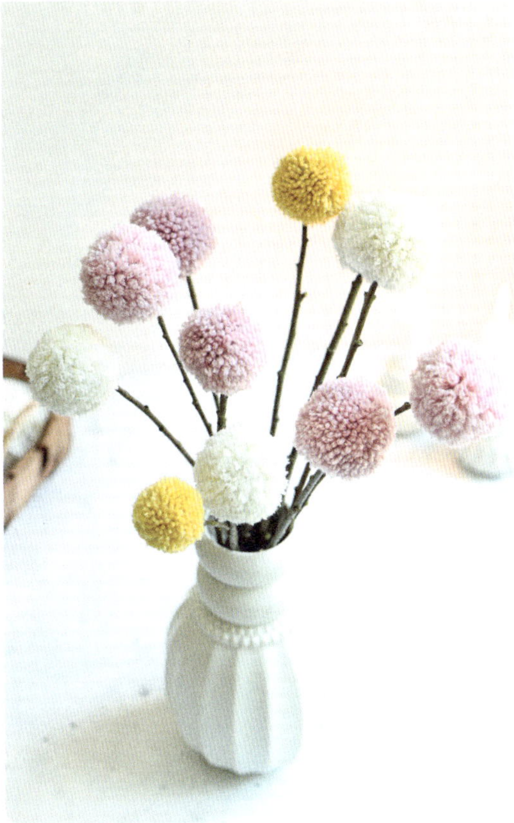

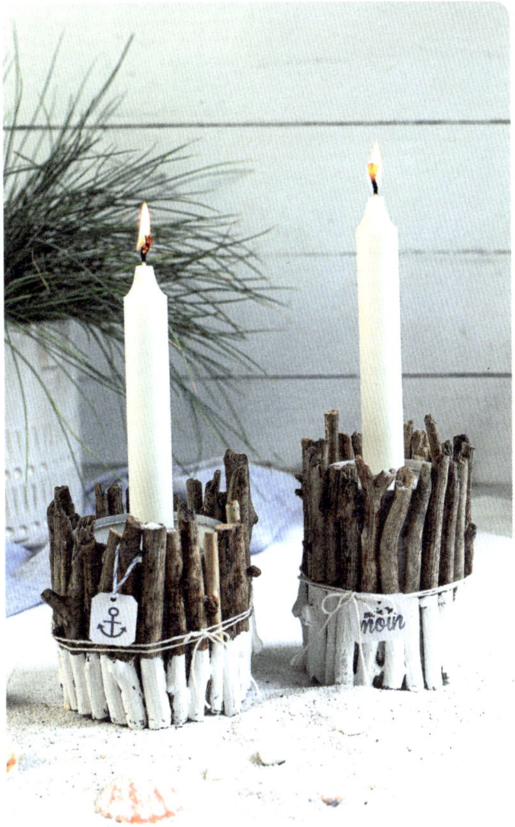
moin

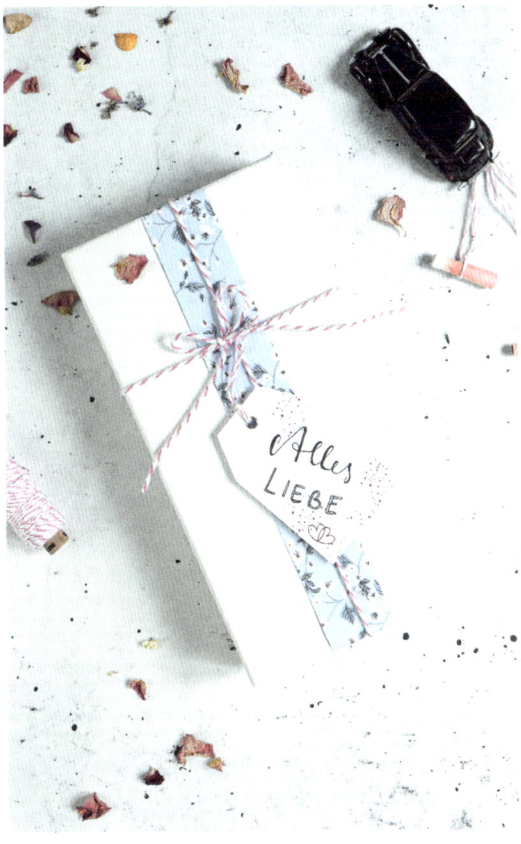
Alles
LIEBE

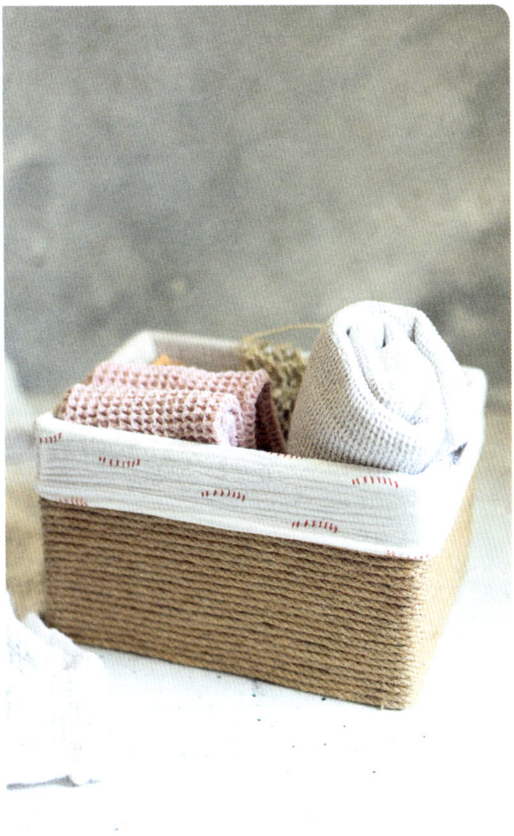

WILLKOMMEN

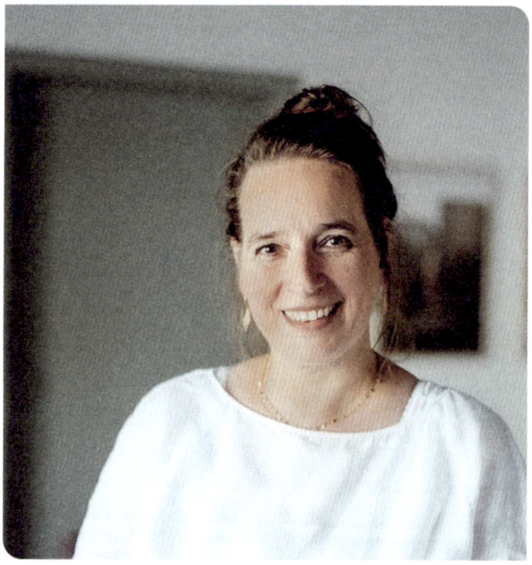

Ich bin Evi und ich freue mich, dass du dieses Buch aufschlägst! Seit 2018 bin ich als Kreativbloggerin auf meinem Blog Mrs Greenhouse tätig. Hier kannst du viele inspirierende DIY-Ideen zu verschiedenen spannenden Themen finden. Natürlich findest du mich auch auf Instagram und auf Pinterest unter @mrsgreenhouse.diy.

Ich liebe es, Inspirationen rund um Wohnung, Haus sowie Garten zu teilen und andere Menschen mit meiner großen Leidenschaft rund um das Thema „Selbermachen" zu begeistern. Ich probiere gerne Neues aus und verbinde es mit vorhandenen Materialien. Meine Devise: Du kannst aus allem etwas machen – fang einfach an.

Meine Heimat ist die schöne Stadt Hamburg. Dort lebe und arbeite ich in einem alten Häuschen aus dem Jahr 1890 zusammen mit meiner vierköpfigen Familie, meiner Hündin Vivi und dem Kater Pauly. Das Haus haben wir überwiegend selbst restauriert und immer wieder mit neuen Ideen gestaltet, dekoriert und renoviert. Wir versuchen auch hier, auf vorhandene Ressourcen zurückzugreifen, indem wir beispielsweise alte Möbel integrieren und mit Neuem kombinieren.

Was bedeuten eigentlich „nachhaltige DIY-Ideen" für mich? Meine Familie und Freunde sagen mir nach, dass ich das Thema Nachhaltigkeit sehr ernst nehme. Ich überlege genau, bevor ich etwas wegschmeiße, denn ich upcycle für mein Leben gerne und versuche, aus alltäglichen Gegenständen etwas Neues zu kreieren. Dabei soll es nie kompliziert sein und für alle leicht nachzubasteln sein.

Auch bei meinen Eltern ging es früher schon sehr nachhaltig zu, ohne, dass diese es bewusst so benannt haben. Dennoch war es selbstverständlich, alte Handtücher zu Putzlappen umzufunktionieren, gelesene Infopost zu Notizzetteln zu zerschnippeln oder die Hosen einfach mal mit einem Stoffstreifen zu verlängern (okay, das war nicht immer in meinem Sinne, aber so war das halt in den 70er-/80er-Jahren). Da wir kein Auto hatten, sind wir statt-

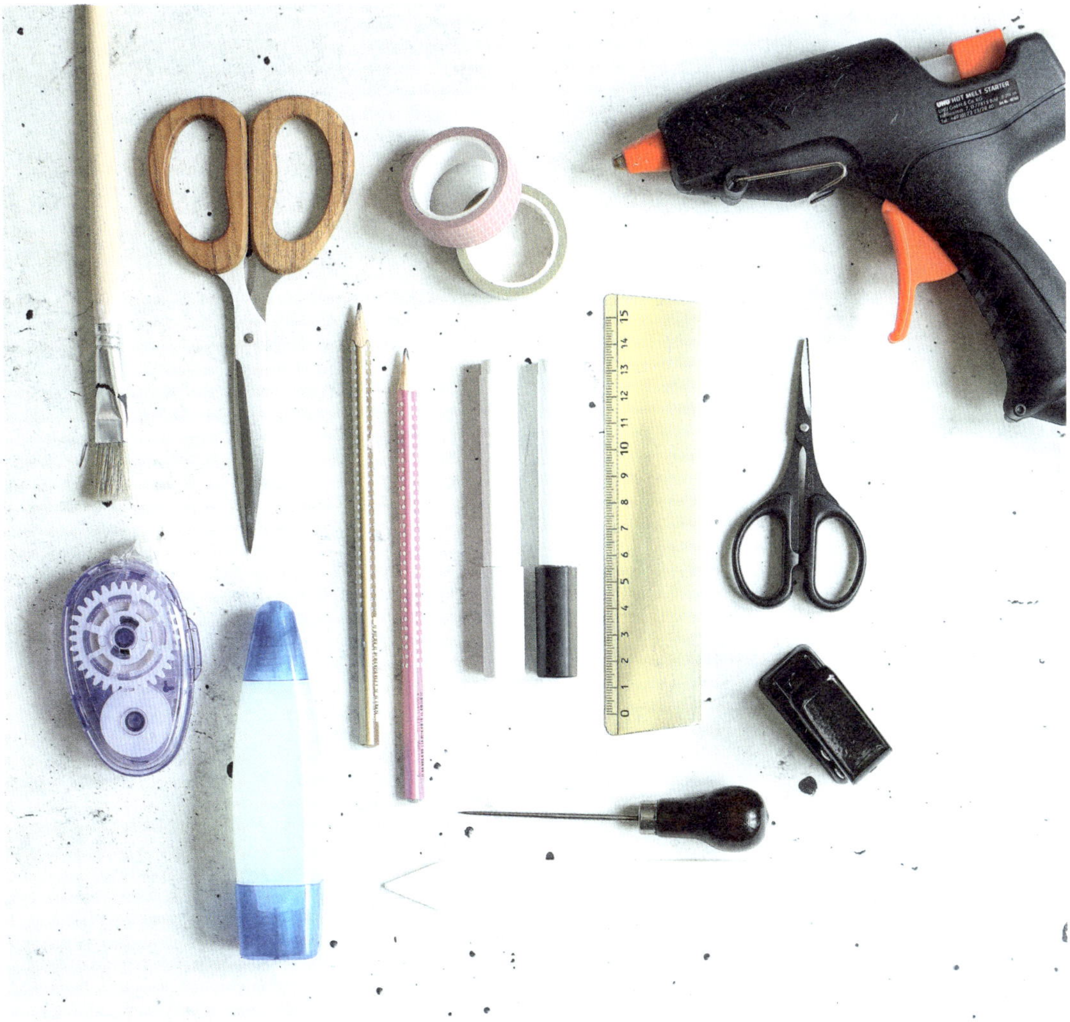

dessen stets mit der Bahn in den Urlaub gefahren. Da war schon die Fahrt mit meinen großen Brüdern und Eltern ein Erlebnis, sicher auch für die Mitreisenden. Gespielt habe ich am liebsten draußen, mit Muggelsteinen, Kreide, Gummitwist, und das Fahrrad habe ich von den Brüdern übernommen und angepasst. Diesen unmäßigen Konsum von heute kannte ich damals nicht. Die Ressourcen scheinen heute immer unbegrenzt zur Verfügung zu stehen, aber das ist, wie wir alle mittlerweile wissen, eine große Blase, in der wir leben.

Nachhaltigkeit bedeutet für mich also auch, dass wir Ressourcen bewusst konsumieren und genau überlegen, ob ein Produkt wirklich notwendig ist, bevor wir es anschaffen oder ob es nicht eine andere Lösung gibt, am besten aus bereits vorhandenen Gegenständen.

Ich hebe z. B. gerne Verpackungsmaterial auf und nutze es weiter für kleine Geschenke oder als Bastelgrundlage. Aus Milchtüten kreiere ich Geschenkanhänger und aus alten Büchern werden Adventskalender. Packpapier lässt sich wunderbar bestempeln oder bemalen und Kartons ebenso. Auch aus Stoffresten kaputter Kleidung lassen sich großartige neue Ideen zaubern.

Gleichzeitig ist es mir wichtig, dass die entstandenen Projekte möglichst lang-

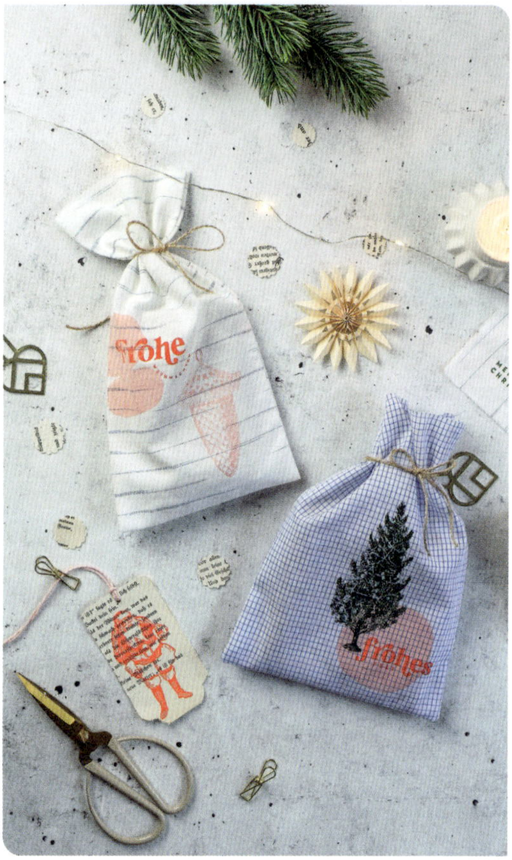

fristig genutzt werden und nicht sofort im Mülleimer landen. So wird bei uns schon seit Jahren zu Weihnachten kein Geschenkpapier mehr verwendet, stattdessen wird alles in bedruckten Stoffsäckchen verschenkt.

Aber ist es denn wirklich nachhaltig, eine Milchtüte zu bemalen oder Dosen als Pflanztöpfe zu benutzen?

Die Definition der Nachhaltigkeit ist so vielfältig, aber am Ende ist für mich wichtig, dass ich etwas geschaffen habe, das mit wenigen Ressourcen auskommt, damit einen zweiten Sinn erhält und für das ich nicht noch ein weiteres Produkt kaufen muss. So knüpfe ich an den von meinen Eltern überlieferten Pragmatismus an und habe Spaß dabei, längst abgeschriebenen Sachen wieder neues Leben einzuhauchen.

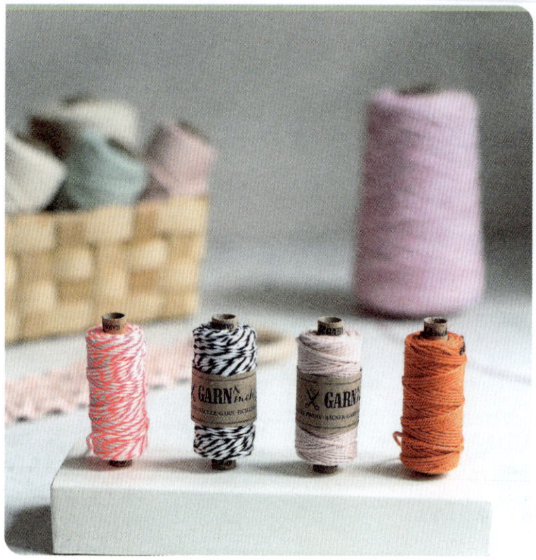

Nun wird der eine oder andere sagen, dass es ja auch die Möglichkeit der Unverpacktläden gibt, aber diese Alternativen stehen eben nicht allen Menschen überall zur Verfügung. Bisher ist die Rückgabe von Pfandprodukten die einzige Variante, die jedem zugänglich ist. So lange nutzen wir die Materialien, die uns der tägliche Einkauf oder der Vorratsraum bietet und erschaffen daraus kreative neue Ideen.

Folgendes Grundmaterial habe ich immer im Haus, um kreativ zu sein:

- ✓ Stempel
- ✓ Acryl- oder Kreidefarben
- ✓ schöne Bänder
- ✓ Heißkleber und Kleber
- ✓ eine Stanzmaschine oder den Plotter
- ✓ Nietenzange
- ✓ Packpapier
- ✓ Schere, Locher und Pinsel
- ✓ Lackmarker
- ✓ Stoffreste

Für meine Projekte verwende ich Produkte, die vielfältig auf unzähligen Materialien einsetzbar sind. Damit möchte ich gleichzeitig Danke sagen an meine Partner, die mich mit ihren Produkten für dieses Buch unterstützt haben.

GARN & MEHR mit wunderschönen Bäcker- und Makrameegarnen, die in einer kleinen Manufaktur in Deutschland hergestellt werden. Die hübschen Zwirne setzt ich sehr oft in meinen Bastelarbeiten ein.

JAZZ aus dem schönen Barum in der Nordheide. Ich war schon einmal zu Besuch bei der lieben Juli und ihrer Familie und durfte bei der kompletten Produktion der Stempel zusehen. Ein kleines Familienunternehmen, das regional und nachhaltig produziert.

Ebenso die Siebdruckwerkstatt SILBERFABRIK der lieben Sarah. Mit den großartigen Sieben aus München habe ich schon viele wunderbare Projekte gestaltet. Unter anderem unsere Geschenkverpackungen zu Weihnachten.

Auch hier in diesem Buch sind die Siebe wieder zum Einsatz gekommen. Einmal gekauft, lassen sie sich auf vielen Materialien so kreativ einsetzen.

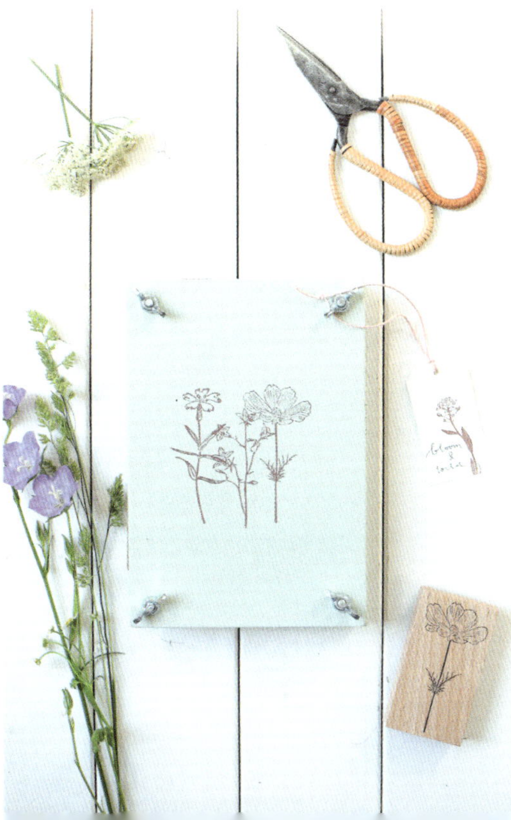

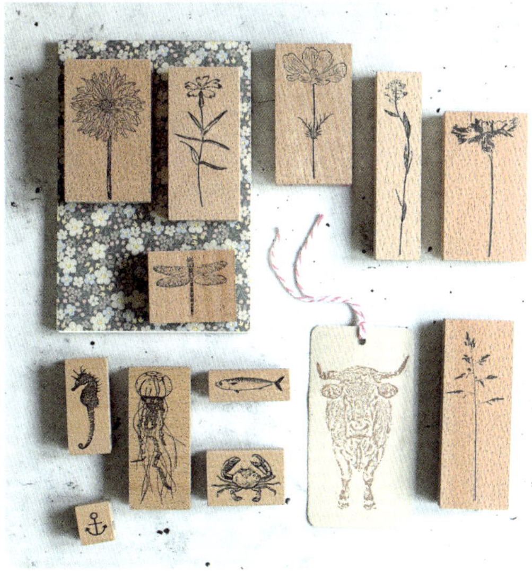

Und was wäre die Kreativwelt ohne Farben? Mit den wunderschönen Farben von RUST-OLEUM habe ich schon vielen Möbeln einen neuen Anstrich verpasst und auch für kleine Projekte die Farbreste verarbeitet. So lassen sich aus vielen alten Möbelstücken, Kleinholzteilen oder auch anderen Materialien neue Dinge erschaffen.

Und natürlich bedanke ich mich bei meiner Familie, die tagtäglich das Chaos meiner kreativen Arbeit aushält und den geduldigen Ohren meines lieben Mannes, wenn ich wieder einmal ausgiebig über 1000 Ideen und Pläne spreche…

Jetzt wünsche ich dir viel Spaß beim Entdecken und Nachbasteln meiner Ideen in diesem Buch.

Evi

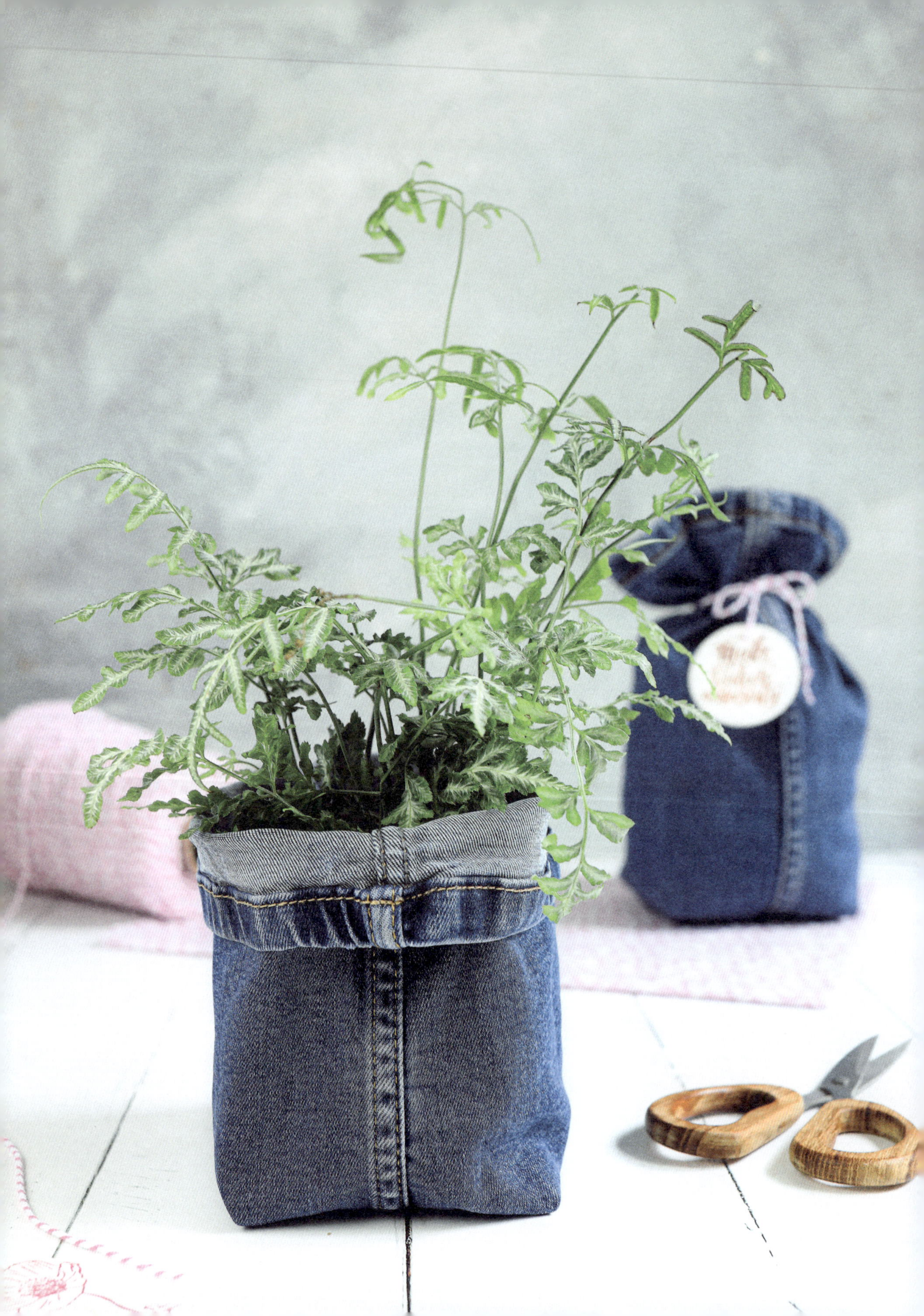

AB IN DIE JEANS

Schnipp, schnapp sind die Hosenbeine ab – so habe ich mir als Teenie gerne zu einer kurzen Hose im Sommer verholfen. Als mein Mann neulich seiner alten Jeans dasselbe angetan hat, habe ich die Chance ergriffen und mir die Stoffreste für ein neues DIY geschnappt. Daraus lassen sich nämlich fix tolle Beutel oder Aufbewahrungsbehälter nähen. Darin lässt sich eine Menge verstauen, da der Jeansstoff in der Regel ziemlich stabil ist.

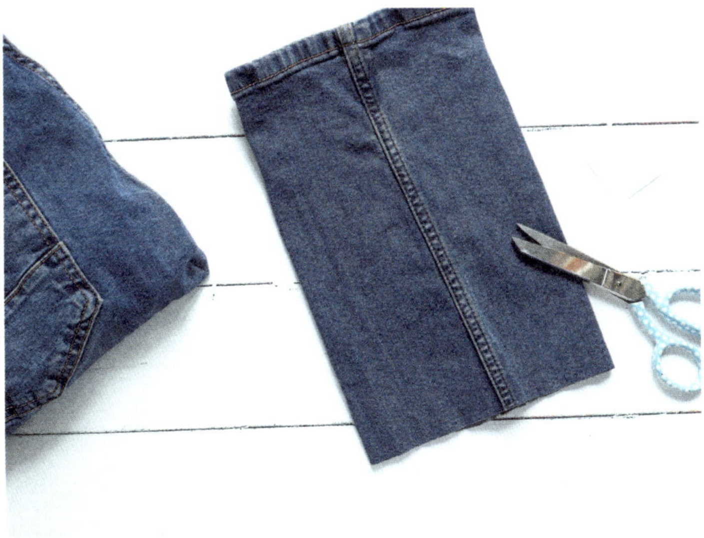

Alles, was du brauchst:

✓ Jeanshosenbeine
✓ Nähmaschine
✓ Schere

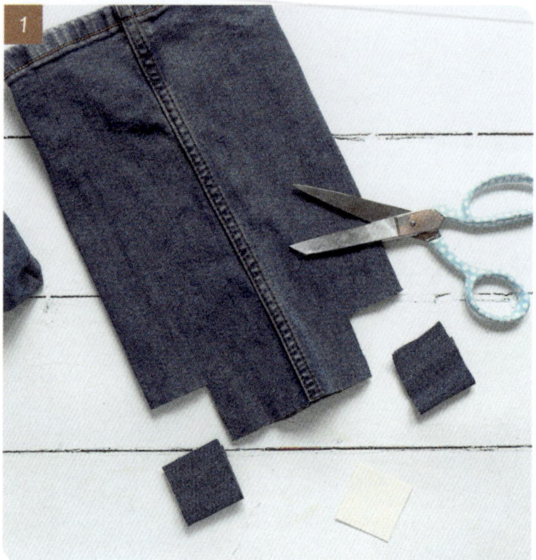

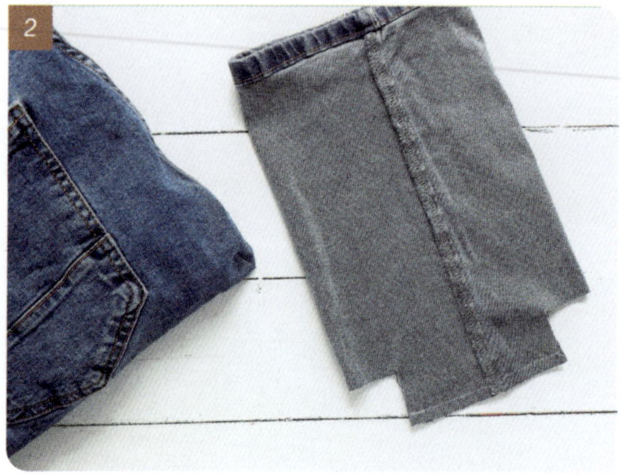

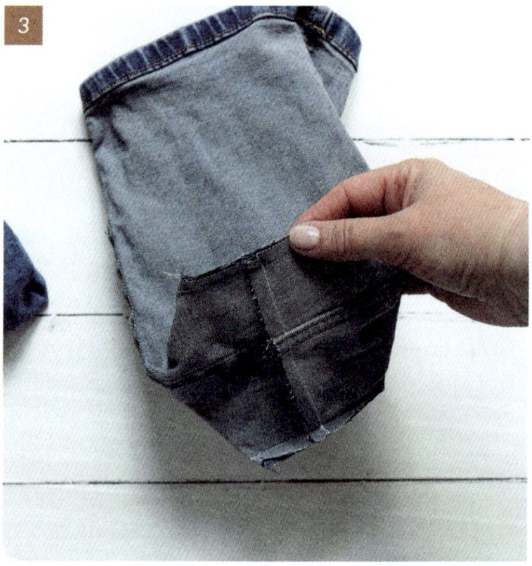

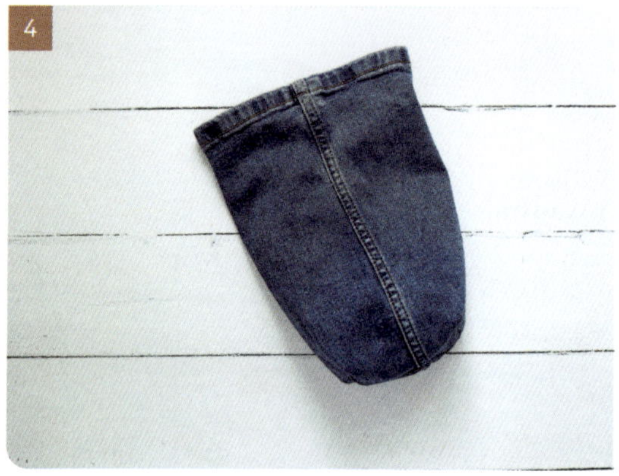

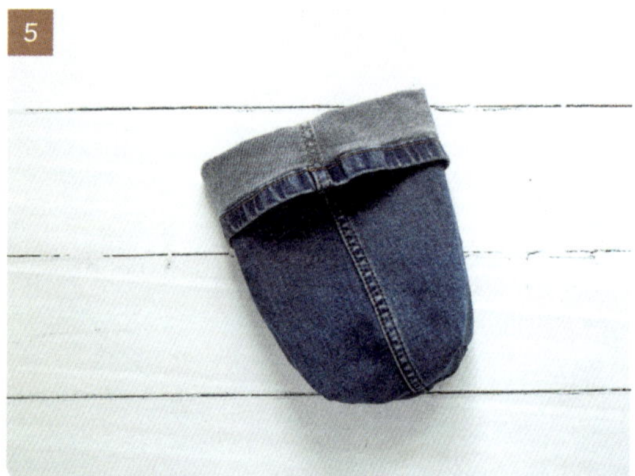

1. Schneide die Beinlänge nach deinen Wünschen zu. Drehe das Bein vor dem Nähen und Zuschneiden auf links. Anschließend werden links und rechts kleine Vierecke von ca. 3 × 3 cm ausgeschnitten. So erhält der Beutel einen kleinen Boden.

2. Zuerst nähst du die untere gerade Naht mit der Nähmaschine zu.

3. Danach werden die Ecken zusammengelegt und ebenfalls zugenäht.

4. Jetzt kannst du den Beutel wieder auf rechts drehen.

5. Je nachdem, wofür du den Beutel verwenden möchtest, kannst du ihn oben noch einmal umschlagen oder mit einem Band zusammenschnüren.

So einen Beutel kann man auch toll als Geschenkbeutel verwenden. Fehlen nur noch ein hübsches Band und ein kleiner Anhänger.

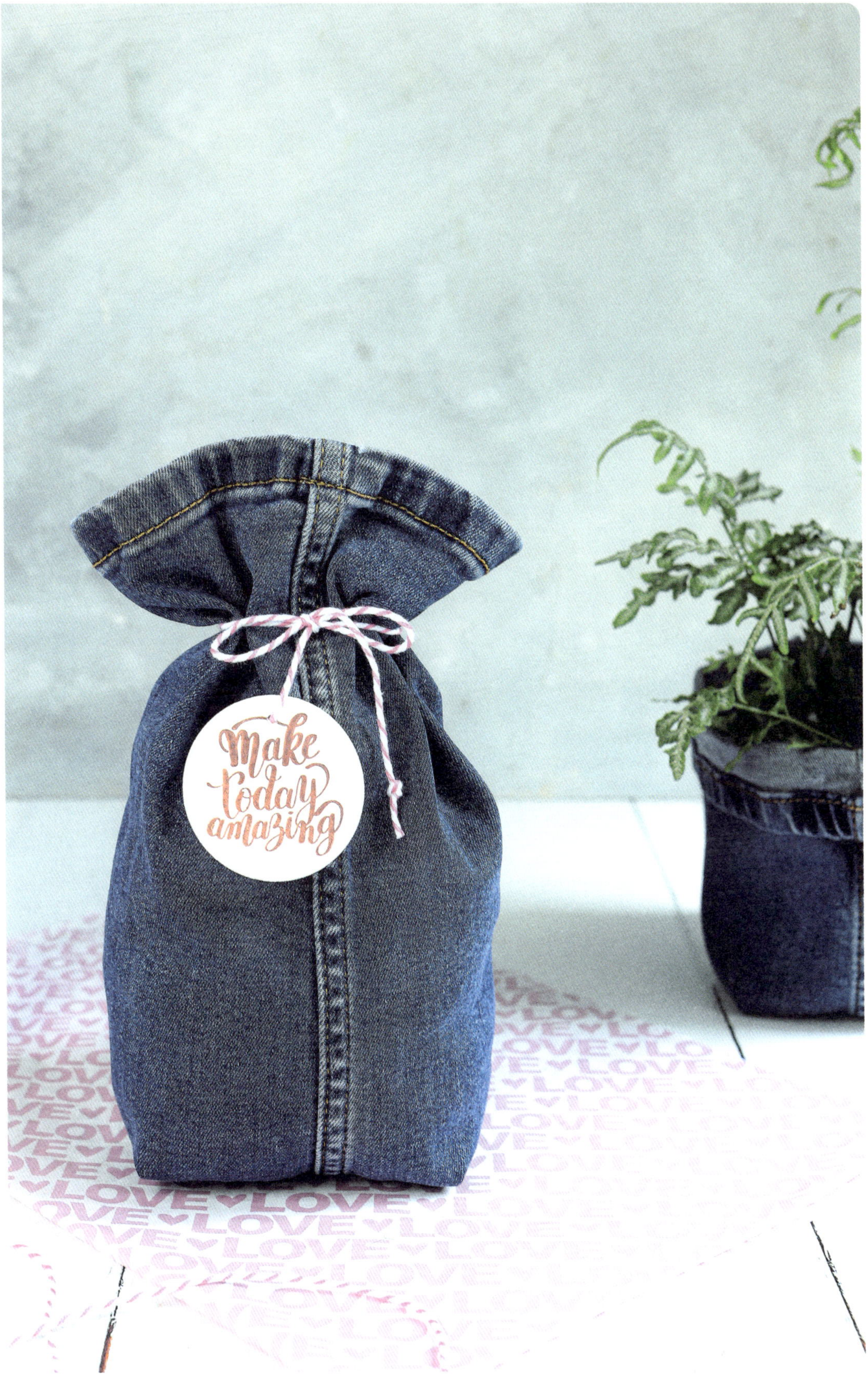
Make today amazing

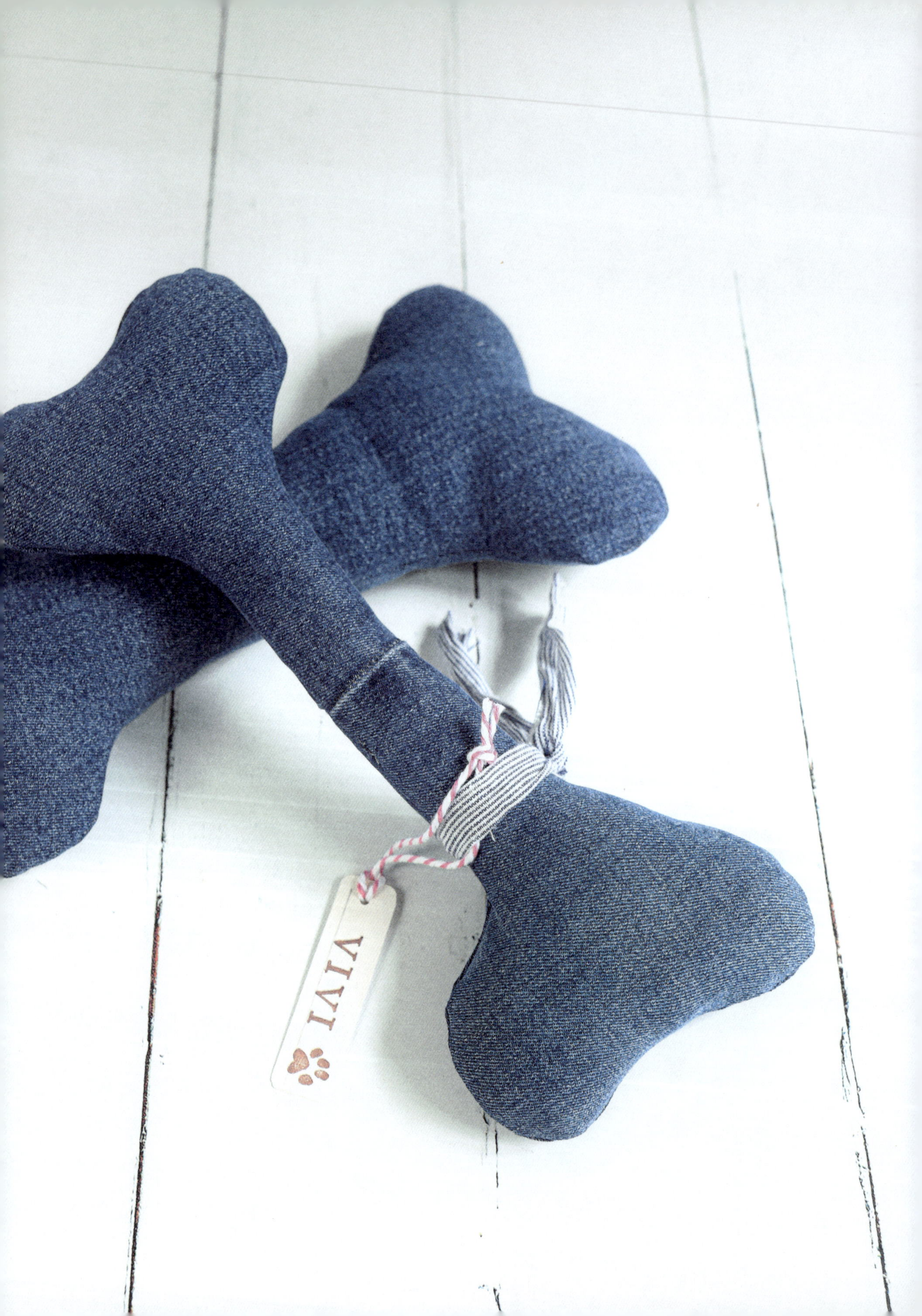
VIVI

VON DER JEANSHOSE ZUM HUNDEKNOCHEN

Auch die liebste Jeans hat irgendwann ausgedient und muss entsorgt werden. Es gibt aber einige wertvolle Teile, die sich noch weiterverwerten lassen. Für meine liebe Hündin Vivi habe ich zwei knuddelige Hundeknochen genäht, die sie nun mit sich herumtragen und mit denen sie spielen kann.

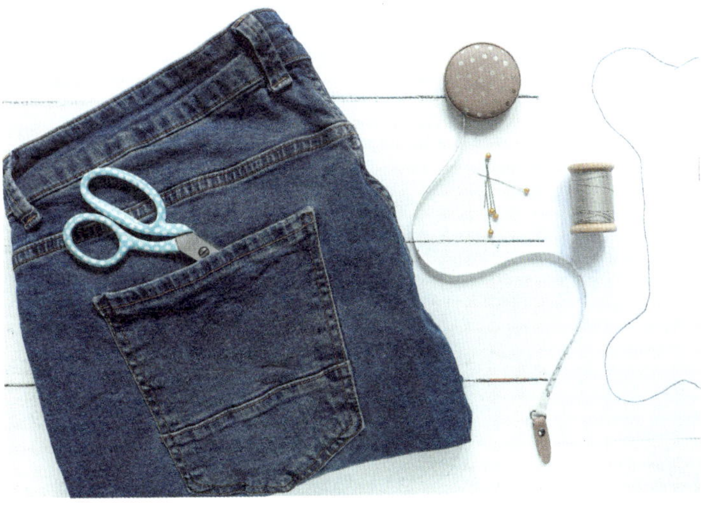

Alles, was du brauchst:

- ✓ alte Jeans
- ✓ Nähmaschine
- ✓ Schere
- ✓ Füllwatte oder andere Füllung
- ✓ Vorlage (S. 140)

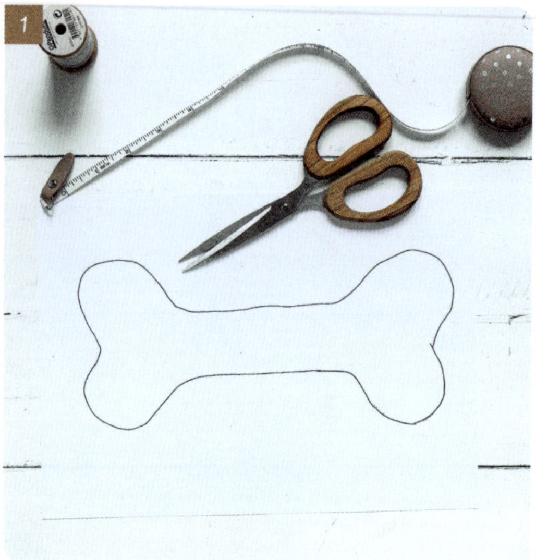

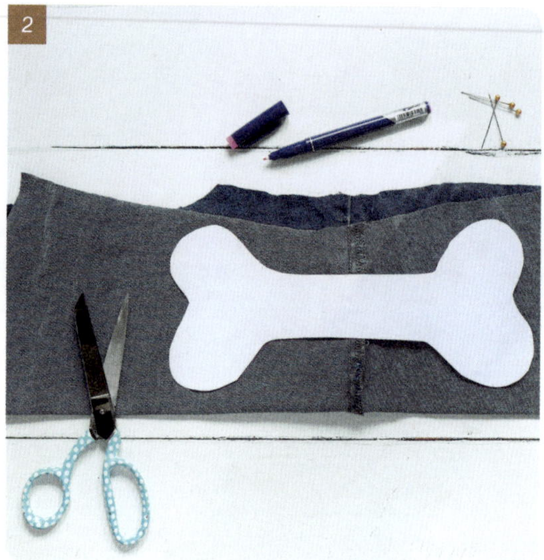

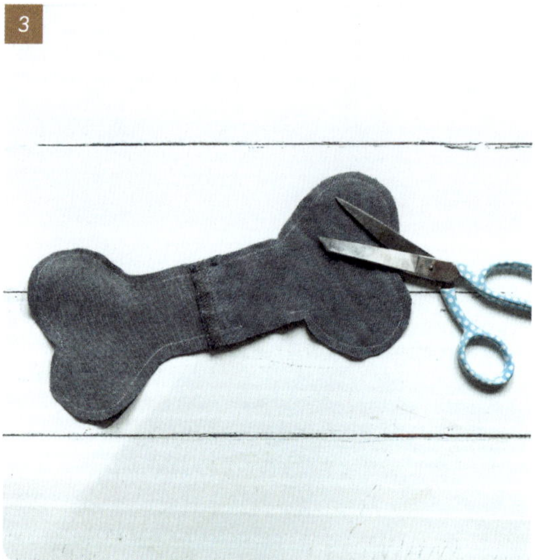

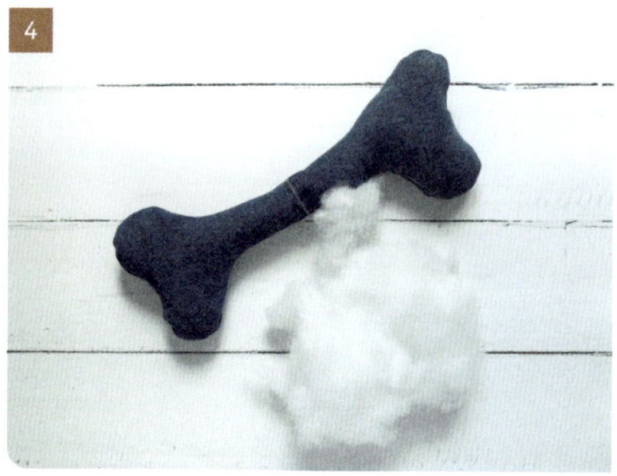

1. Male dir einen Knochen auf ein Stück Papier oder verwende meine Vorlage.

2. Lege den Stoff rechts auf rechts aufeinander. Lege die Vorlage auf den Stoff und stecke sie mit Nadeln fest. Schneide dann rundum mit 1 cm Nahtzugabe beide Teile aus.

3. Anschließend nähst du beide Teile rechts auf rechts mit der Nähmaschine zusammen. Lasse dabei eine kleine Öffnung zum Wenden offen.

4. Wende den Knochen und fülle ihn mit Füllwatte. Nähe anschließend die Öffnung mit der Hand oder der Maschine zu.

Tipp: Bei Hunden, die gerne Stoffspielzeug zerfetzen, würde ich zur Sicherheit alte Socken oder größere Stoffreste als Füllung verwenden.

So ein Knochen ist auch eine tolle Geschenkidee für einen neuen Hund bei Freund*innen und Nachbar*innen. Aber wie gesagt: Vorsicht bei der Füllung. Bei unbekannten und kleinen Hunden lieber auf Nummer sicher gehen und ungefährliche Füllungen verwenden.

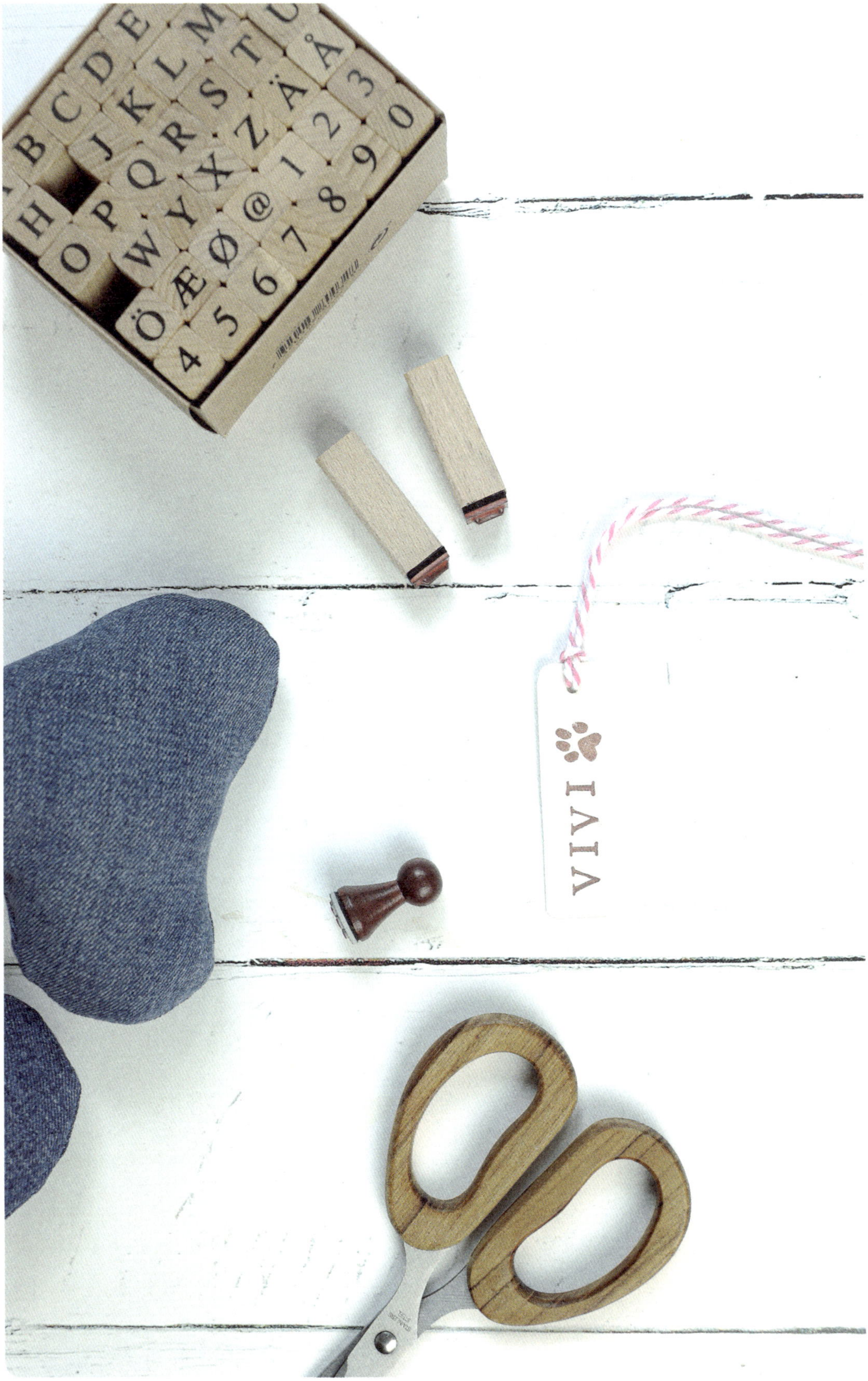

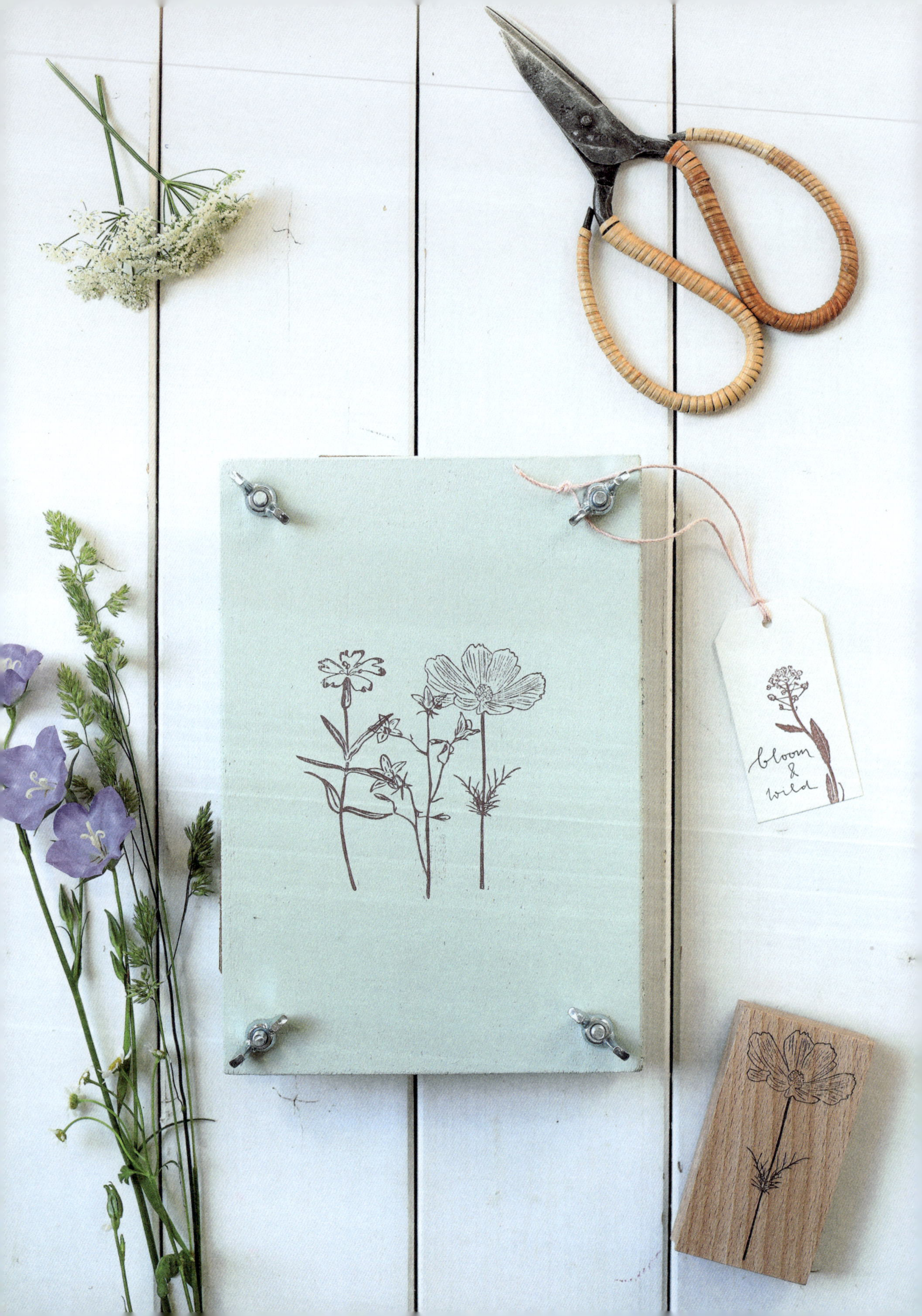
bloom
&
wild

BLUMEN- UND PFLANZEN-PRESSE SELBST GEMACHT

Schon als Kind habe ich im Urlaub liebend gerne Gräser und Blümchen gesammelt und zwischen dicken Atlanten gepresst. So hatte ich später eine richtig hübsche Erinnerung an duftende Wiesenblumen, die ich mit meiner Mama gepflückt habe. Ich habe sie dann zusammen mit den Fotos in meine Fotobücher geklebt. Noch besser eignet sich aber eine richtige Blumenpresse, um Blumen und Gräser zu trocknen und zu pressen. Sie lässt sich super einfach herstellen und ist dekorativ verziert auch noch ein Blickfang.

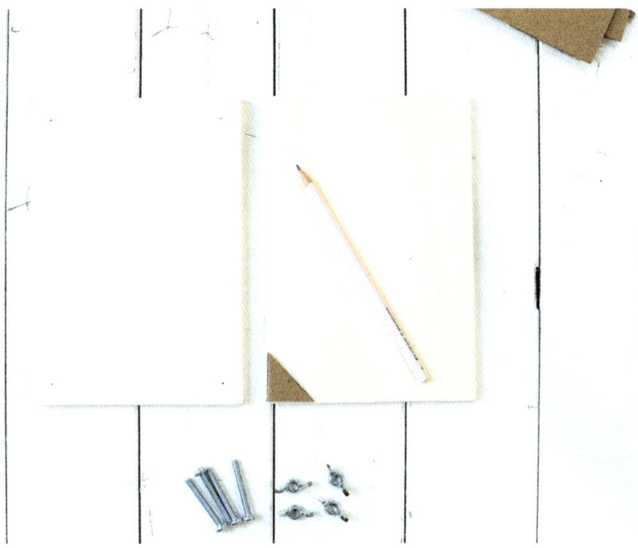

Alles, was du brauchst:

- ✓ Pappelsperrholzplatten DIN A5
- ✓ Pappe
- ✓ Löschpapier
- ✓ Flügelschrauben + Muttern
- ✓ Ich habe hier die Größe M 5 × 40 mm für die Schrauben verwendet und dazu die passenden Muttern (M5)
- ✓ Kreide- oder Acryllack
- ✓ Akkuschrauber

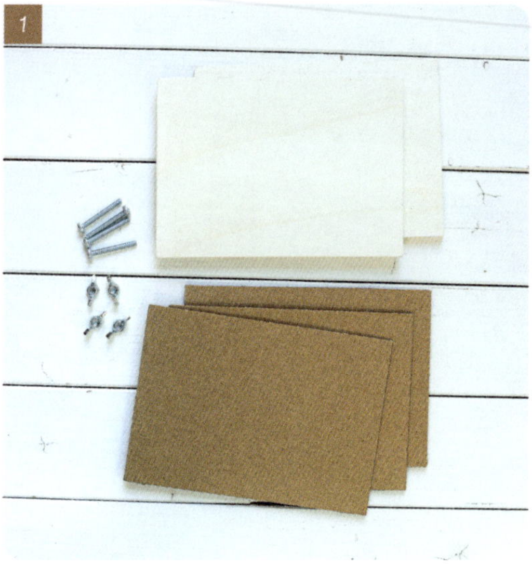

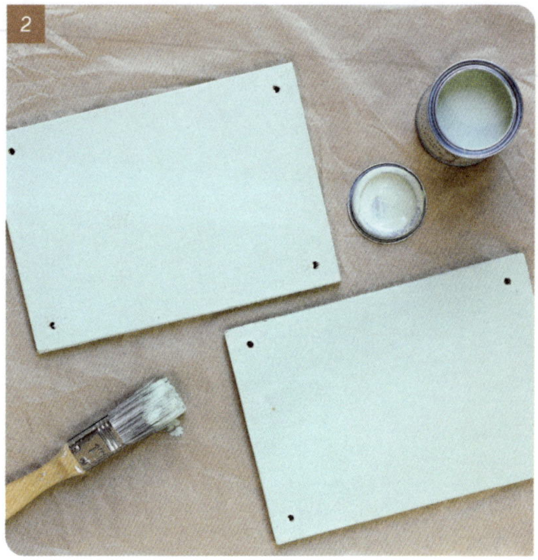

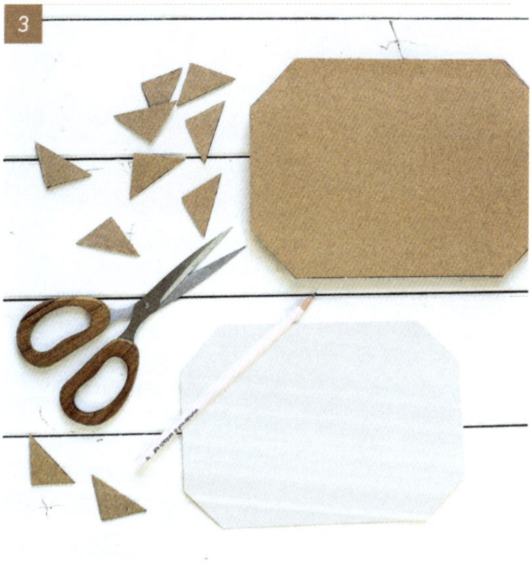

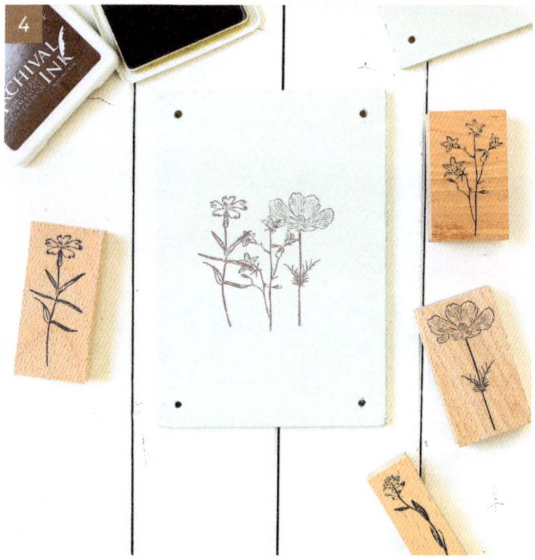

Tipp: Die Bastelsperrholzplatten bekommt du schon fertig zugeschnitten im Bastelladen oder im Baumarkt.

1. Im ersten Schritt werden 4 Löcher in die Sperrholzplatten gebohrt. Damit alle den gleichen Abstand haben, habe ich eine kleine Schablone aus Pappe angefertigt. Die wird dann auf die Ecken gelegt und mit einem Bleistift das Loch durch die Pappe markiert.

   Mit dem Bohrer anschließend die Löcher bohren. Dabei darauf achten, dass der Bohrmaschinenaufsatz in etwa zur Größe der Flügelschrauben passt.

2. Lackiere nun die beiden Sperrholzplatten in deiner Wunschfarbe. Ich habe dazu einen Kreidelack verwendet.

3. Während der Anstrich trocknet, kannst du die Pappen sowie das Löschpapier auf DIN-A5-Größe zuschneiden. Anschließend die Ecken abschneiden,

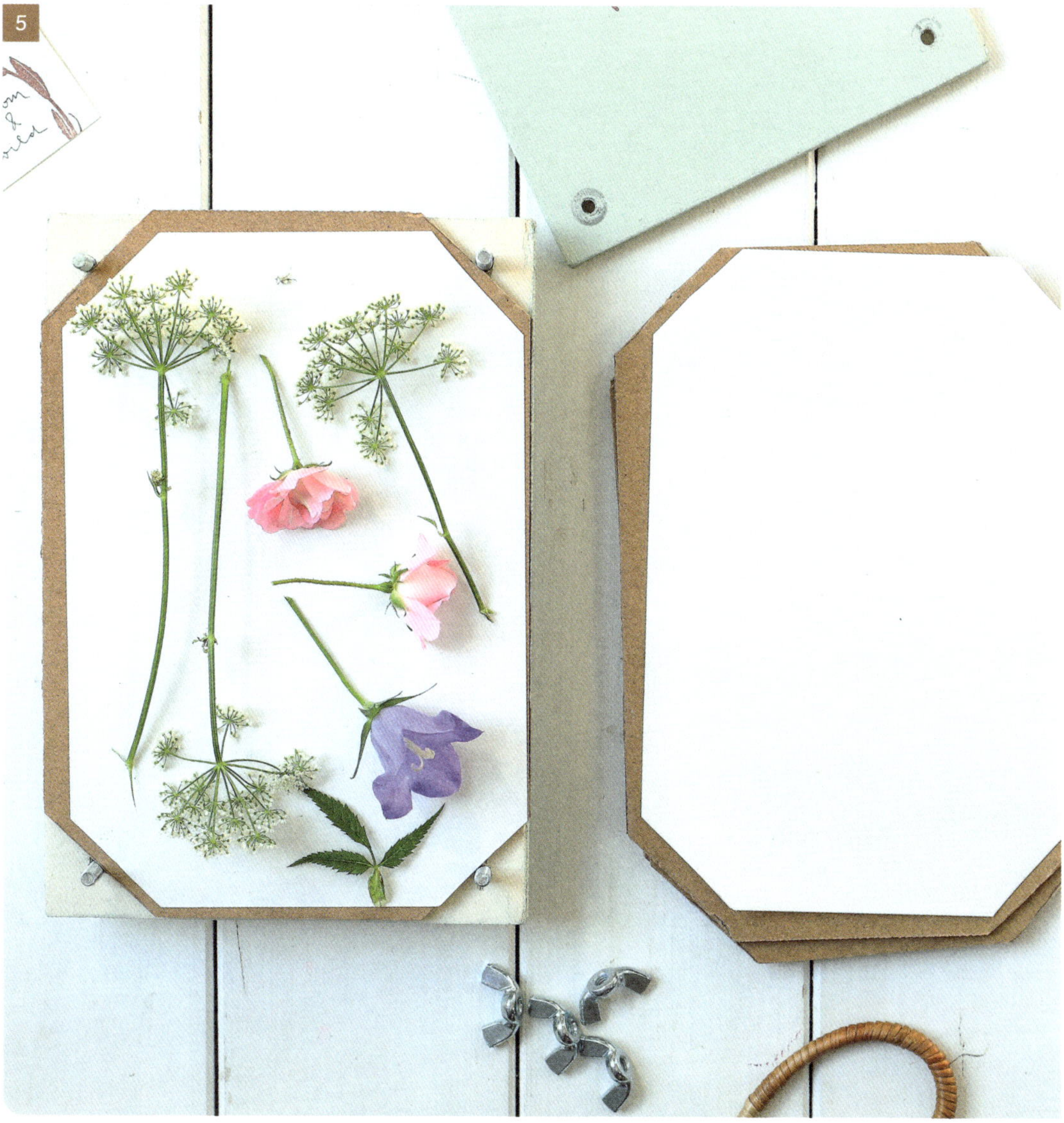

damit die Papiere später hinter den Schrauben liegen können.

4. Sind die Hölzer getrocknet, kannst du sie noch mit Stempeln verzieren.

5. Die Blumen und Gräser werden jeweils so eingelegt, dass sie immer zwischen zwei Löschpapieren liegen und dann mit einer Pappe abgedeckt werden.

   So kann man mindestens 4–5 Lagen übereinander pressen.

   Anschließend die Schrauben einsetzen und mit den Muttern festziehen.

   Nach ein paar Tagen kannst du die Schrauben wieder lösen und die fein gepressten Pflanzen vorsichtig herausnehmen.

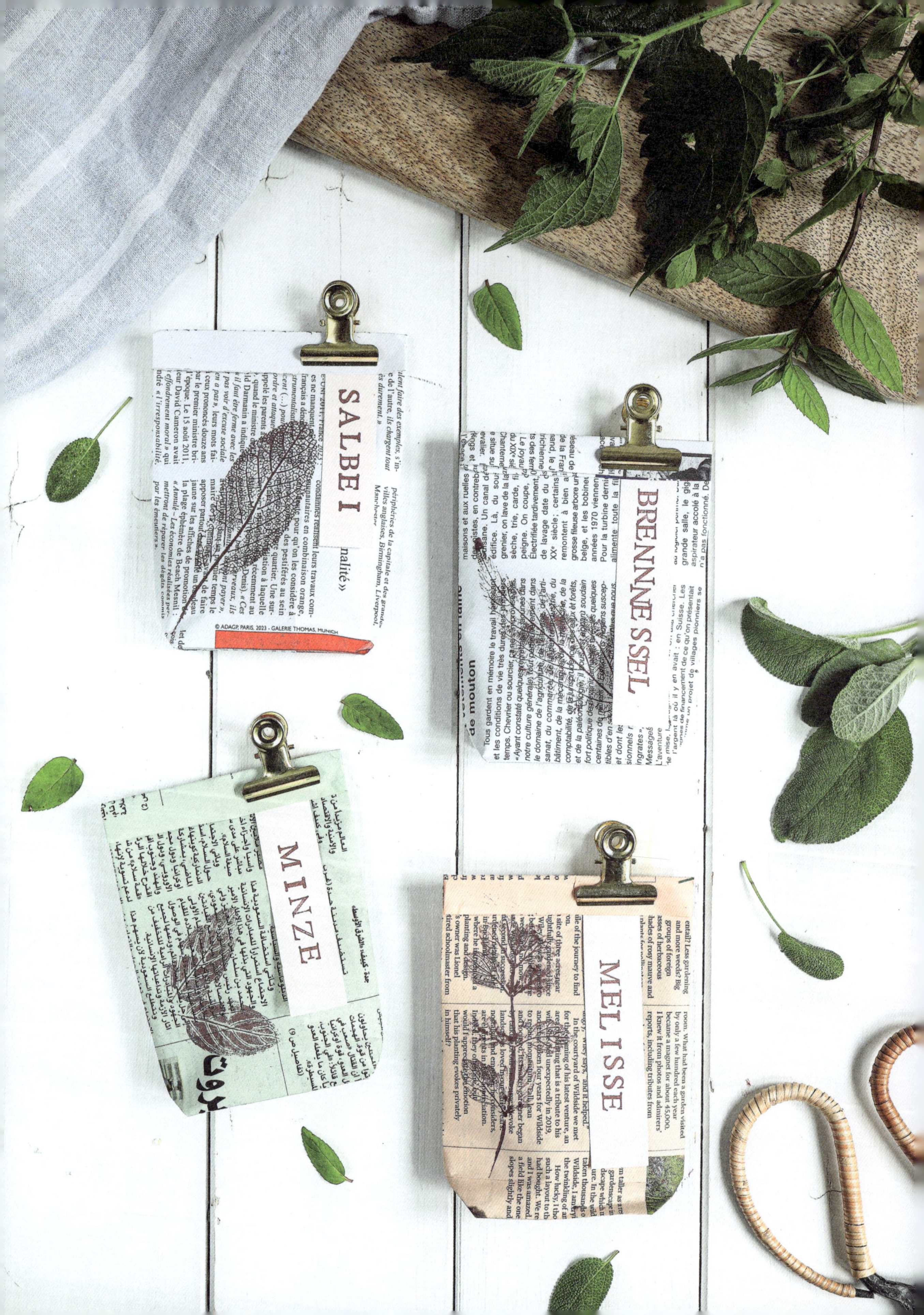
SALBEI
BRENNNESSEL
MINZE
MELISSE

GARTENKRÄUTER HÜBSCH VERPACKT MIT BLÄTTERPRINT

Ein Tee aus selbst geernteten Gartenkräutern schmeckt noch einmal so viel besser. In meinem Garten finde ich dafür Salbei, Thymian, Brombeerblätter, Brennnesseln, Rosenblüten und mehr. Daraus lassen sich tolle Teemischungen zubereiten, die man auch ganz wunderbar verschenken kann. Dafür habe ich aus einer Zeitung kleine Tüten gebastelt und mit den dazugehörigen Pflanzenblättern bedruckt.

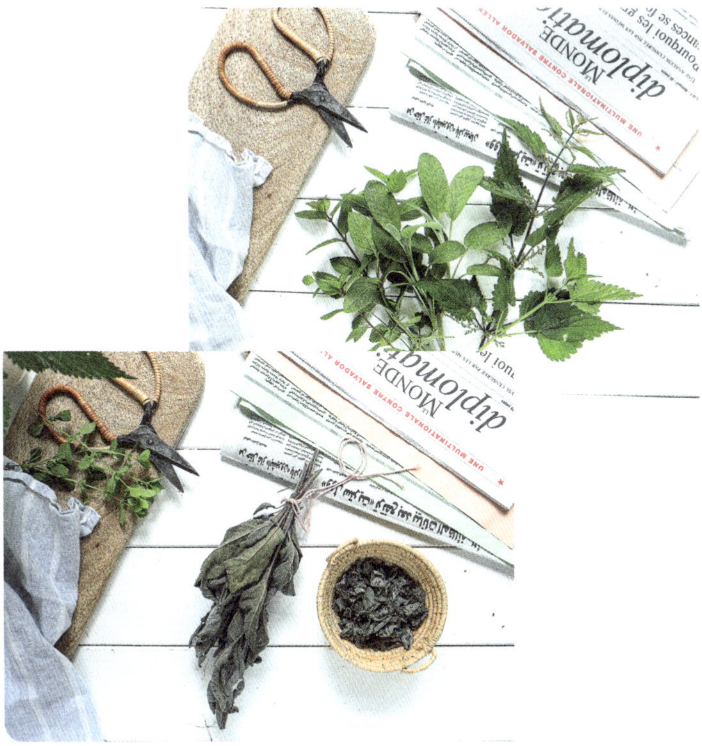

Alles, was du brauchst:

- ✓ Zeitungs- oder anderes Papier
- ✓ Stempelkissen
- ✓ Blätter
- ✓ Kleber oder doppelseitiges Klebeband

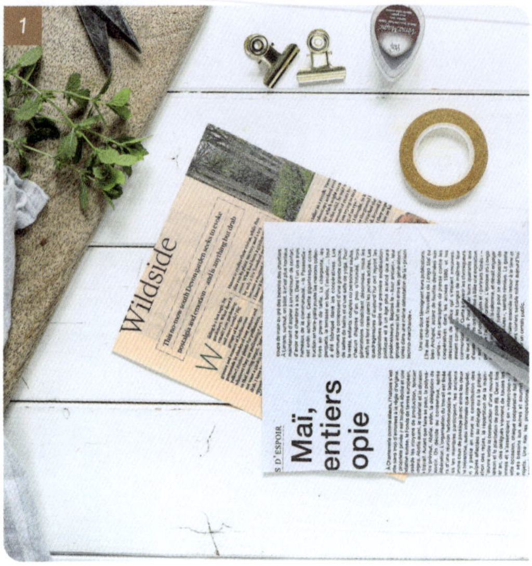

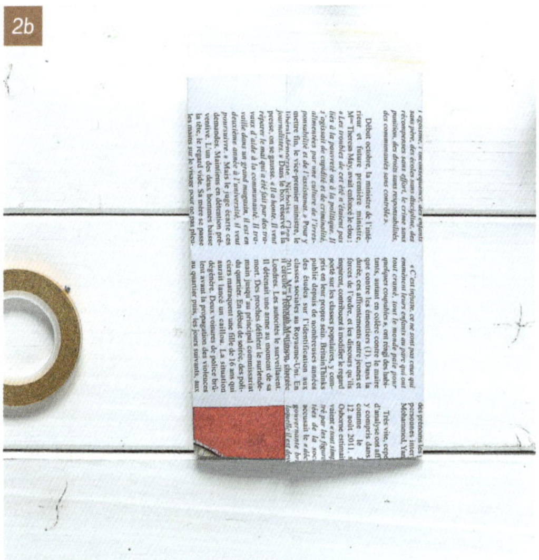

1. Zuerst zeige ich dir, wie du ganz einfach aus einem Stück Papier eine Tüte falten kannst: Schneide dir ein längliches Stück Papier zurecht, etwa in DIN-A5-Größe, je nach Bedarf.

2. Falte beide Seitenteile so in die Mitte, dass sie sich um ca. 0,5 cm überlappen. An dieser Stelle klebst du die beiden Seiten zusammen.

3. Im nächsten Schritt faltest du den Boden ca. 3 cm nach oben.

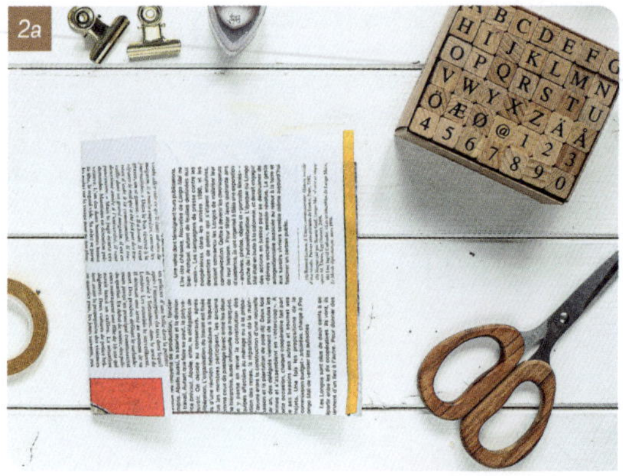

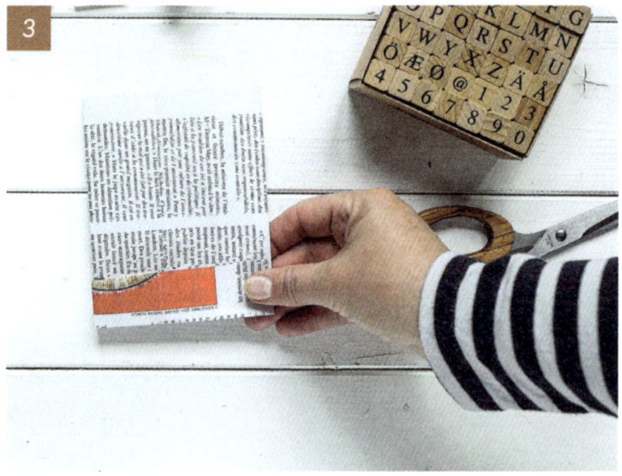

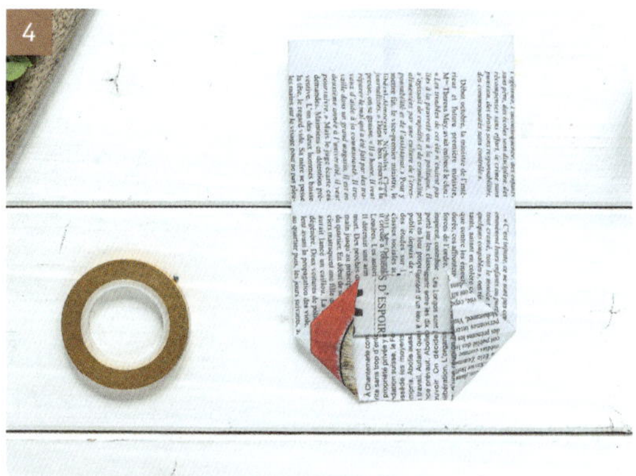

4. Knicke die Seiten wie auf der Abbildung ein.

5. Falte nun die obere und untere Kante so nach innen, dass sie sich überlappen, und verbinde sie mit einem Klebestreifen oder mit Kleber.

6. Nun ist die Tüte fertig und kann noch beschriftet und mit den dazugehörigen Blättern bestempelt

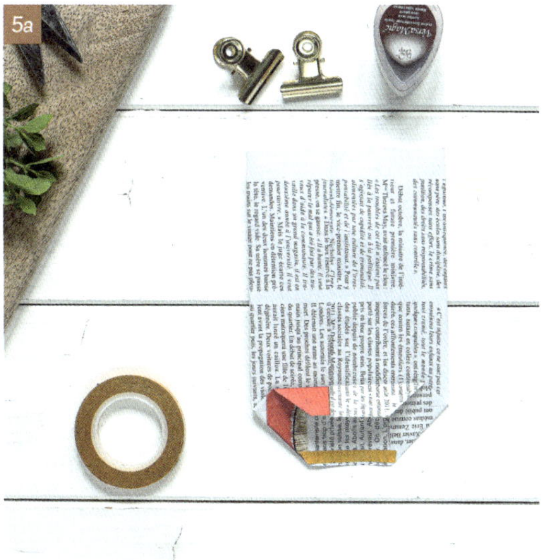

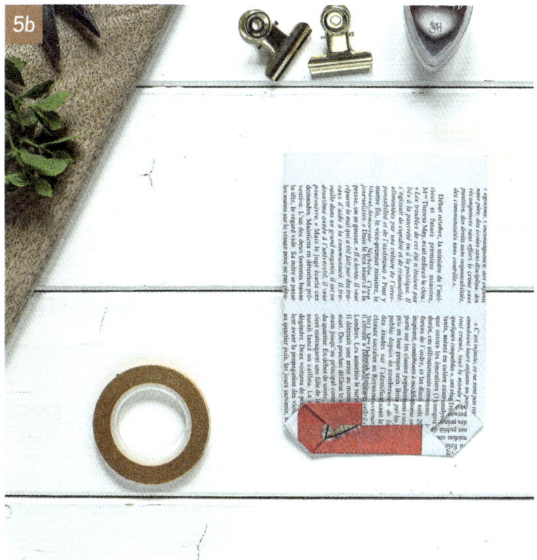

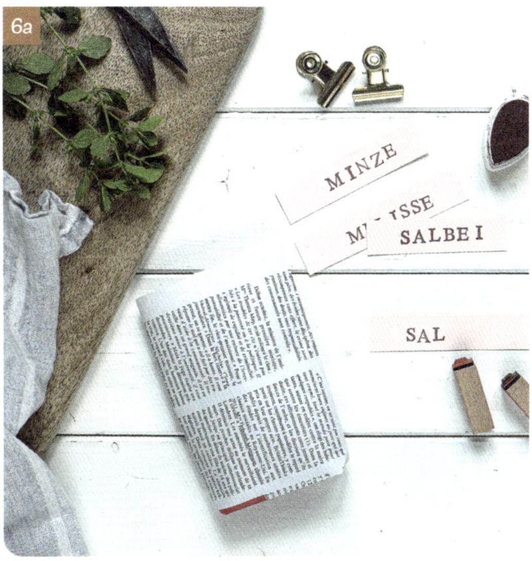

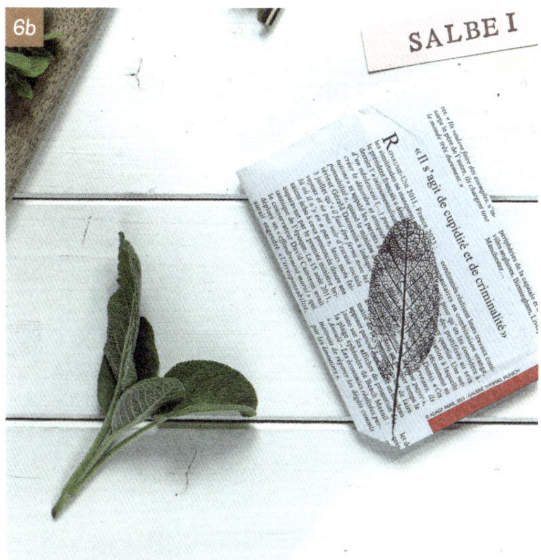

werden. Für den Blätterprint verwendest du ausschließlich frische Blätter. Diese gut trocknen und die Rückseite mit dem Stempelkissen kolorieren. Anschließend das Blatt mit der bestempelten Seite auf das Papier legen und am besten ein zweites Papier darüberlegen. Kurz andrücken und schon hast du einen tollen Blätterprint.

Tipp: Auf diese Weise lassen sich auch ganze Kräuterbücher gestalten. Ein großartiges Projekt für die ganze Familie.

Jetzt können die getrockneten Kräuter in die Tütchen gesteckt und verschenkt werden.

Wenn du sie in größeren Mengen trocknest, eignen sich auch meine Gläser von Seite 73 ganz besonders gut.

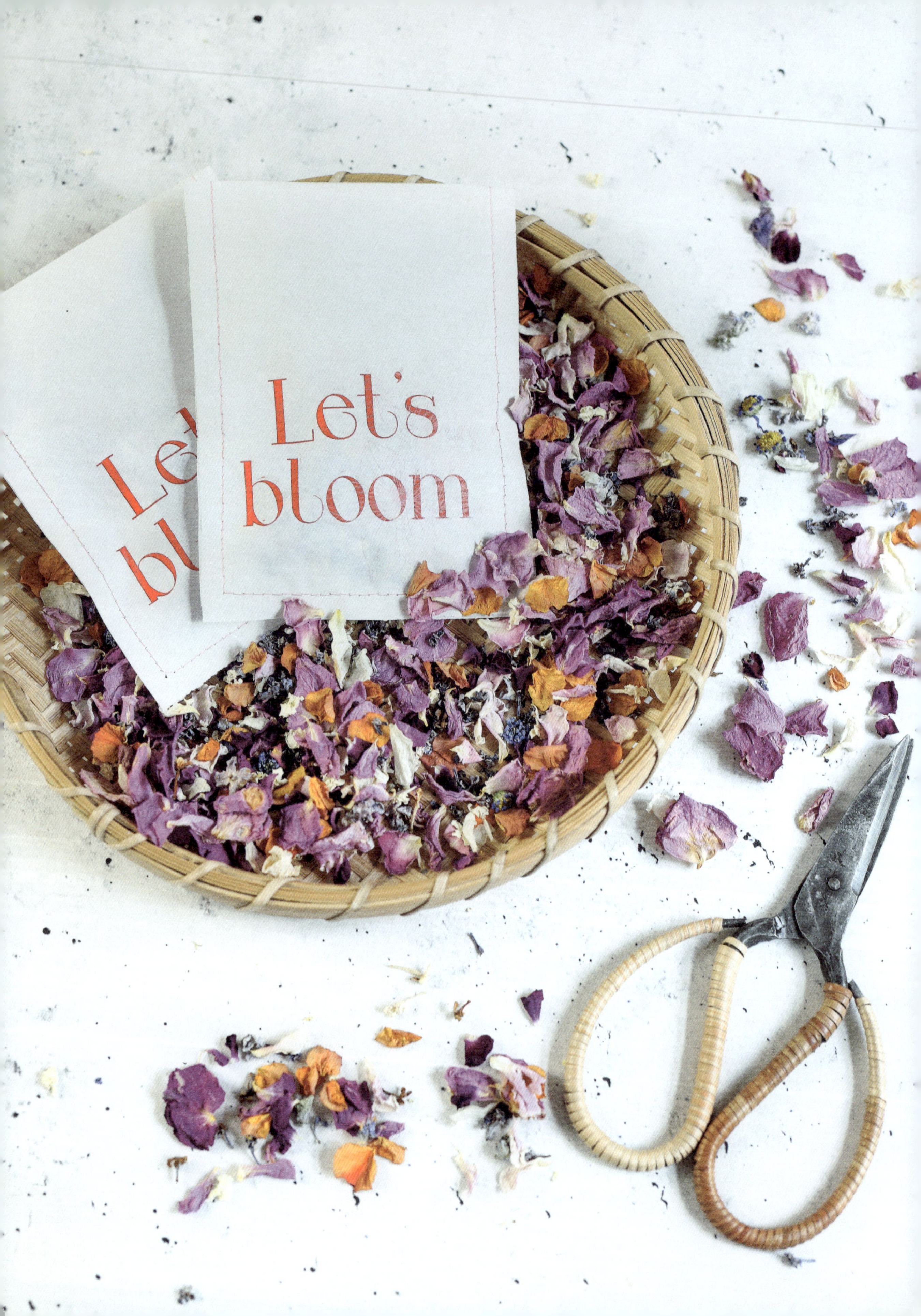
Let's
bloom

KONFETTI GEHT IMMER

Konfetti kann man einfach zu Tausend Gelegenheiten verschenken. Ob zum Geburtstag, zur Hochzeit, zur Geburt oder einfach so … Konfetti geht immer! Besonders umweltfreundlich und nachhaltig wird es, wenn wir es aus Blüten und Blättern herstellen. Dabei können es einfache Blüten des Löwenzahns oder die edlen Blüten von Rosen sein. Schaue einfach, was dir über den Weg läuft oder was im Garten blüht. Ich habe im Frühsommer die letzten Blüten des Flieders und die ersten Blüten meiner Rosen verwendet. Ein paar orangefarbene Blüten sind auch noch dazugekommen.

Alles, was du brauchst:

- ✓ Butterbrotpapier
- ✓ Siebdruckset + Farben (alternativ Stempel oder Stifte)
- ✓ Schere
- ✓ Blüten
- ✓ Nähmaschine
- ✓ Sticker (optional)

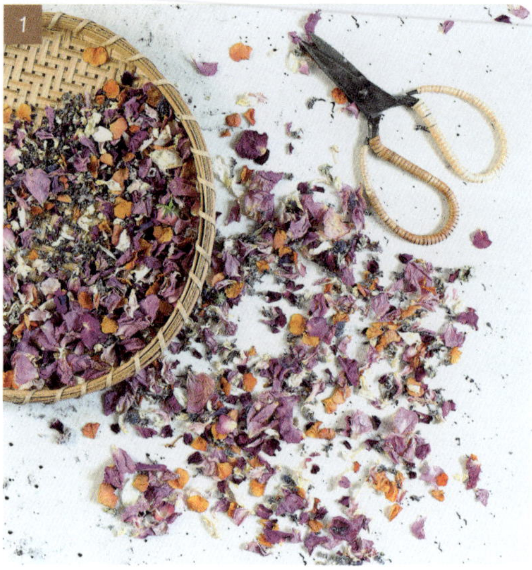

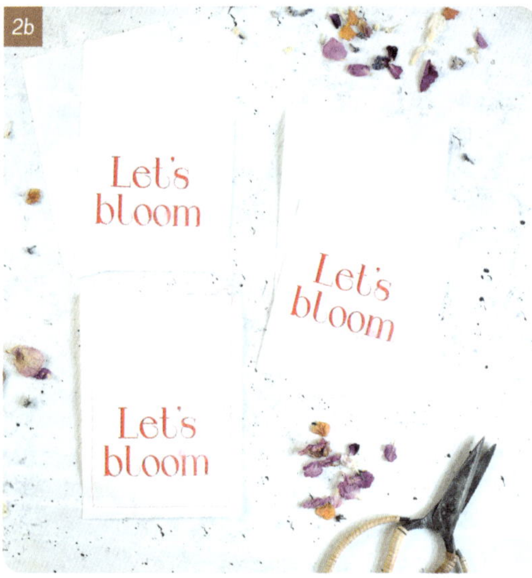

1. Die Blüten werden zunächst flach liegend einige Tage auf einem luftdurchlässigen Tablett oder Zeitungspapier getrocknet.

   Für die Tüten schneidest du einfach aus Butterpapier rechteckige Stücke zu und legst immer zwei aufeinander.

2. Die Tüten habe ich mit Motiven eines Siebdrucksets bedruckt und anschließend mit der Nähmaschine bis auf die Oberseite zusammengenäht.

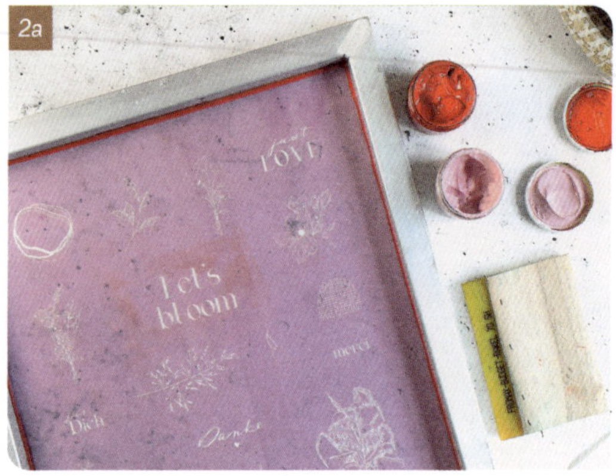

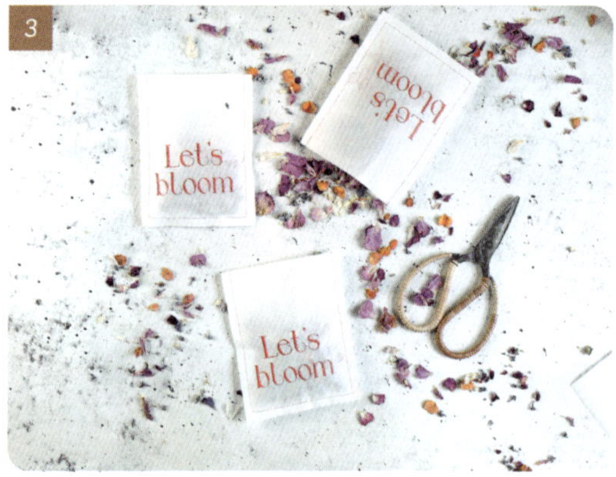

3. Die Oberseite kannst du im Anschluss einfach umknicken und mit einem Sticker zukleben, oder du nähst die Öffnung ebenfalls zu.

Tipp: Die Tüten kannst du auch vor dem Abfüllen bestempeln oder beschriften.

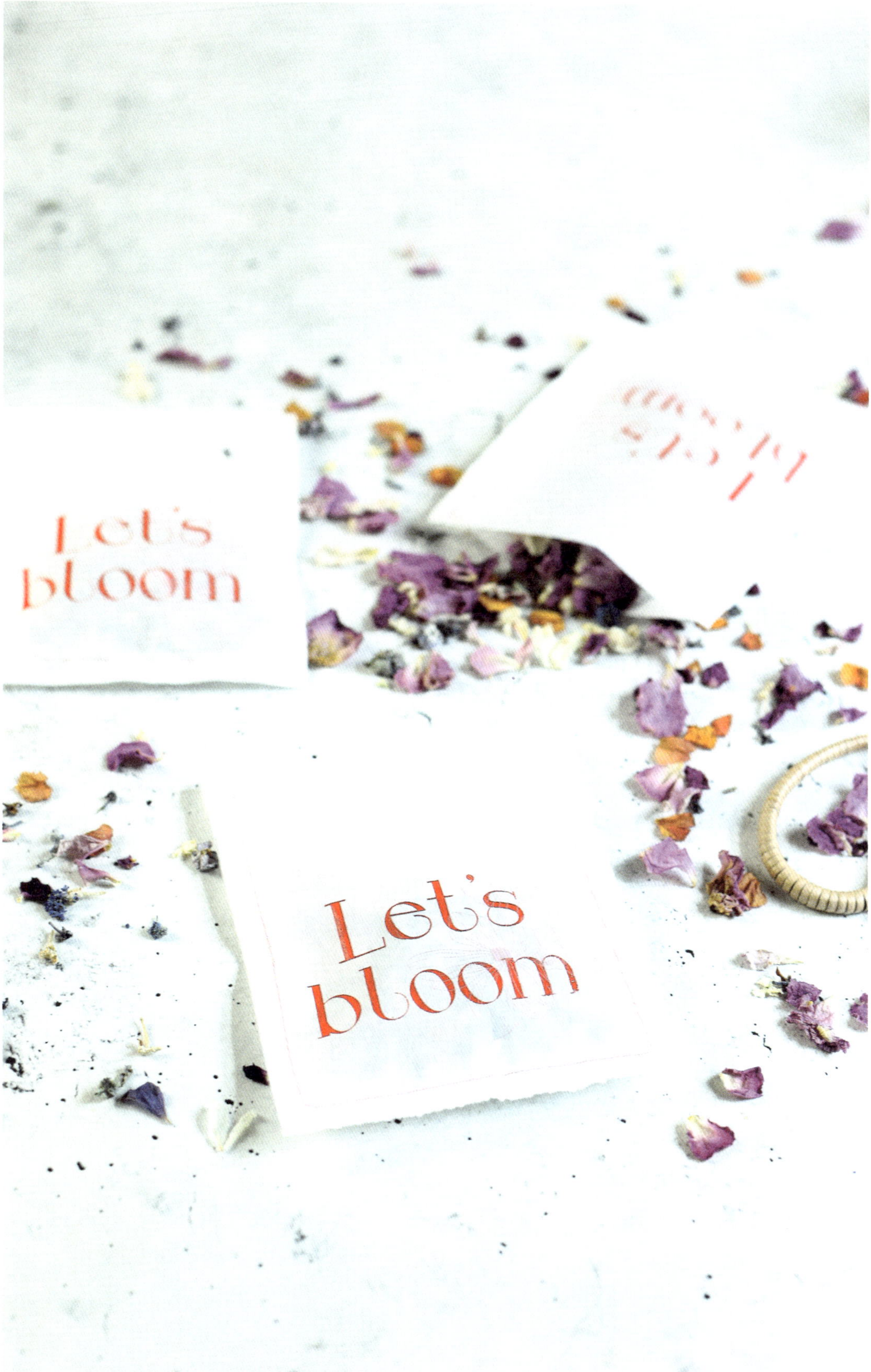
Let's
bloom
Let's
bloom

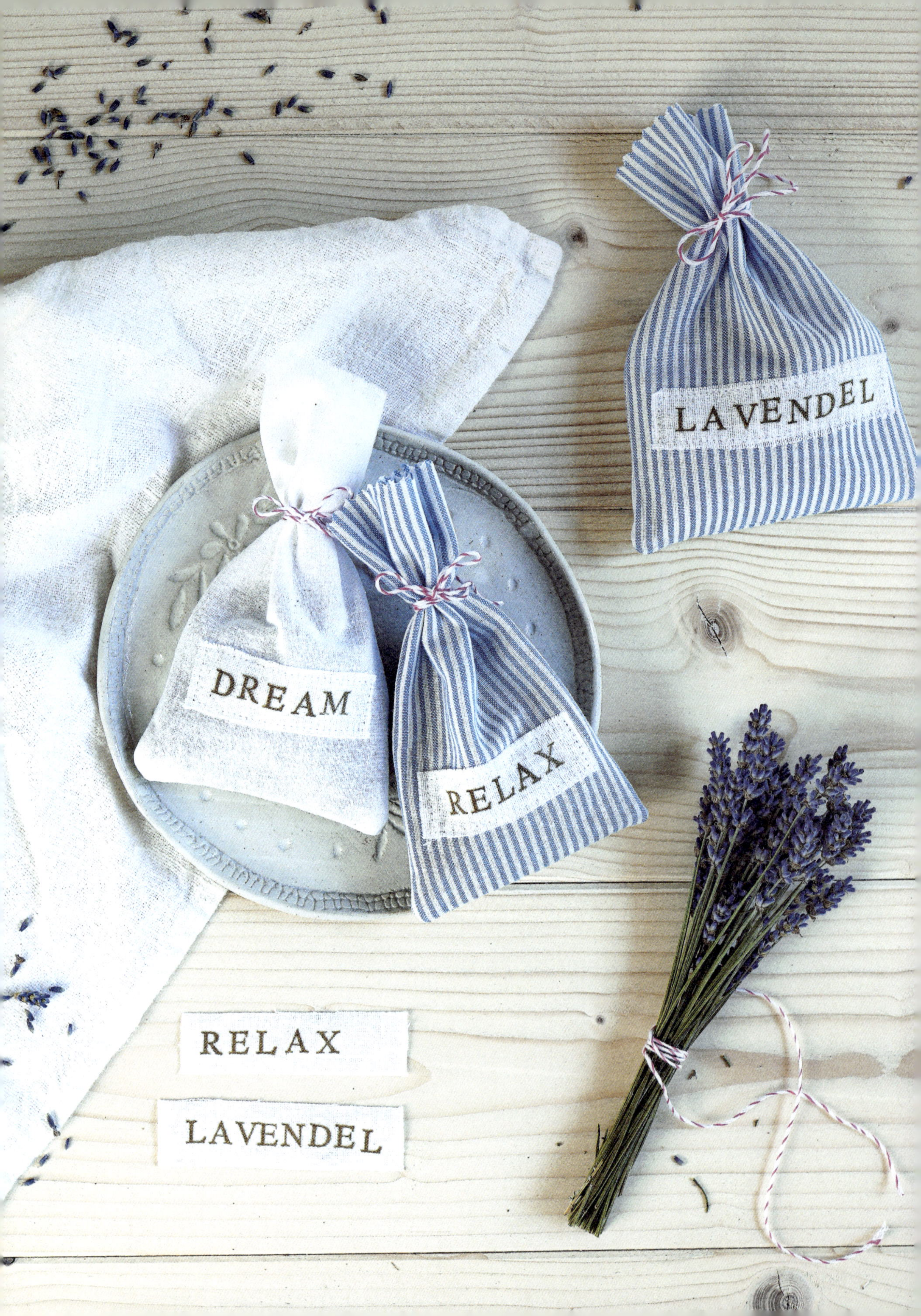
LAVENDEL
DREAM
RELAX
RELAX
LAVENDEL

LAVENDELDUFT FÜR DIE SINNE

Ich liebe den Duft von Lavendel über alles und streife im Garten zu gerne an den kleinen Büschen entlang und fange den herrlichen Duft ein. Gleichzeitig freuen sich die Bienen und Hummeln so sehr über den süßen Nektar. Wer keinen Garten, aber einen sonnigen Balkon hat, kann Lavendel auch in Kästen und Kübeln einpflanzen. Jedes Jahr pflücke ich mir einige Zweige und hänge sie zum Trocknen an einem dunklen und trockenen Ort auf.

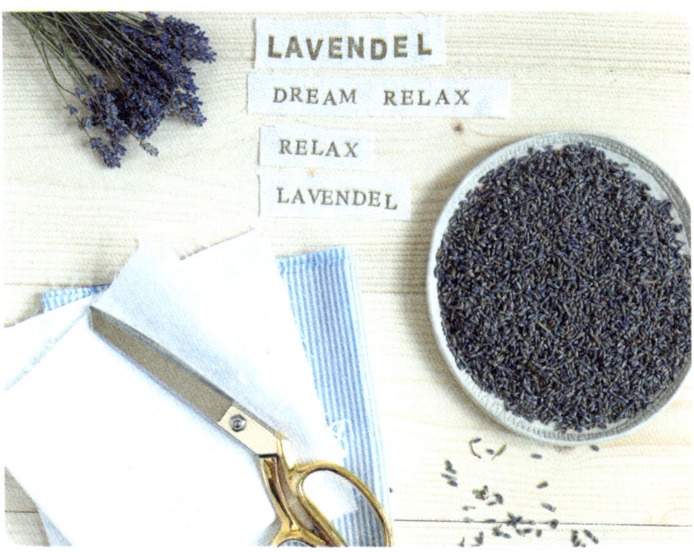

Alles, was du brauchst:

- ✓ getrocknete Lavendelblüten
- ✓ Stoffreste (unifarben und bunt)
- ✓ Buchstabenstempel oder Stoffmalstifte
- ✓ Stofffarbe zum Stempeln
- ✓ Nähmaschine oder Nadel und Faden
- ✓ Zackenschere

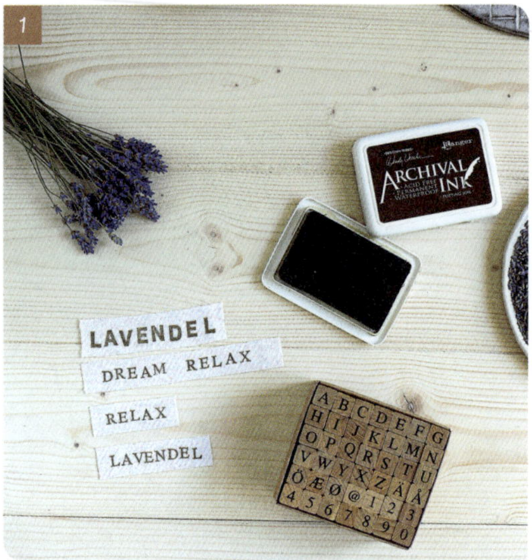

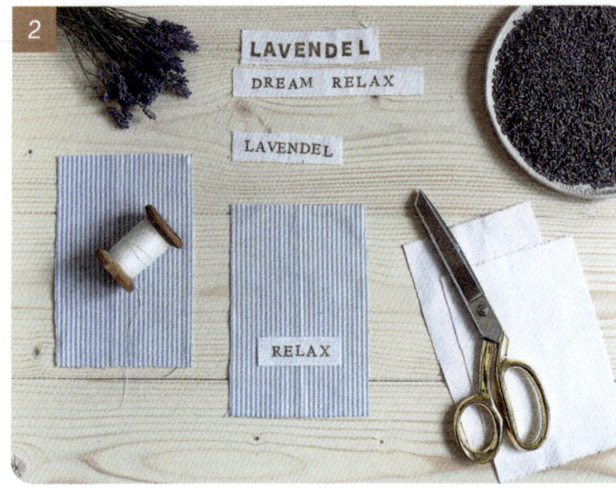

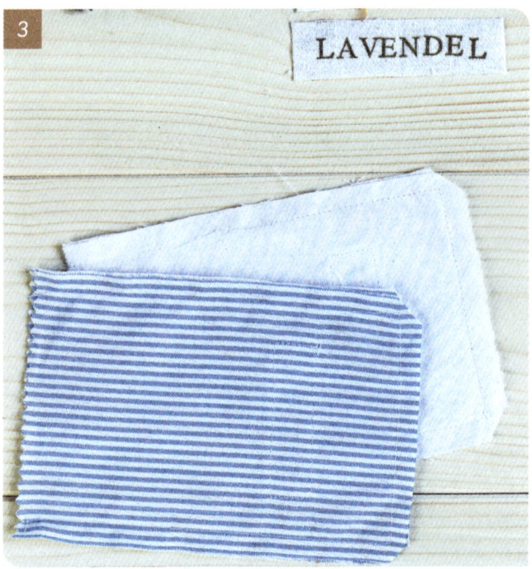

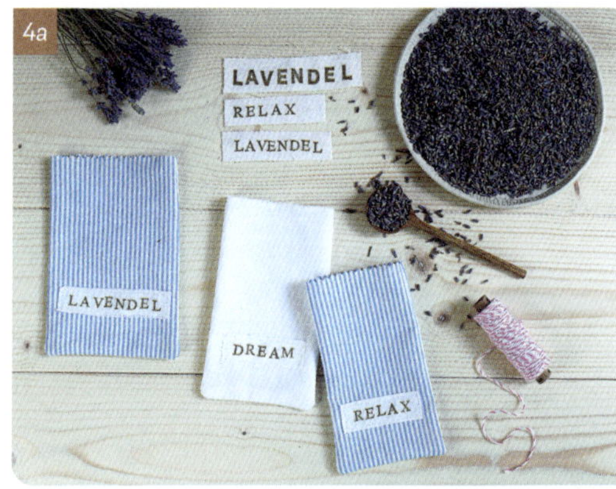

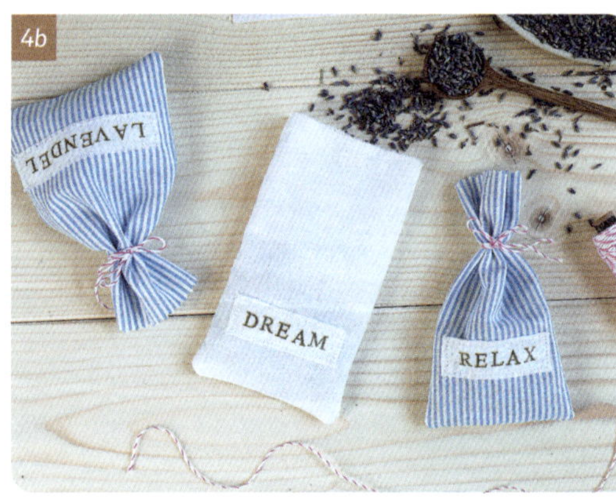

1. Schneide dir aus dem unifarbenen Stoff kleine Streifen zu und bestempele sie.

2. Aus dem anderen Stoff schneidest du nun zwei rechteckige Stücke zu und nähst die bestempelten Streifen auf die Vorderseite.

3. Nähe anschließend die beiden Stoffteile rechts auf rechts an den Seiten und am Boden zusammen. Die Öffnung kannst du noch mit einer Zackenschere einschneiden.

4. Wende die Säckchen. Den getrockneten Lavendel in die Säckchen füllen und mit einem Band verschließen.

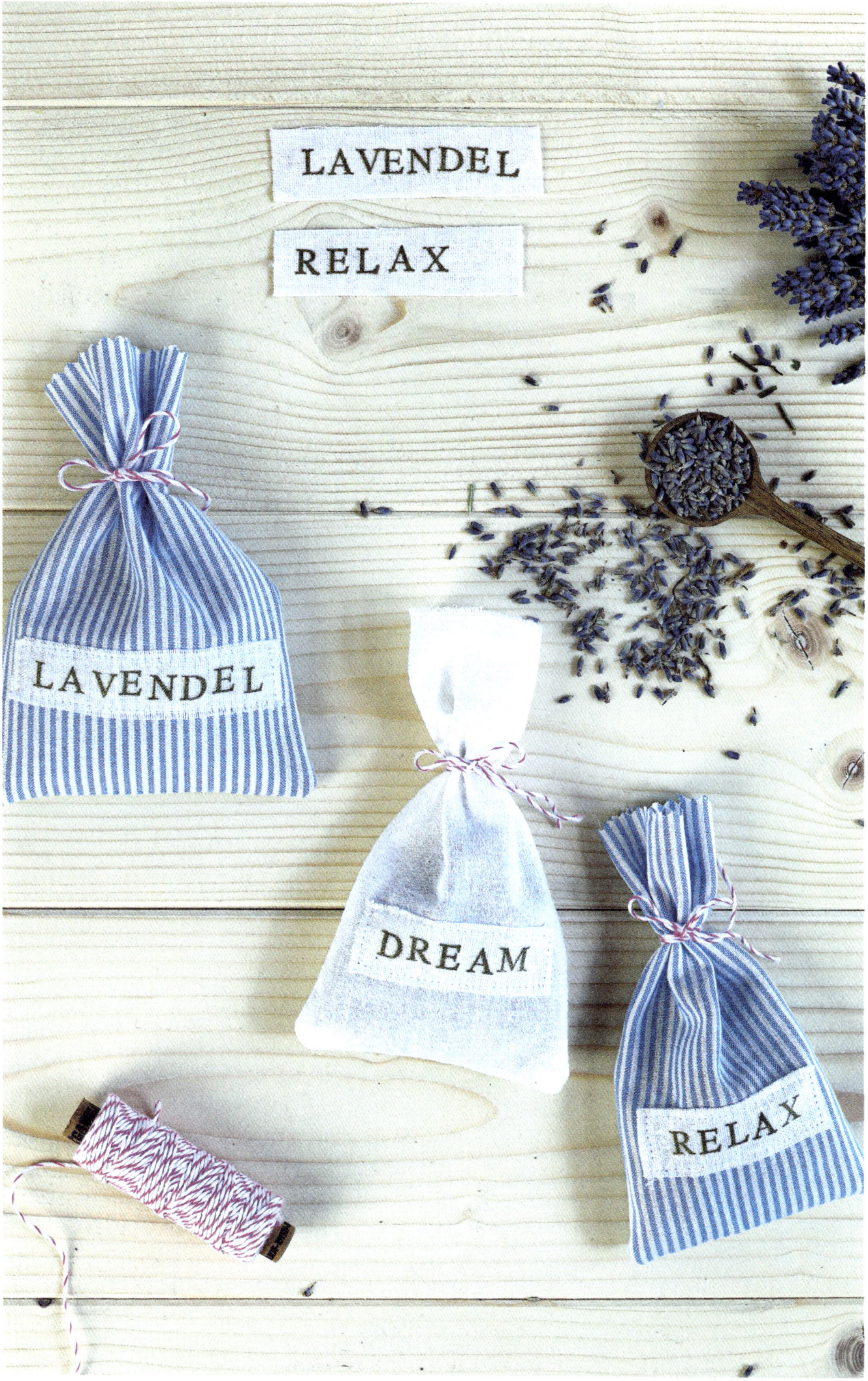
LAVENDEL
RELAX
LAVENDEL
DREAM
RELAX

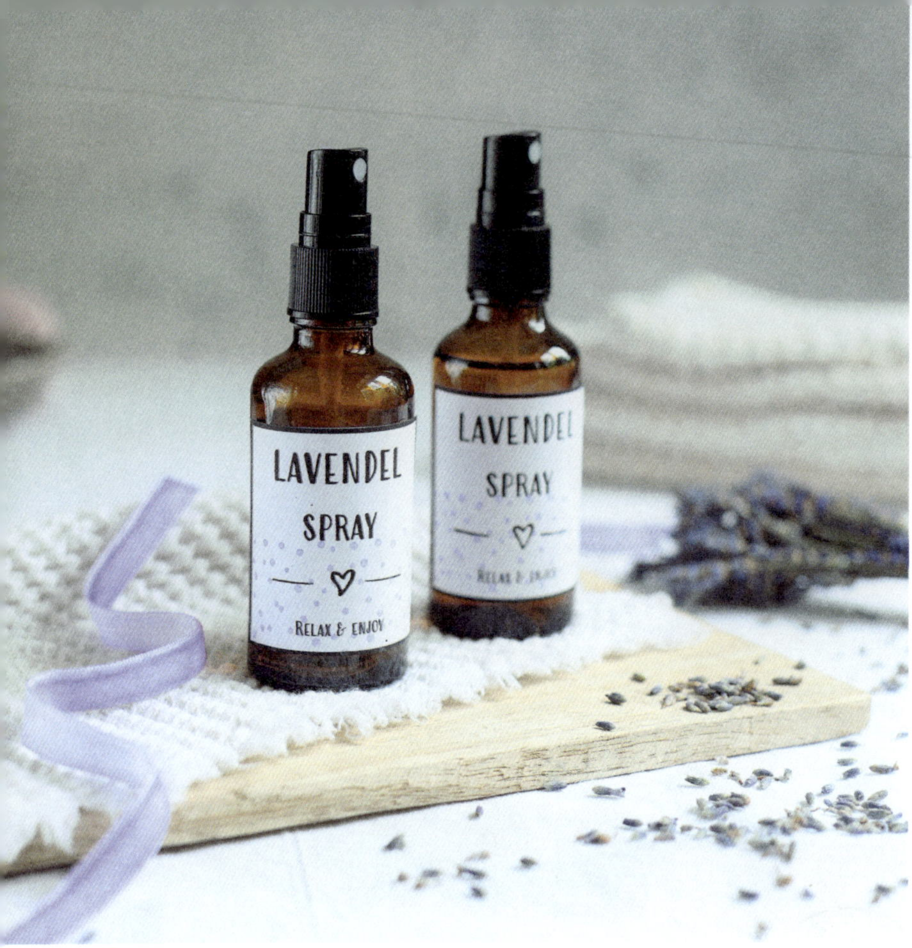

Alles, was du brauchst:

- ✓ eine Handvoll frischen Lavendel in Bio-Qualität
- ✓ 500 ml Wasser
- ✓ ca. 40 ml Alkohol (Korn oder Wodka)
- ✓ Sprühflasche

LAVENDELSPRAY

In diesem Wasser steckt der Lavendelduft eines ganzen Sommers. Mit wenigen Sprühstößen aufs Kopfkissen sorgt es für erholsamen Schlaf. Als Raumduft wirkt es erfrischend und entspannend.

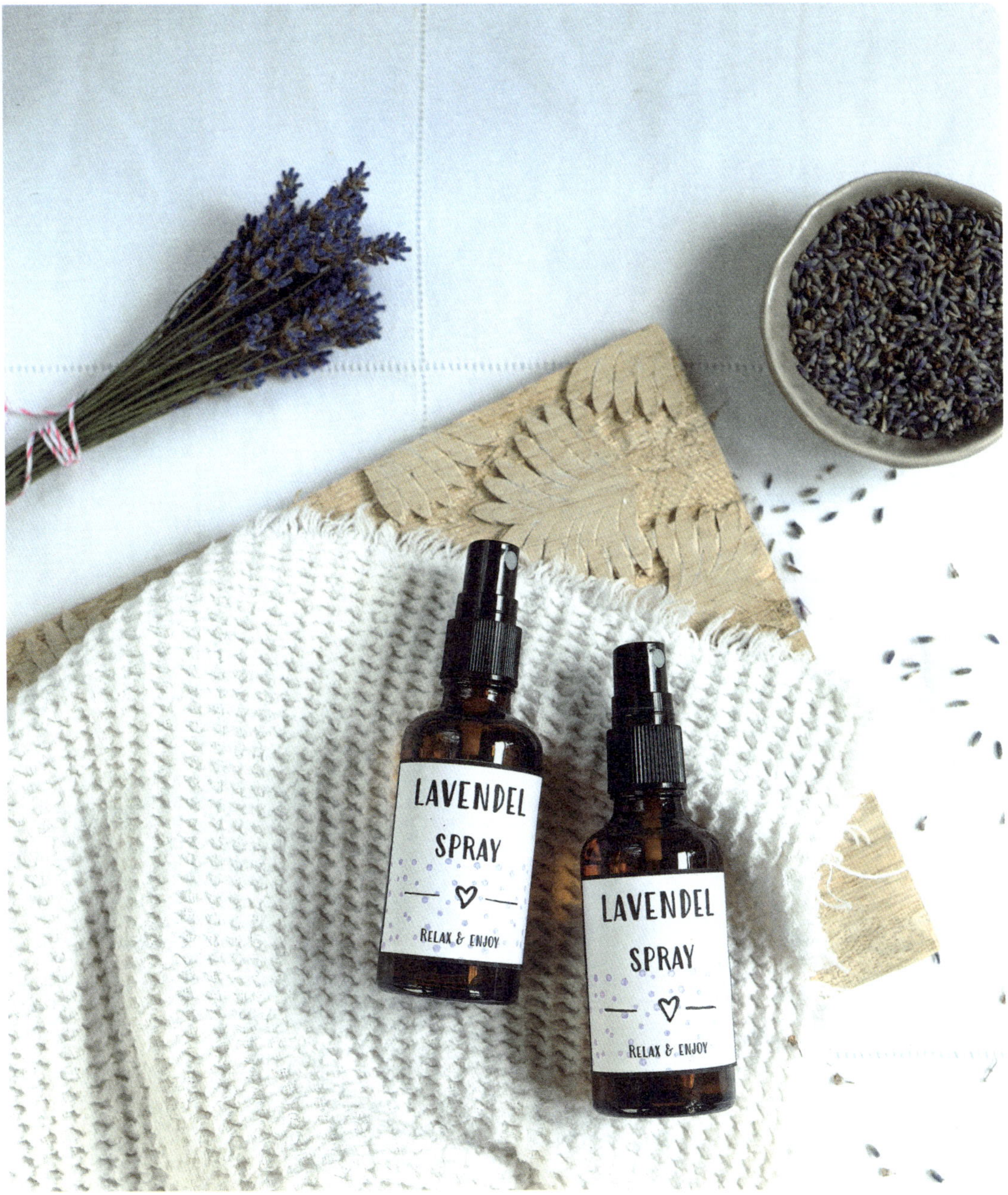

Die Lavendelblüten im Wasser aufkochen und 20 Minuten bei geringer Hitze ziehen lassen.

Zwischendurch immer wieder umrühren.

Das Lavendelwasser anschließend durch ein dünnes Tuch abgießen und die Blüten gut ausdrücken.

Das Wasser in eine Sprühflasche geben und den Alkohol hinzufügen.

Kühl und trocken aufbewahren. So ist das Spray ungefähr 6 Monate haltbar.

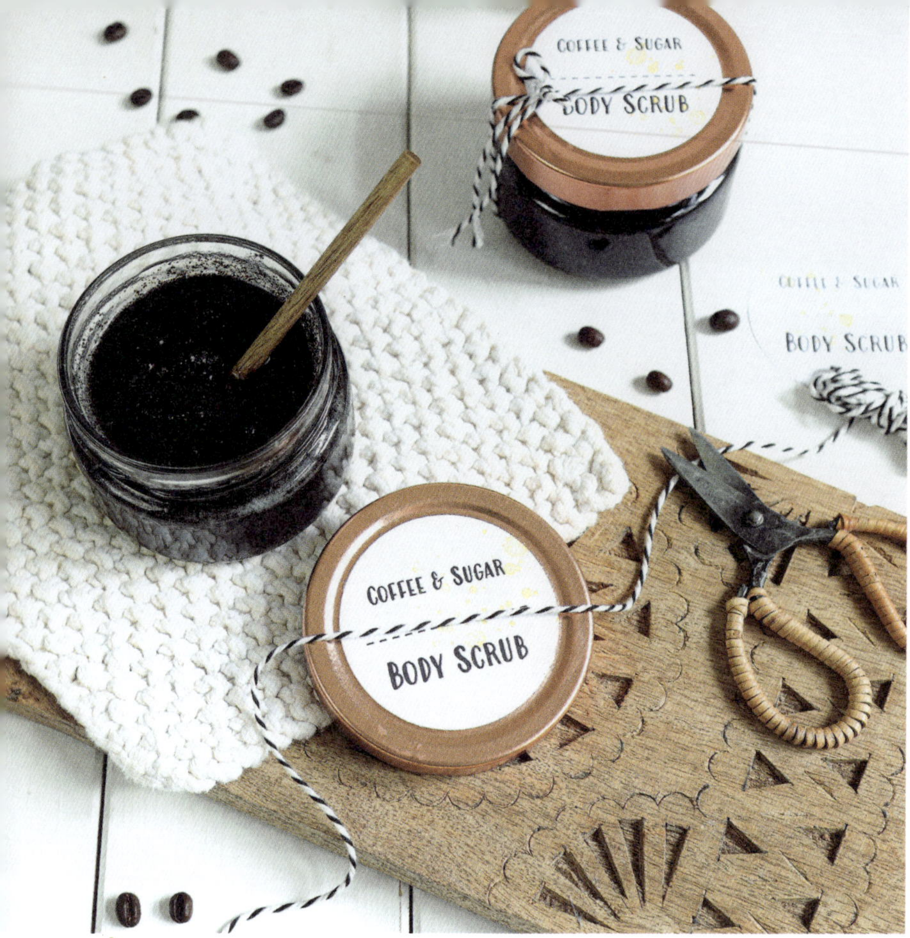

Alles, was du brauchst:

- ✓ 200 g Kaffeesatz
- ✓ 70 g brauner Zucker
- ✓ 70 g Kokosöl
- ✓ Vorlage (S. 140)

KAFFEE-KÖRPERPEELING

Ein Kaffee-Körperpeeling ist sehr belebend für die Haut. Die im Kaffee beinhalteten Antioxidantien schützen vor freien Radikalen und beugen der Hautalterung vor. Durch die Anwendung werden Hautschüppchen entfernt, und die Haut erhält ein seidiges und weiches Aussehen. Man fühlt sich nach dem Peeling herrlich erfrischt, da es zudem die Durchblutung anregt. Für die Herstellung brauchst du nur drei Zutaten, die du vielleicht sogar schon im Haus hast.

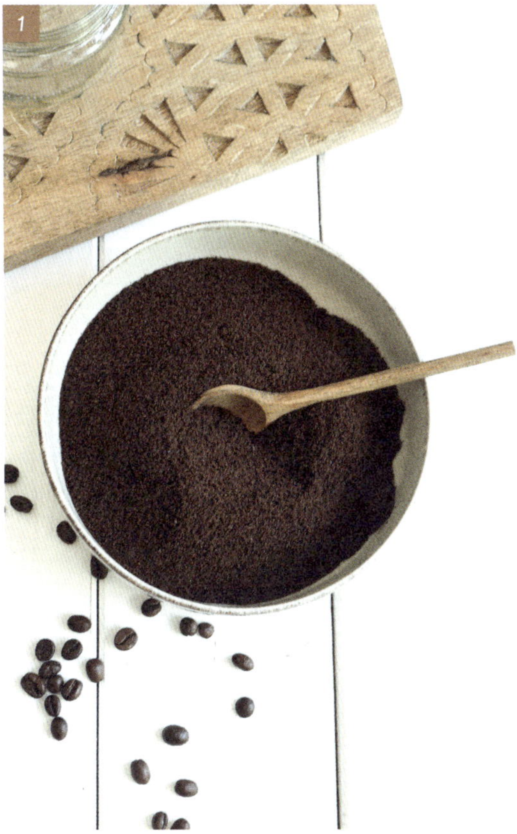

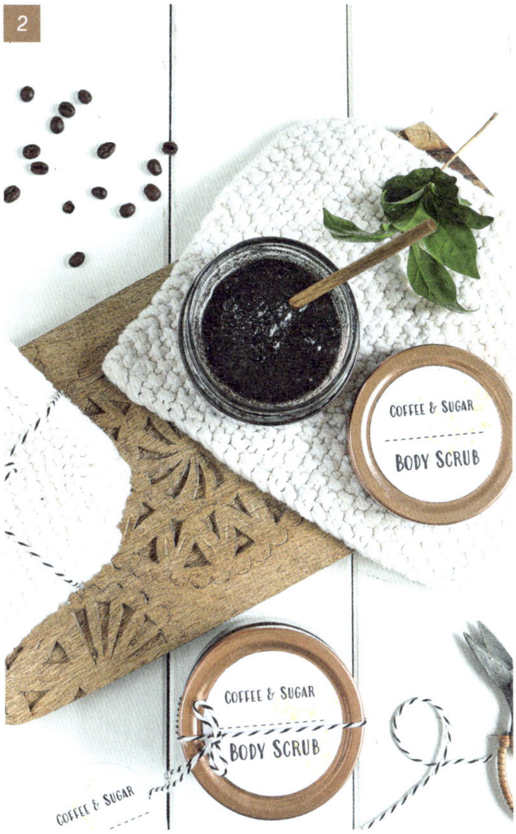

1. Den Kaffeesatz zunächst gut trocknen lassen.

   Das Kokosöl leicht erwärmen, sodass es flüssig wird. Dann alle Zutaten hinzugeben und vermengen.

   Anschließend kann die Masse in Gläser gefüllt werden.

   Das Kaffeepeeling am besten im Kühlschrank aufbewahren und zügig verbrauchen.

2. Bei der Entnahme empfehle ich, einen Spatel zu verwenden.

   So ein Körperpeeling kann man auch wunderbar verschenken. Dafür kannst du dir die Vorlagen ausdrucken und auf den Deckel kleben. Passe sie vorher am besten der Größe deiner Deckel an.

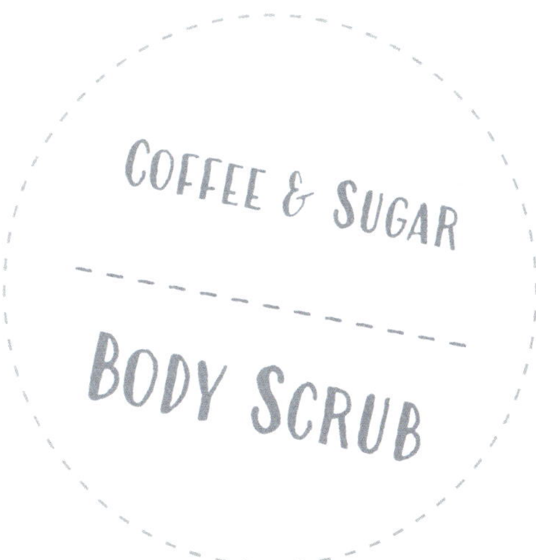

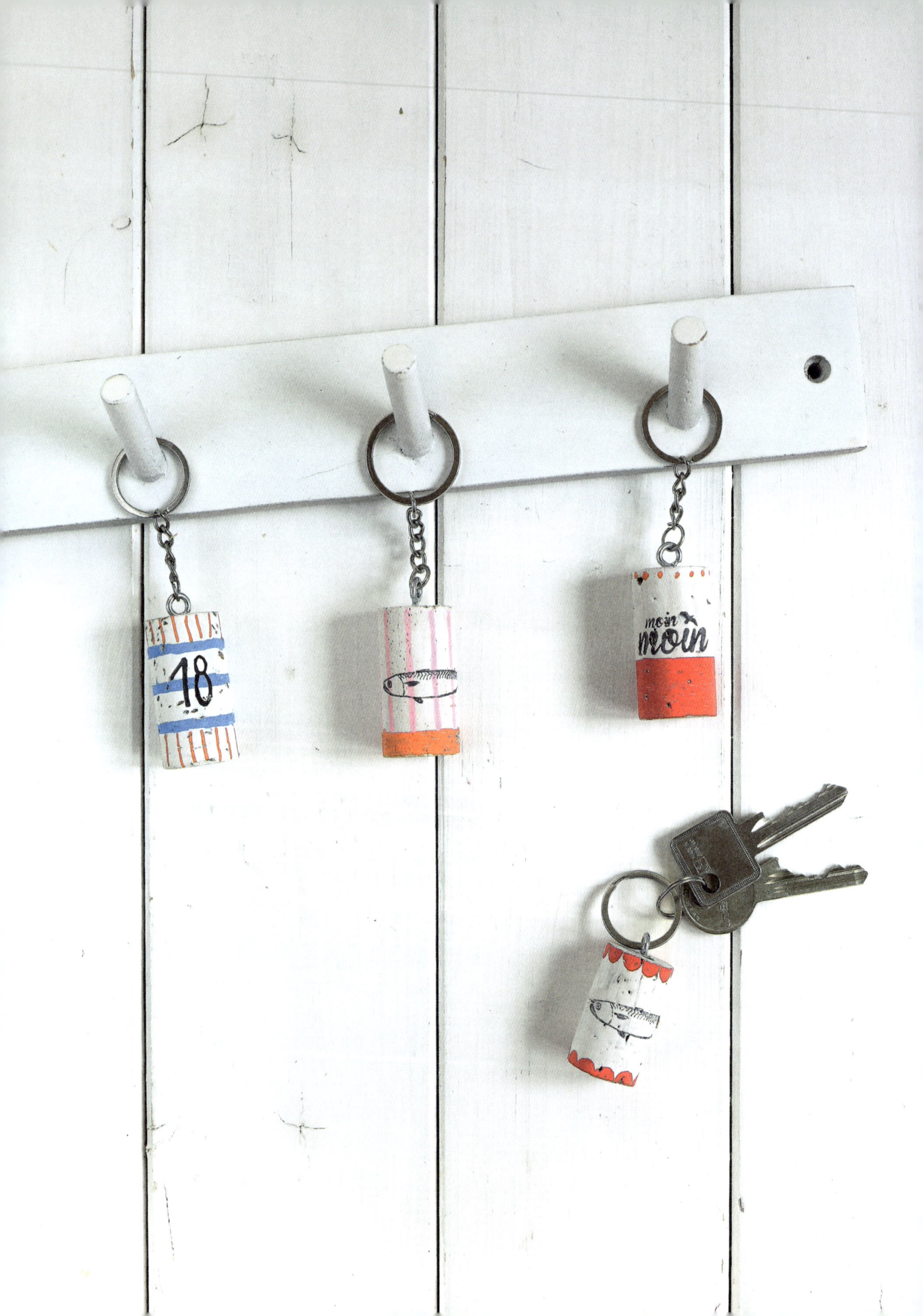
18
moin
moin

WEINKORKEN-SCHLÜSSEL-ANHÄNGER

Was tun mit übrig gebliebenen Korken? Neben dem Gang zu den üblichen Sammelstellen kann man den einen oder anderen aber auch für ein kreatives Projekt verwenden. Als echtes Nordlicht habe ich aus den unscheinbaren Korken hübsche maritime Schlüsselanhänger gemacht.

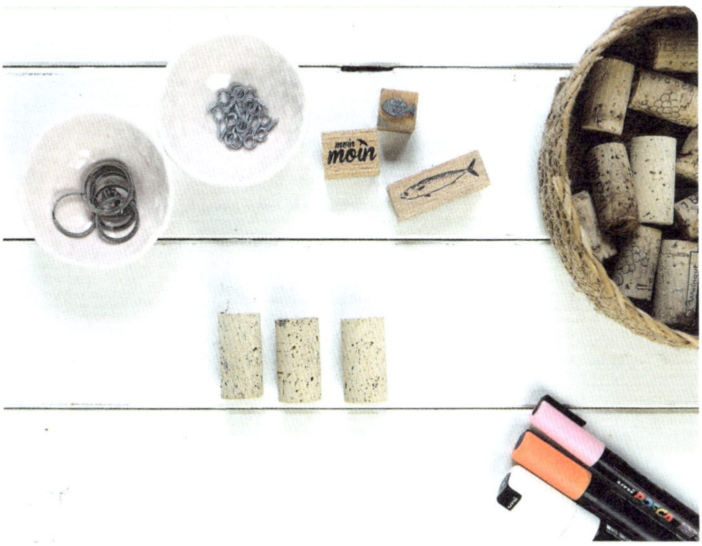

Alles, was du brauchst:

- ✓ Weinkorken
- ✓ Lackmarker oder Acrylfarben
- ✓ kleine Ringschrauben
- ✓ Schlüsselringe
- ✓ Stempel und Stempelkissen

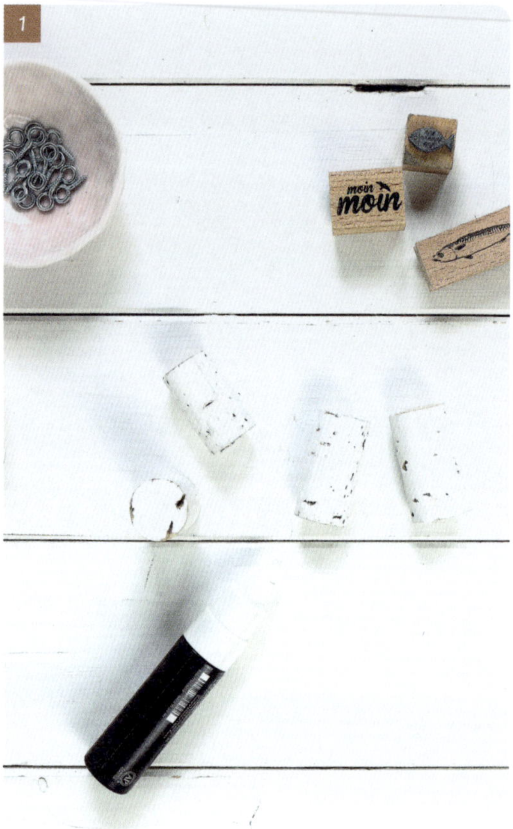

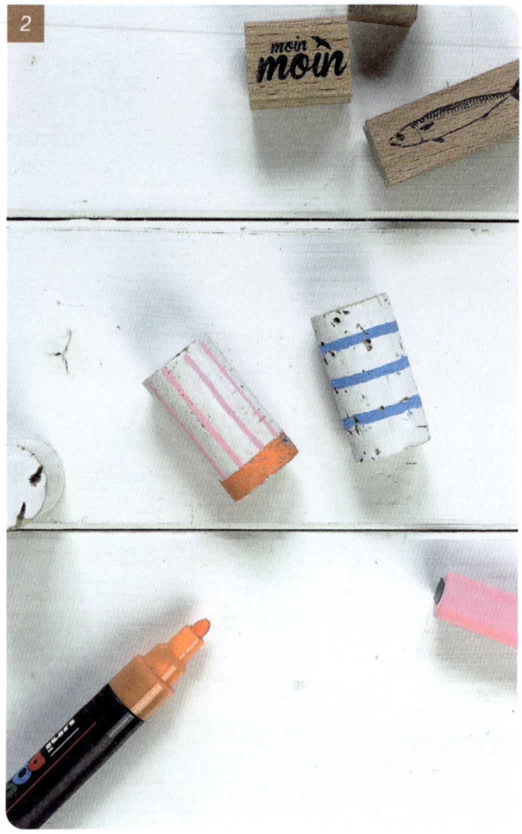

1. Zuerst werden die Korken mit einem weißen Lackstift grundiert.

2. Anschließend kannst du Streifen, Punkte, Zacken und Kringel aufmalen.

3. Einen besonderen Pfiff bekommen die Korken noch mit passenden Stempeldrucken.

   Bringe zuerst Farbe auf den Stempel. Rolle nun mit dem Korken einmal über den Stempel.

   So funktioniert es einfach am besten.

4. Zum Schluss drehst du die Ringschrauben in den Korken und befestigst sie am Schlüsselring.

3

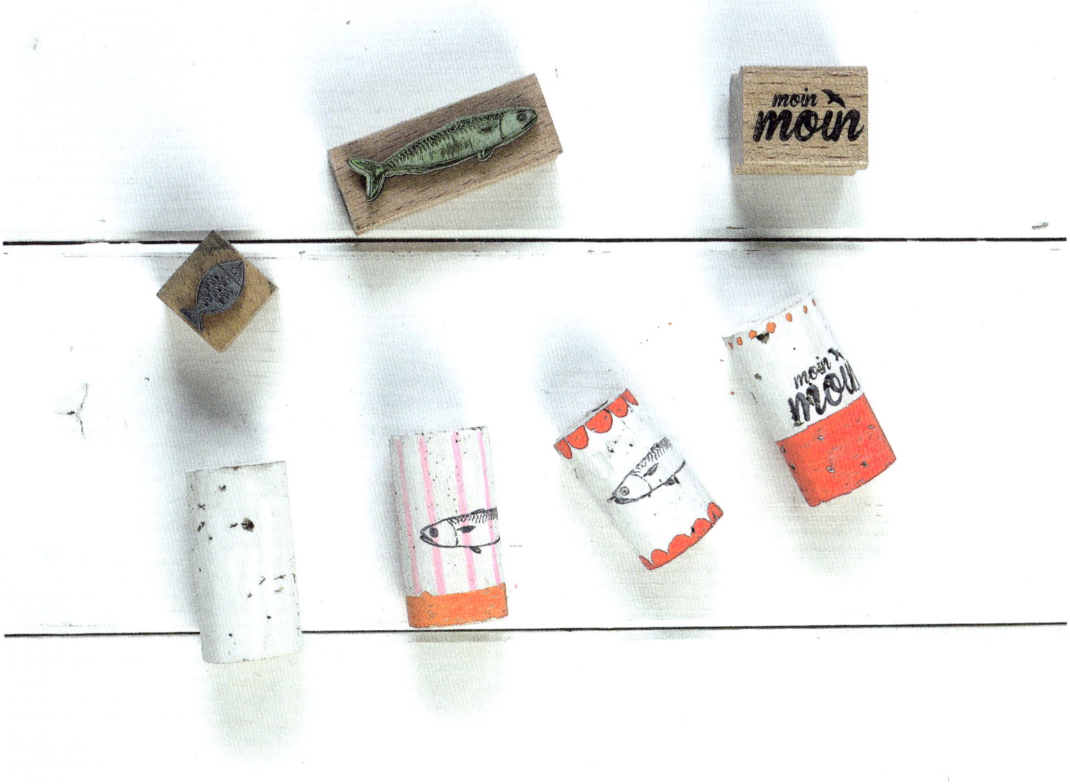

4

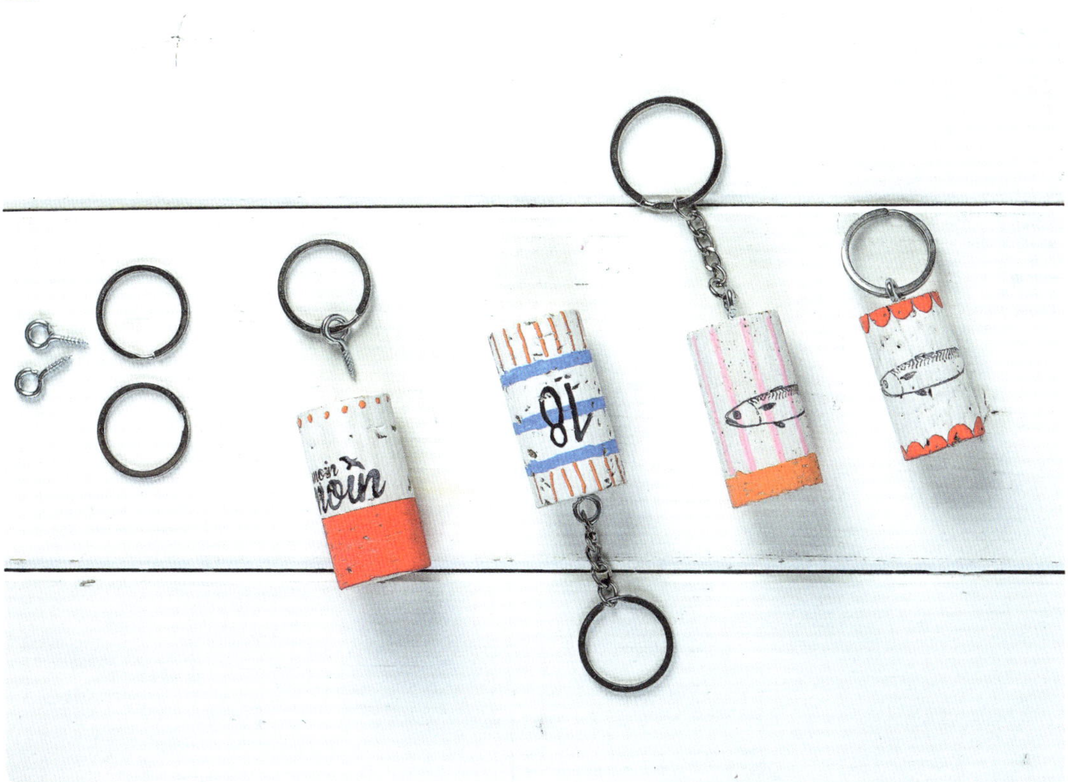

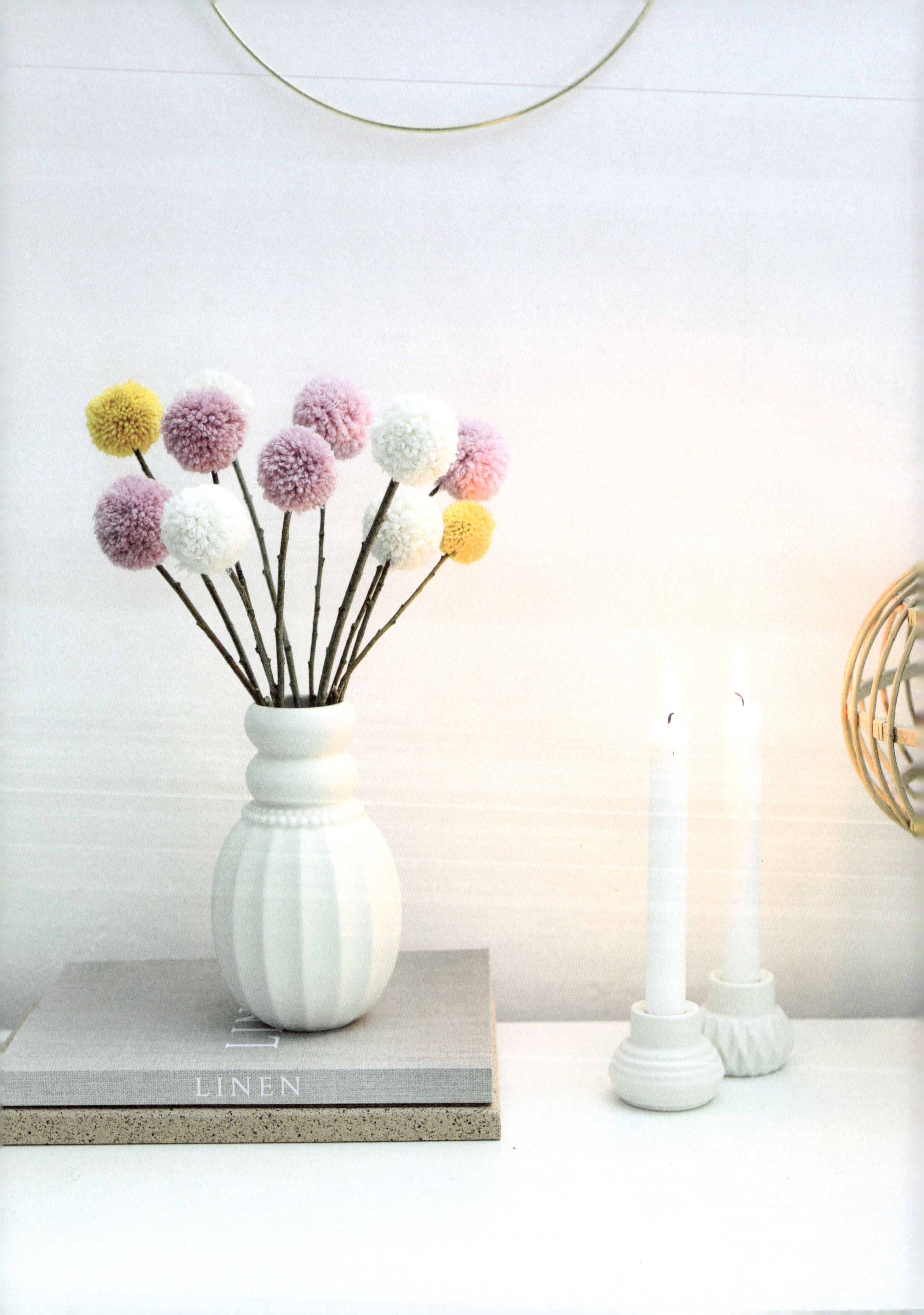
LINEN

HAVE FUN – FRÖHLICHE POMPONBLÜMCHEN

Hol deine Wollreste heraus und lass uns bunte Pomponblumen machen! Die kleinen Puschelbälle sind so fröhlich und sehen je nach Farbkombination sogar richtig edel aus. Ich habe sie einmal in einem Gelbton gefertigt, und sie sahen tatsächlich täuschend echt wie kleine Trommelstöckchen (Craspedia) aus. Ich nehme für Pompons gerne einen Pomponmaker. Das geht einfach und schnell und ist nicht so fummelig wie mit einer Pappschablone. Aber natürlich funktioniert so eine DIY-Schablone alternativ auch.

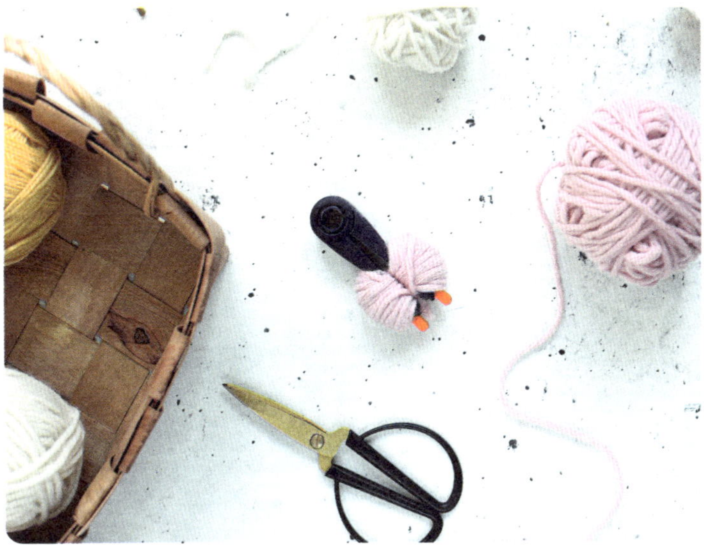

Alles, was du brauchst:

- ✓ Pomponmaker oder Pappschablone
- ✓ Wollreste
- ✓ Schere
- ✓ Heißklebepistole oder anderen Kleber
- ✓ dünne Äste

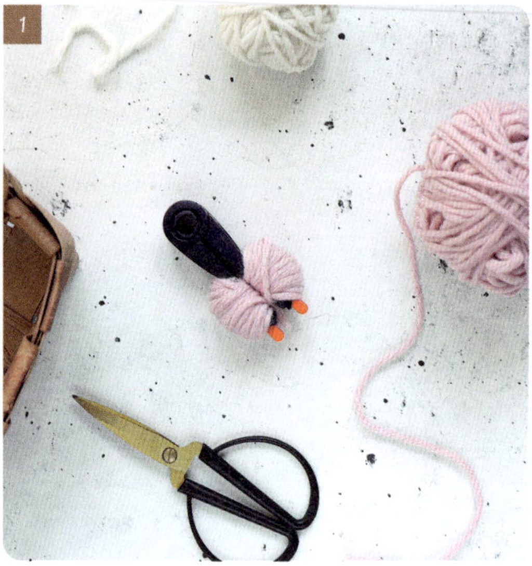

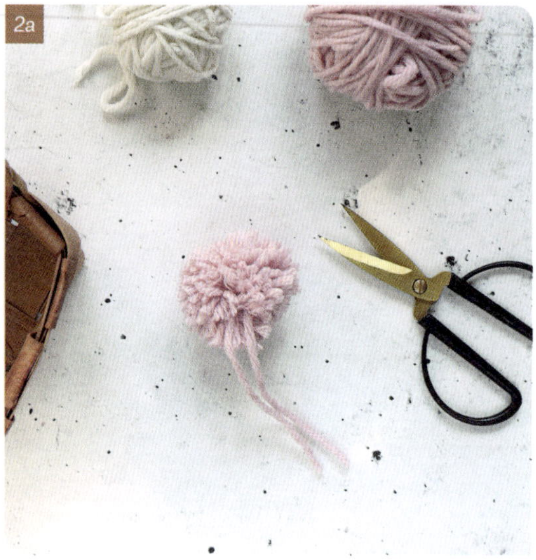

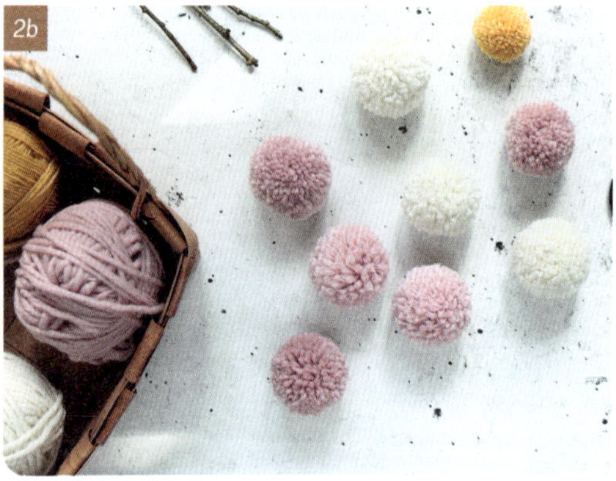

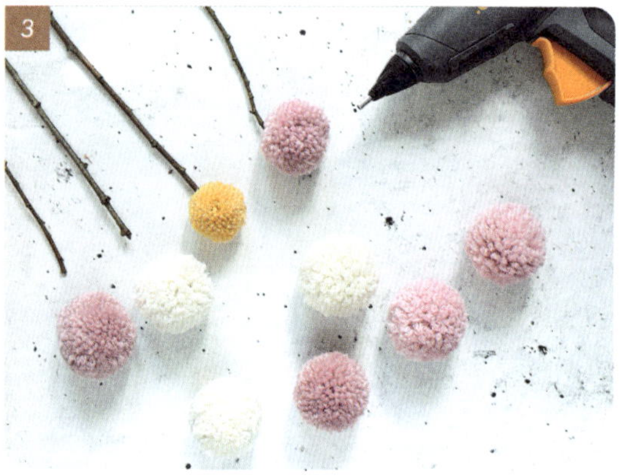

1. Fertige einige Pompons in gleichen oder unterschiedlichen Größen an. Dafür wird die Wolle fest um den Pomponmaker oder die Pappschablone gewickelt. Anschließend schneidest du die Seiten auf und fixierst die Fäden rundum mit einem weiteren Faden. Ziehe den Faden fest zu und verknote ihn.

2. Schneide die Pompons mit der Schere rundum schön gleichmäßig zu, damit sie eine hübsche Kugel bilden.

3. Befestige dann die Pompons mit Heißkleber oder einem anderen Kleber an den Ästen.

Dafür den Kleber auf die Spitze des Astes geben, die Fäden des Pompons ein bisschen auseinanderlegen und in den Ast hineinkleben. Anschließend wieder ein paar Fäden darüberlegen, damit man den Klebepunkt nicht mehr sieht.

Und schon hast du eine tolle Deko für dein Zuhause!

Natürlich sind die kleinen Pomponblümchen als Strauß in einer Vase auch eine großartige Geschenkidee. Einzeln auf einem Geschenk sehen sie ebenfalls zauberhaft aus.

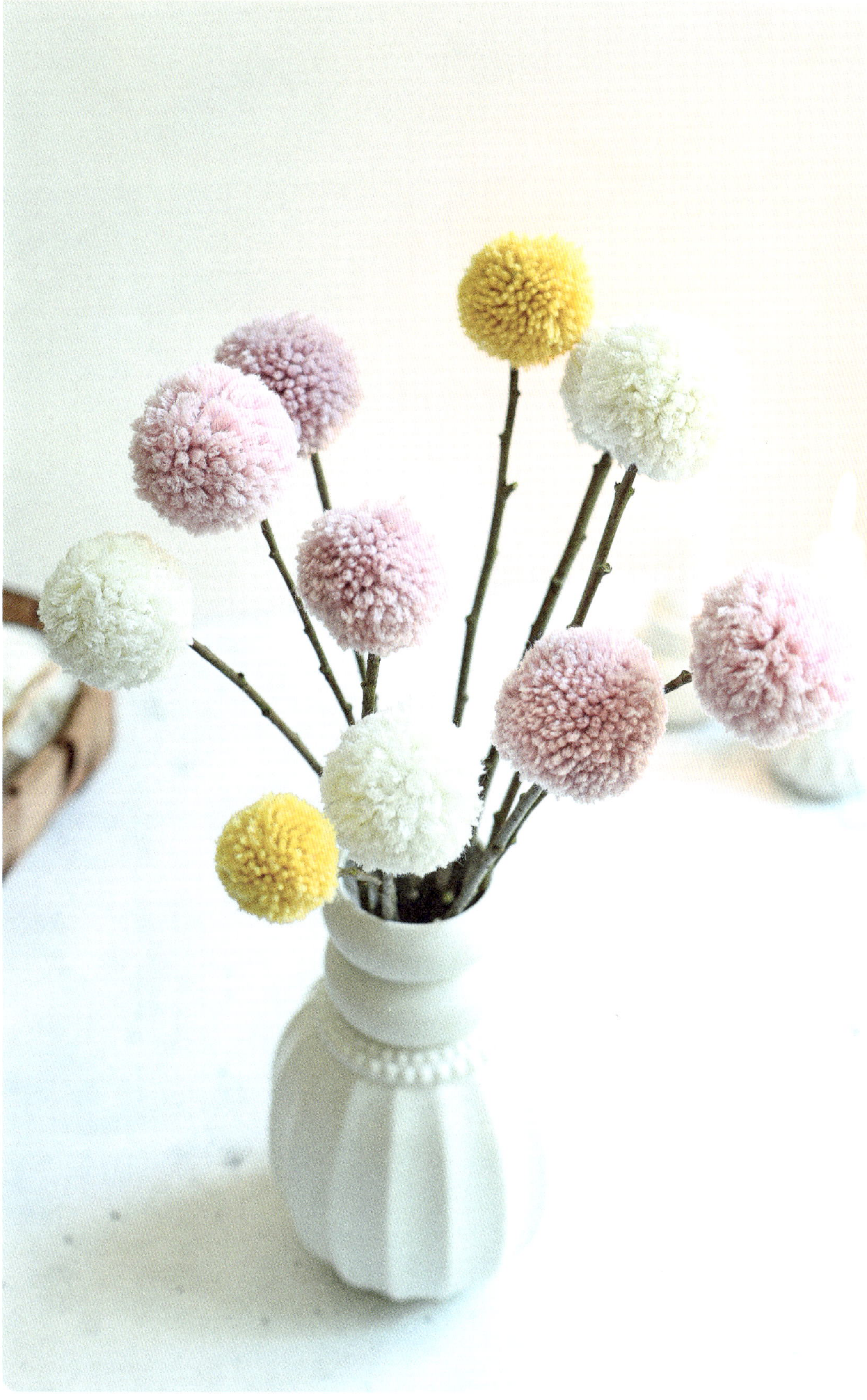

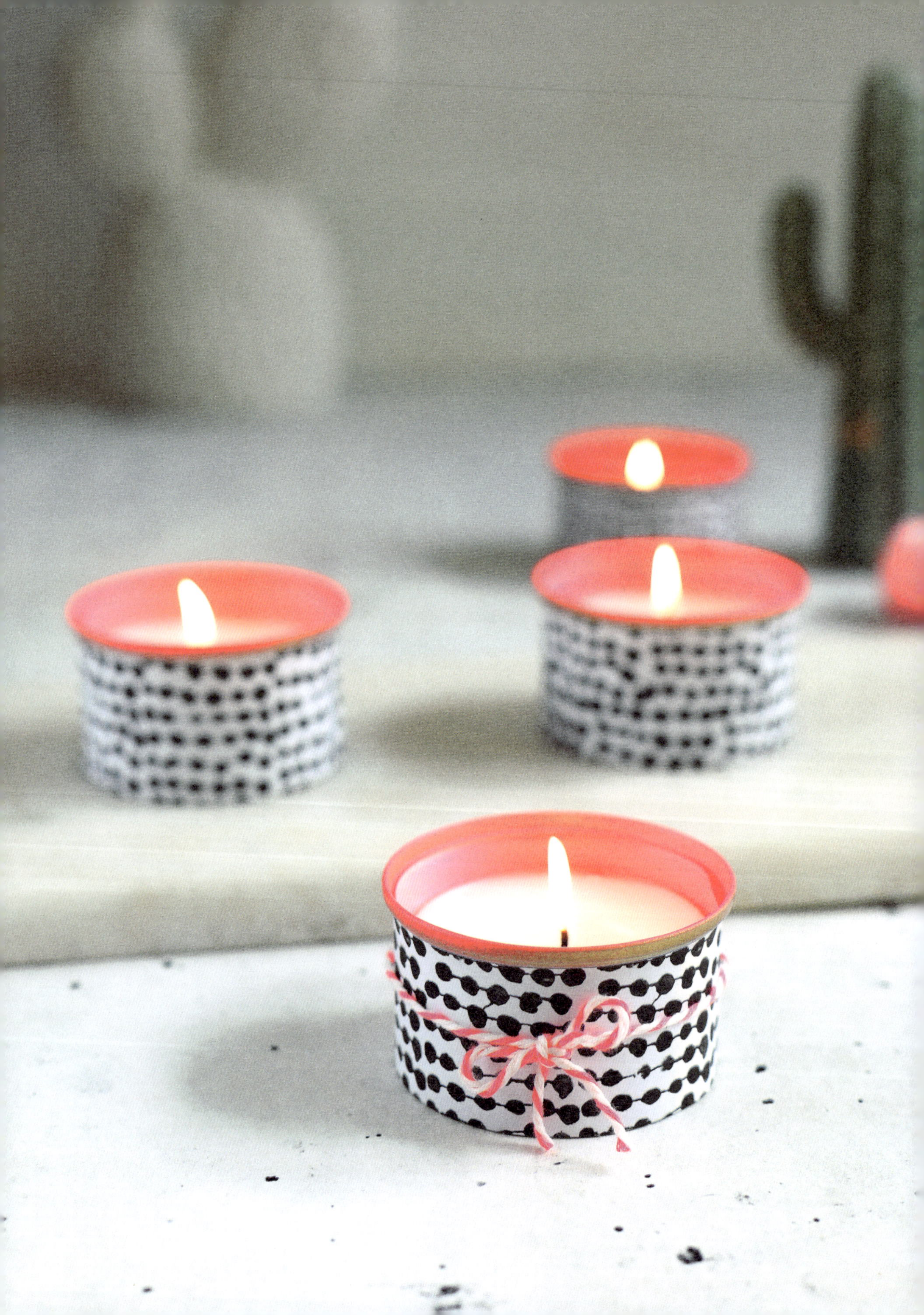

NEONTEELICHTER AUS FUTTERDOSEN

Neulich habe ich für meinen kleinen Kater neues Katzenfutter gekauft. Die kleinen Futterdosen waren so entzückend, dass mir sofort eine schicke DIY-Idee dazu einfiel. Dabei kam mein pinkes Neonspray zum Einsatz, denn die kleinen Dosen riefen förmlich nach einem Farbknaller! Abgerundet mit einem feinen Papierstreifen können sich die Teelichter auf dem Tisch wirklich sehen lassen.

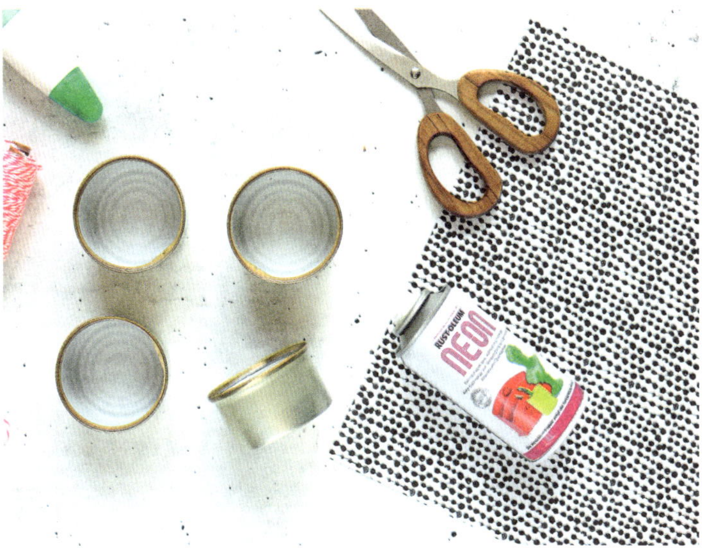

Alles, was du brauchst:

- ✓ kleine Futterdosen
- ✓ Neonspray (oder eine andere Farbe)
- ✓ Zeitungspapier zum Unterlegen
- ✓ Papierreste
- ✓ Schere
- ✓ Klebstoff

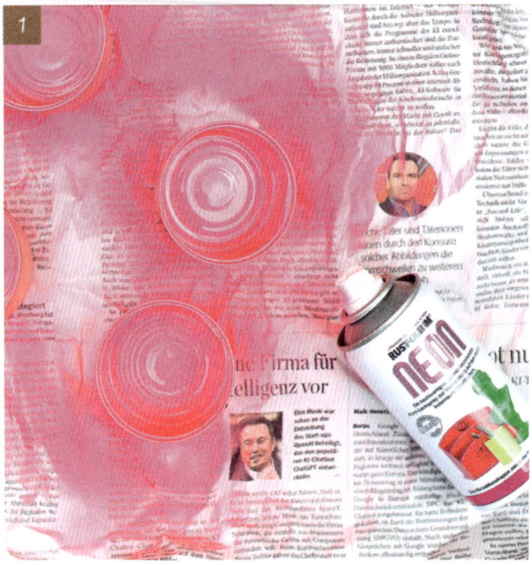

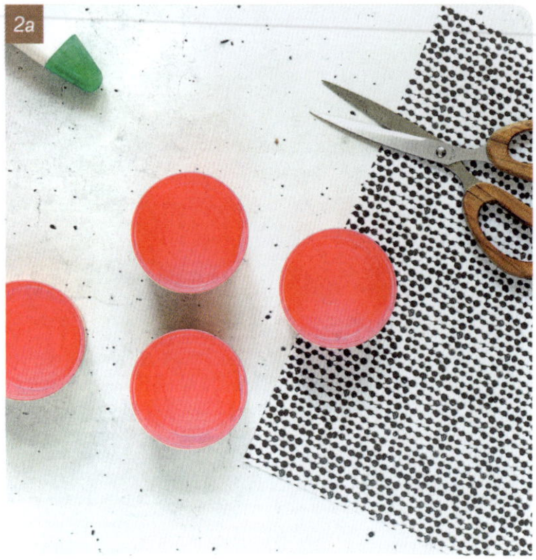

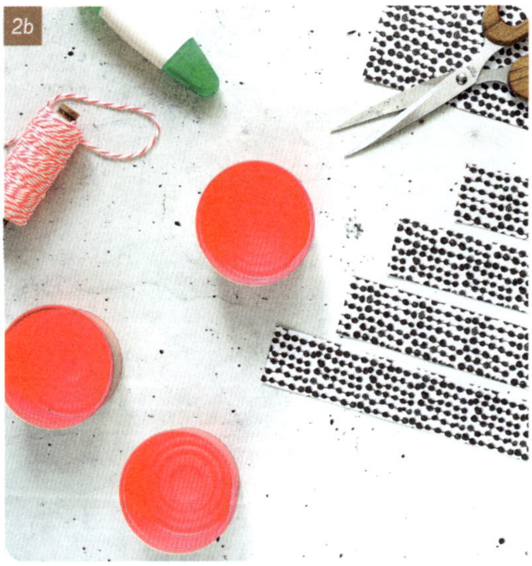

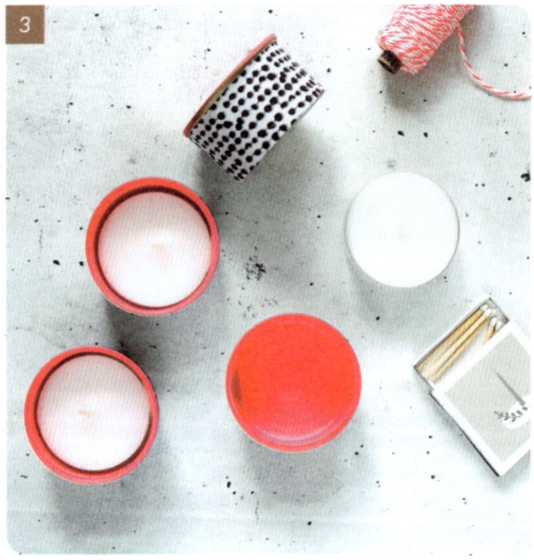

1. Zunächst werden die Dosen mit dem Neonspray eingefärbt. Suche dir dafür ein Plätzchen im Freien und lege großzügig Zeitungspapier aus. Lasse die Dosen nach dem Besprühen gut trocknen.

2. Anschließend schneidest du passende Papierstreifen zu und klebst sie um die Dosen.

3. Jetzt fehlt nur noch eine Kerze, und schon hast du ein richtiges »fancy« Teelicht auf dem Tisch.

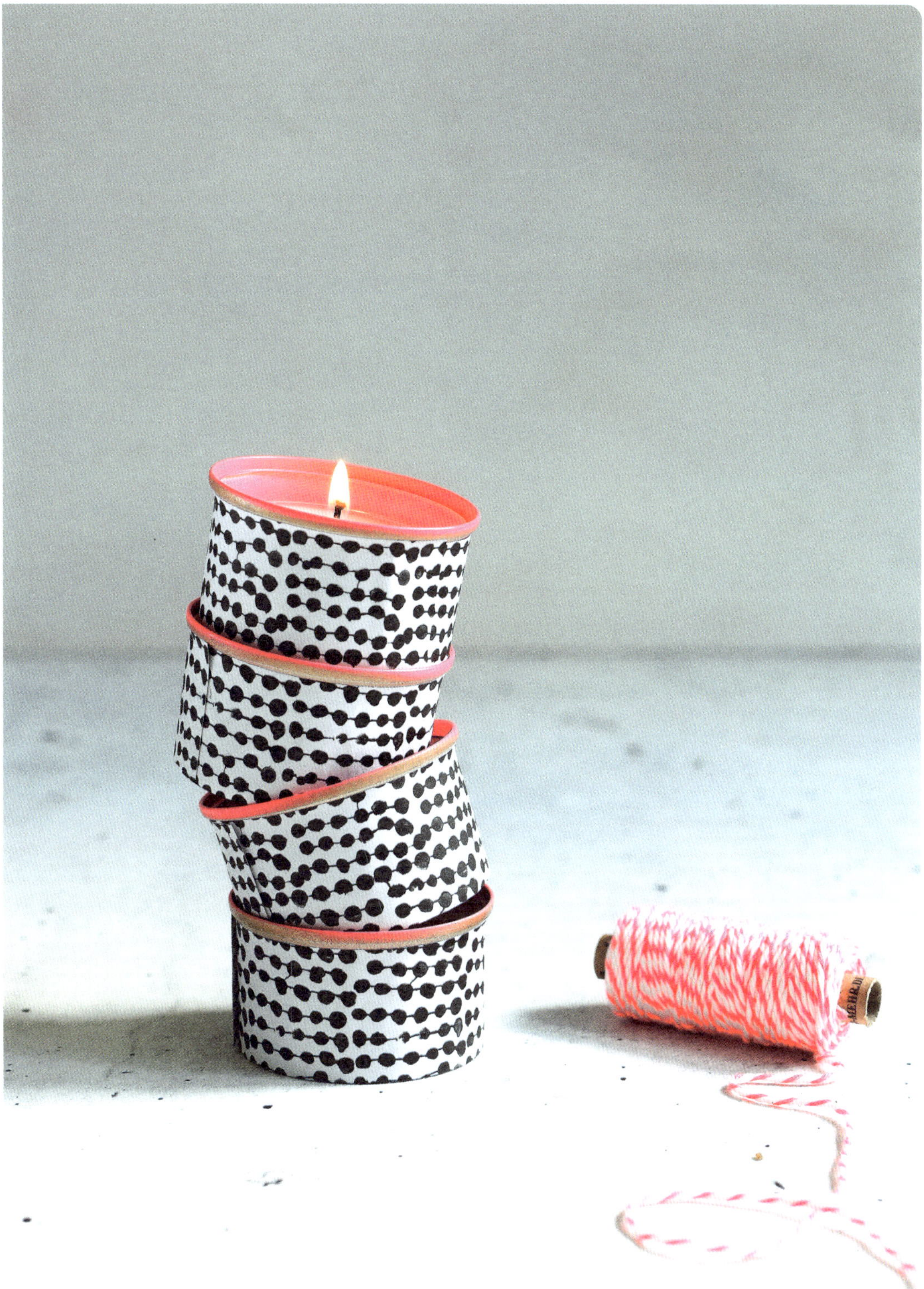

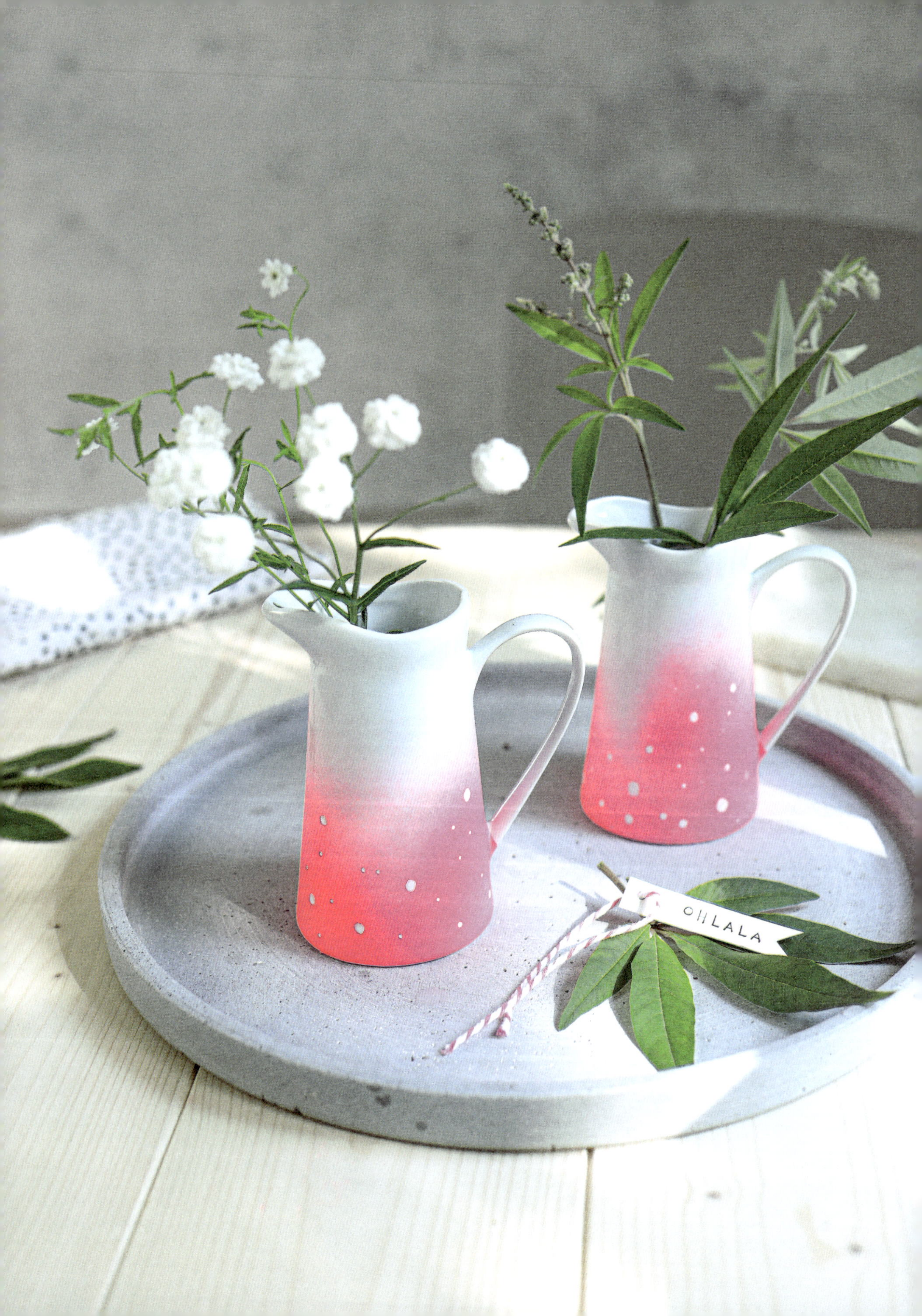
OHLALA

NEONVASEN

Vom einfachen Milchkännchen zum stylishen Deko-Objekt – Die Verwandlung geht wirklich ruckzuck und kann je nach Geschmack auch mit anderen Farben kreiert werden. Ich habe mich hier für den coolen Neonfarbton entschieden. Ein echter Farbknaller, der sich fast überall integrieren lässt. Die Milchkännchen habe ich in einem Gebrauchtwarenladen für wenig Geld gekauft. Sowas findet man aber auch auf Flohmärkten oder vielleicht sogar im eigenen Keller.

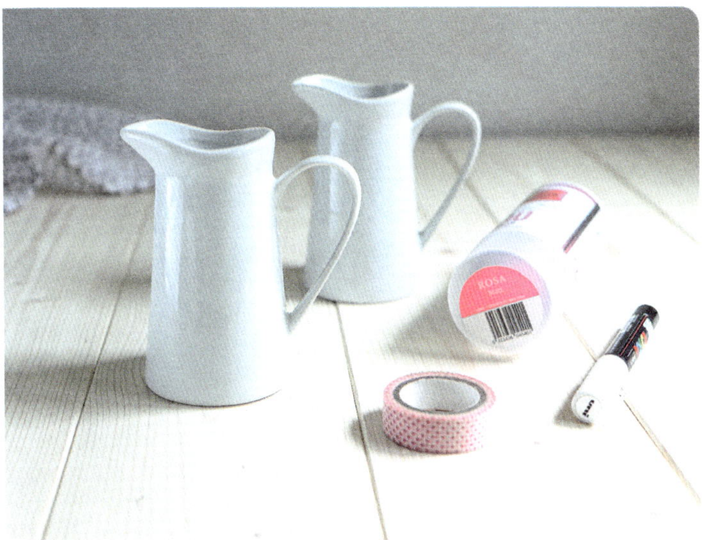

Alles, was du brauchst:

- ✓ Milchkännchen oder Krüge
- ✓ Neon-Lackspray
- ✓ Lackstift in Weiß

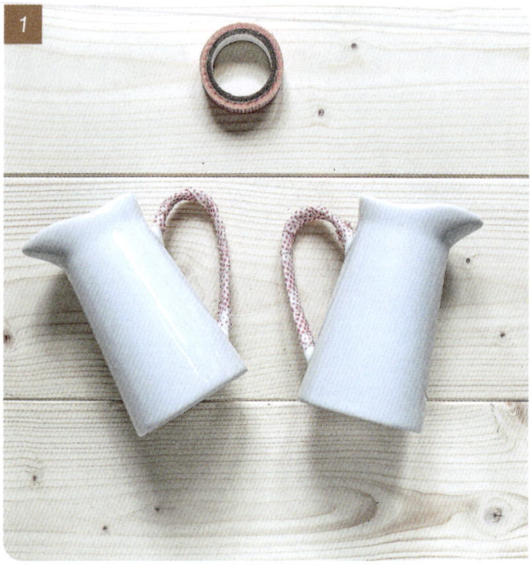

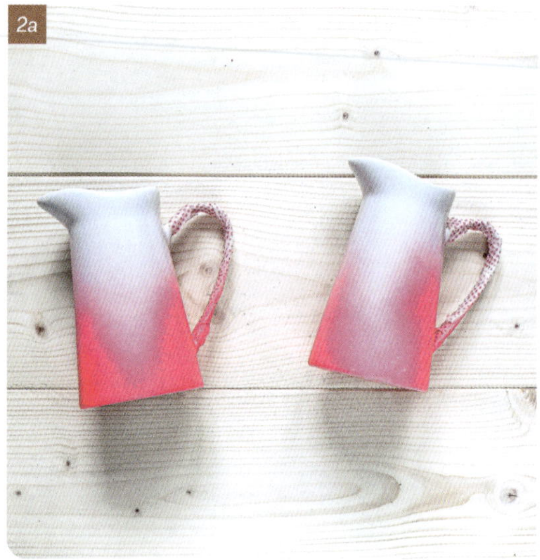

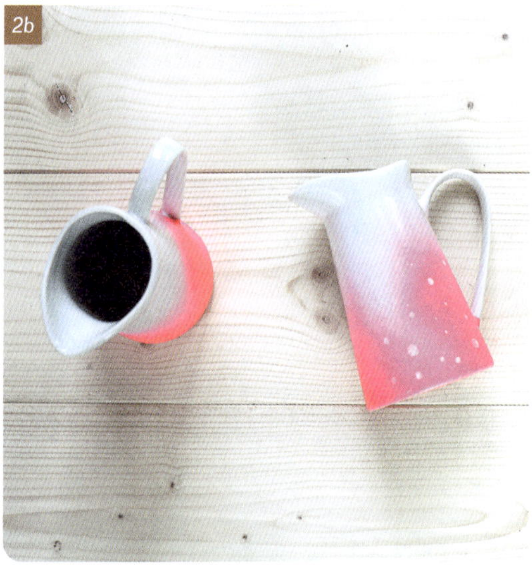

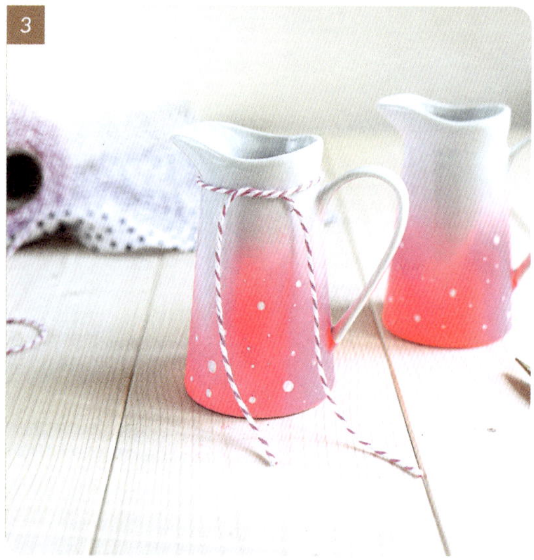

1. Zuerst reinigst du die Kännchen mit Wasser und ein bisschen Spülmittel.

2. Bei Bedarf klebst du die Henkel mit Washitape oder Kreppband ab.

   Bereite dir deinen Arbeitsplatz gut vor. Ich gehe dafür am besten nach draußen und stelle mir einen Papp-karton auf, damit der Sprühnebel nicht überall herumfliegt. Ziehe dir auch gerne alte Handschuhe an, sodass deine Finger nicht auch farbig werden.

   Nun besprühst du die Kännchen zur Hälfte mit dem Lack und lässt sie trocknen.

3. Zum weiteren Verzieren kannst du den Kännchen mit einem Lackstift noch weiße Pünktchen aufmalen.

   Aus den unscheinbaren Milchkänn-chen sind nun richtig coole Vasen geworden!

   Du kannst sie nun mit Blümchen und Gräsern dekorieren oder auch ganz lieb verschenken.

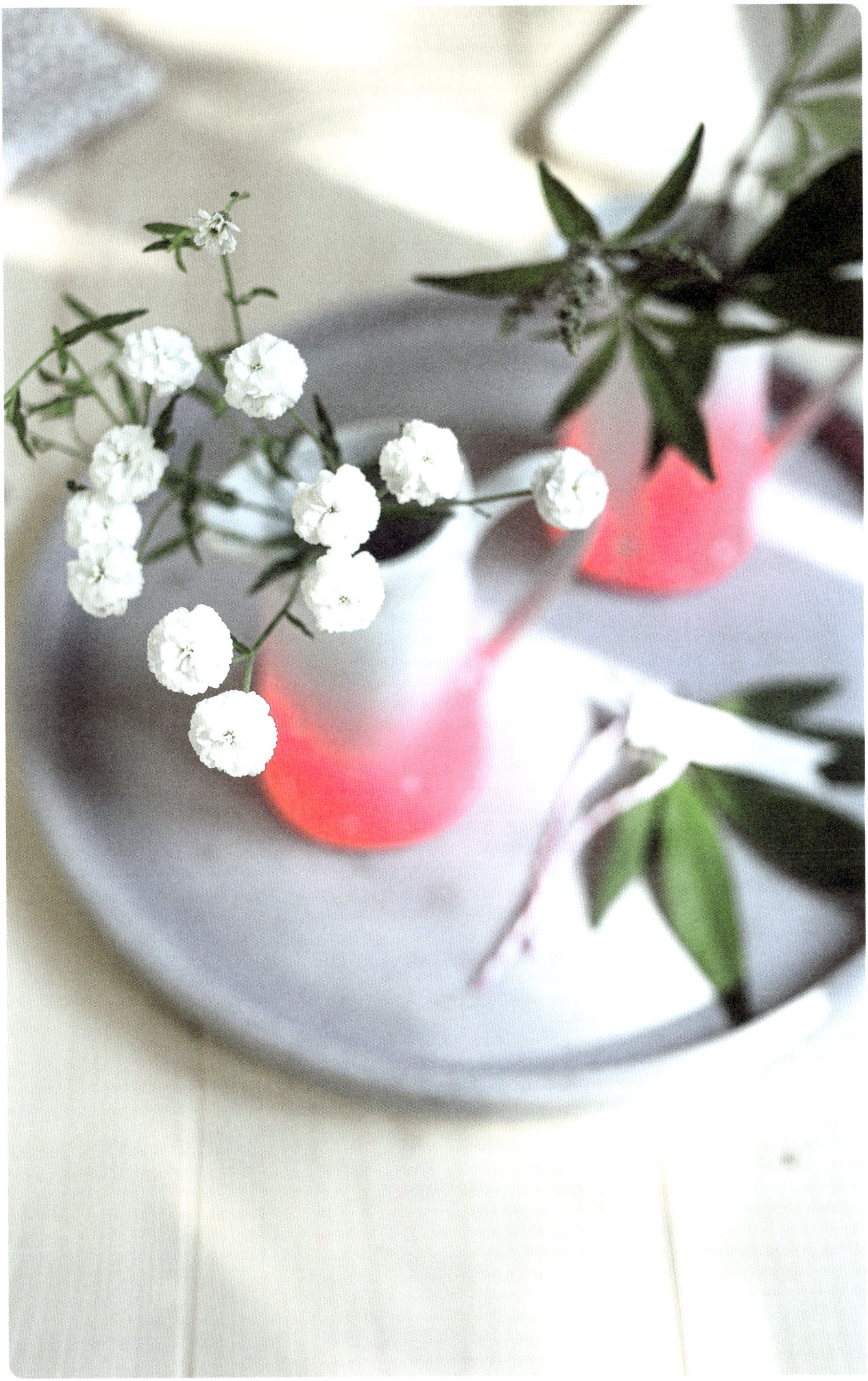

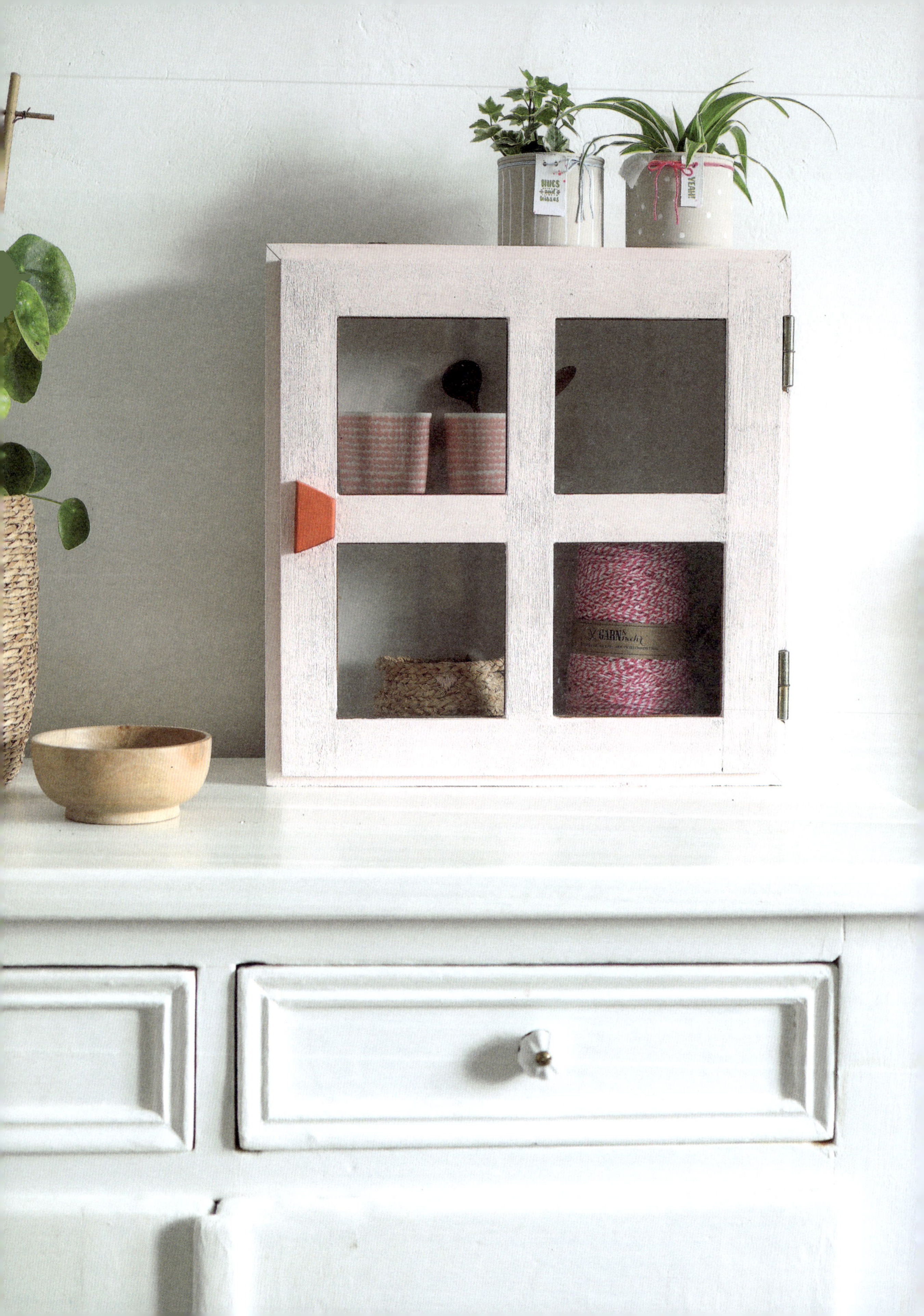
HUGS and kisses
YEAH!
GARN & mehr

AUS ALT MACH NEU – EIN SCHRÄNKCHEN MIT NEUEM LOOK

Ich sage ja immer: »Man kann aus allem etwas machen!« Dieses Schränkchen hing lange im Flur meiner Eltern. Mein Bruder hat es in seiner Ausbildung als Tischler gefertigt. Nach der Auflösung der Wohnung stand es erst einmal lange in unserem Schuppen. Das Schränkchen ist superschön und handwerklich perfekt, aber die Farbe passt einfach gar nicht in unser Haus. Also habe ich ihm einen neuen Farbanstrich verpasst. Ich finde das Rosa steht ihm richtig gut, und es sieht auf der Kommode in der Küche sehr schick aus.

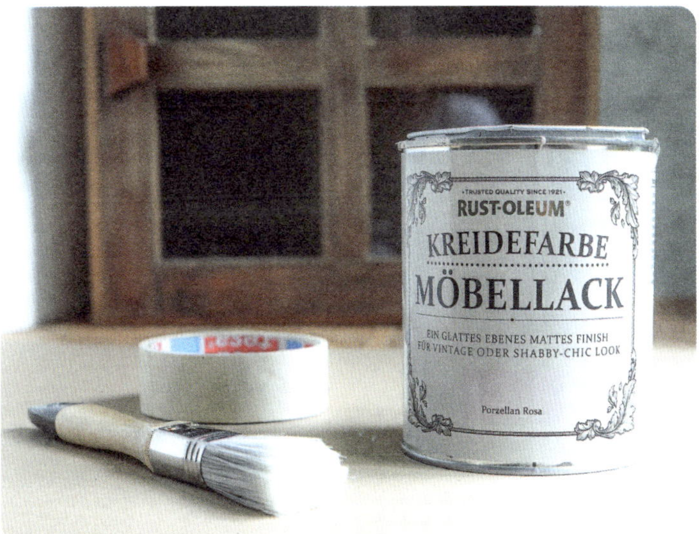

Alles, was du brauchst:

- ✓ Kreide- oder Acrylfarbe
- ✓ Schleifpapier, optional eine Schleifmaschine
- ✓ Kreppklebeband

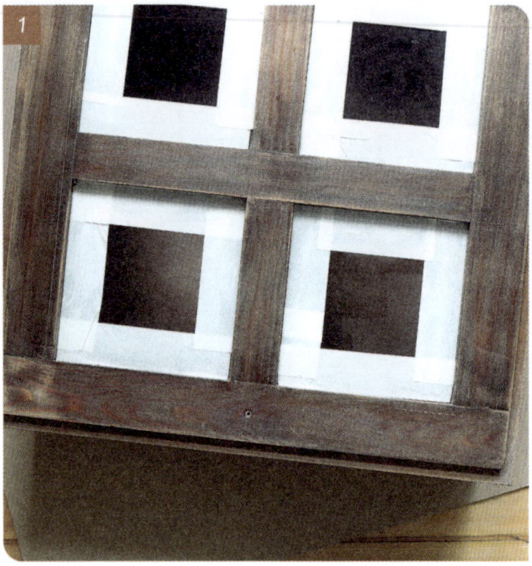

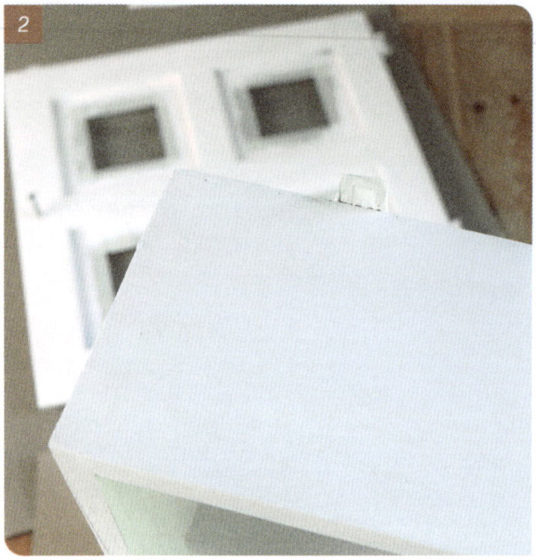

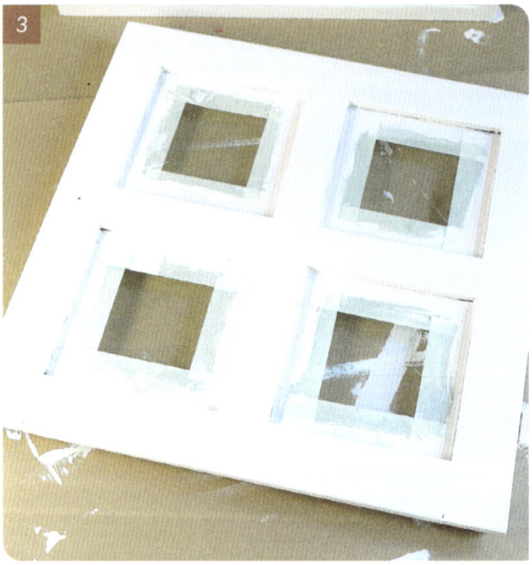

Möbel neu streichen, so geht's:

Bevor du ein Möbelstück neu streichst, musst du es gut vorbereiten.

Reinige es gründlich und schleife es mit einer Schleifmaschine oder Schleifpapier per Hand ab.

1. Falls wie hier Glasscheiben vorhanden sind, klebe sie vor dem Bemalen sorgfältig mit Kreppband ab.

2. Wenn möglich, hänge die Tür aus und entferne alle Scharniere. Ist dies nicht möglich, klebe die Scharniere ebenfalls mit Kreppband gut ab.

   Ich habe für mein Schränkchen einen Kreidelack verwendet.

3. Bei so dunklem Holz ist eine Grundierung in einem hellen Farbton vorteilhaft.

4. Anschließend wird der Schrank mit dem rosa Farbton lackiert.

   Zuerst wollte ich den Türgriff durch einen modernen Griff ersetzen. Ich habe mich aber dazu entschlossen, den ursprünglichen zu erhalten und mit einem zweiten Farbton aufzufrischen. Jetzt passt alles perfekt.

4

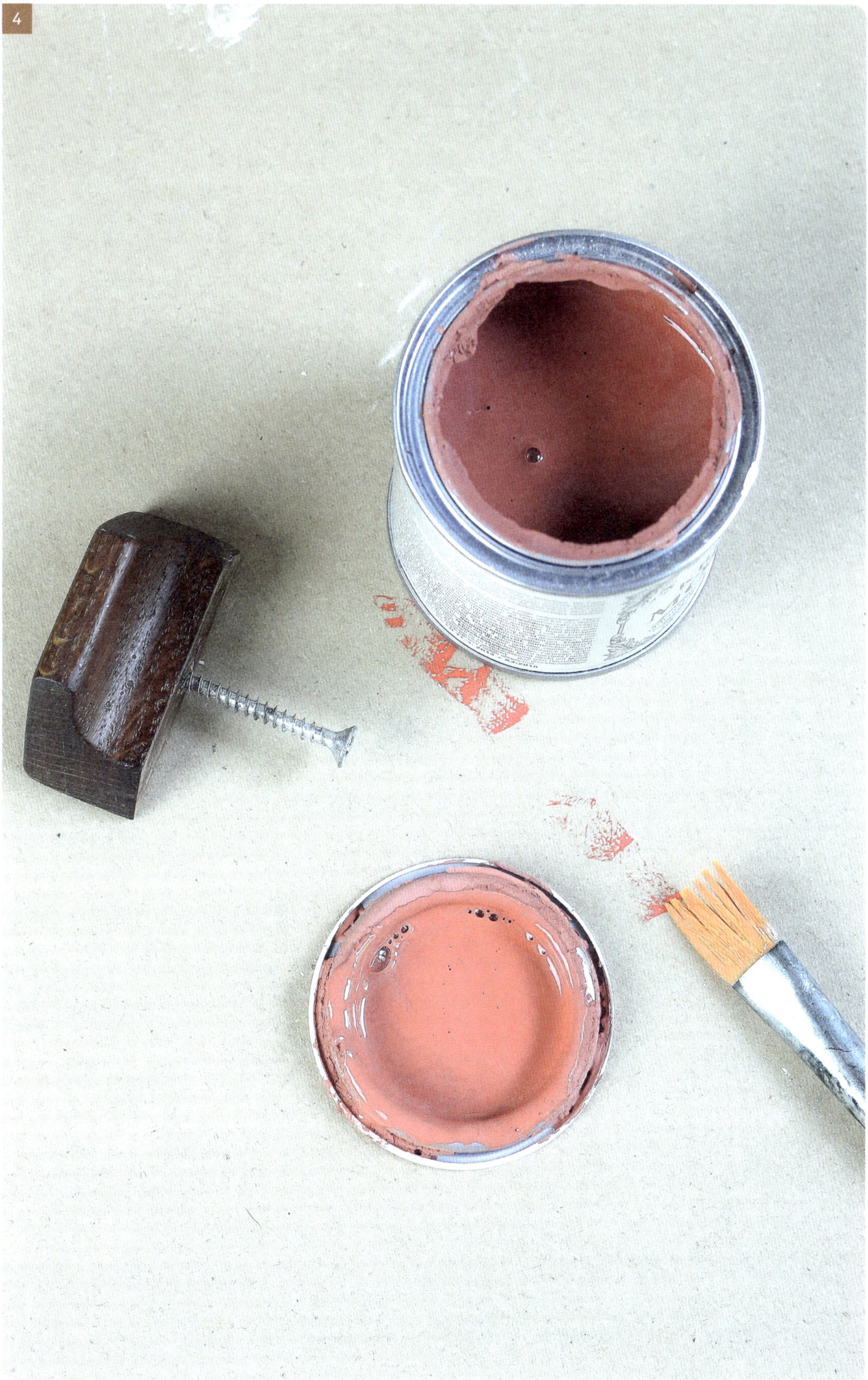

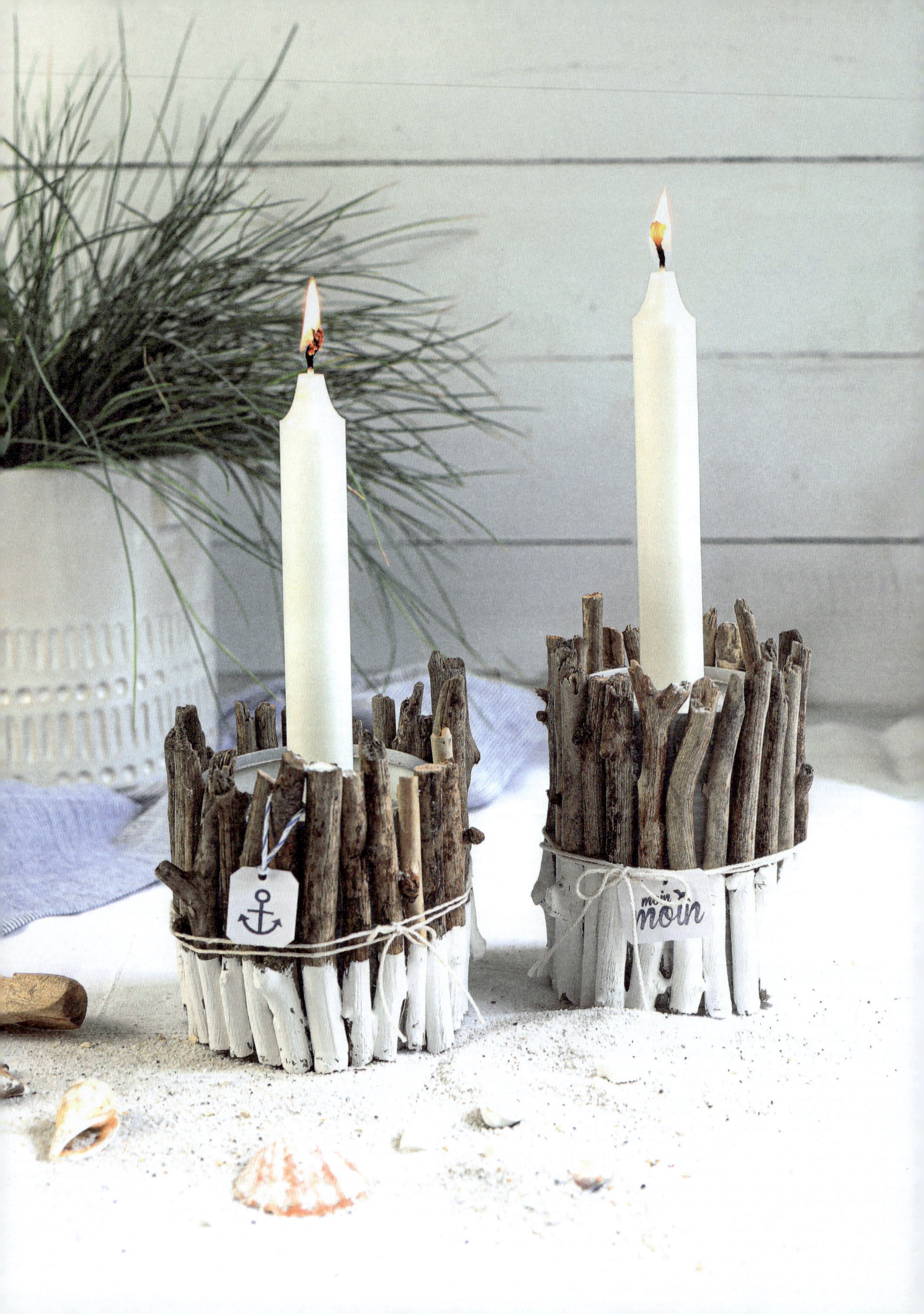
moin moin

WINDLICHTER IM BEACHHOUSE-STYLE

Für diese Windlichter kannst du wunderbar einen langen Spaziergang im Wald oder am Wasser einplanen und dabei die schöne Zeit in der Natur genießen. Halte währenddessen nach kurzen und langen Ästen Ausschau und packe sie in deine Tasche. Achte dabei darauf, dass du möglichst Äste ohne Rinde mitnimmst. Davon findest du im Wald sehr viele, denn auch dort werden sie durch die Witterung irgendwann fast wie Treibholz.

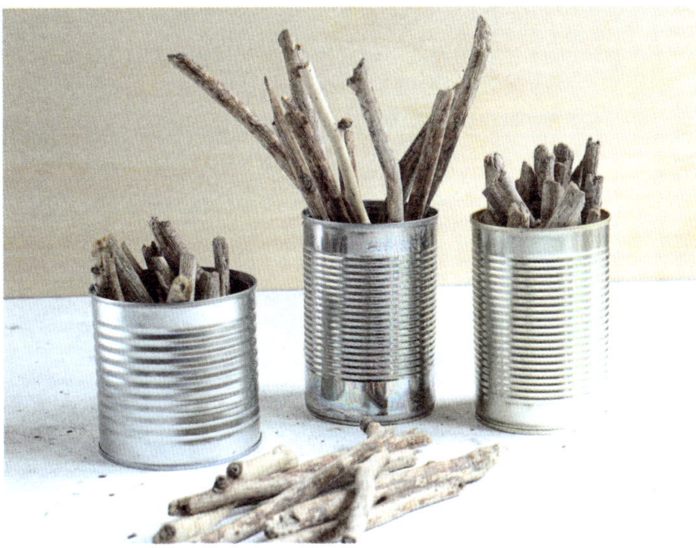

Alles, was du brauchst:

- ✓ kurze und längere Äste ohne Rinde
- ✓ Konservendosen
- ✓ Heißkleber
- ✓ Bastelfarbe
- ✓ Klebeband (optional)

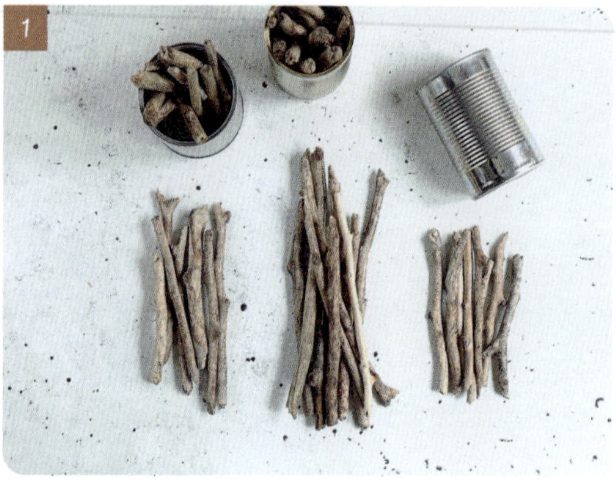

1

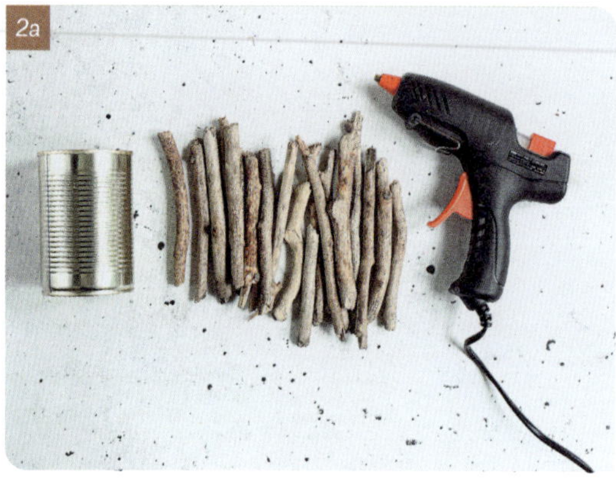

2a

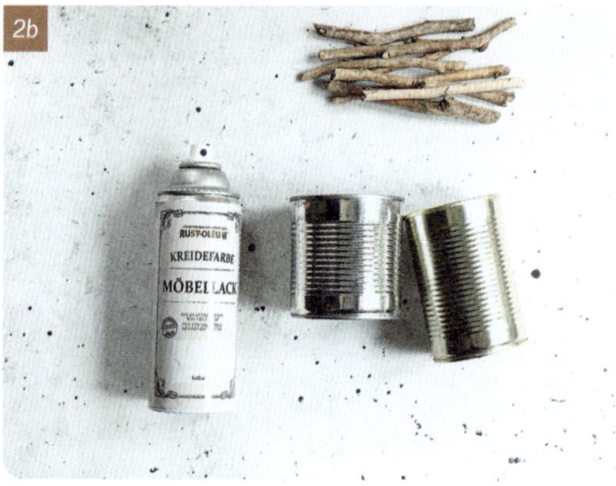

2b

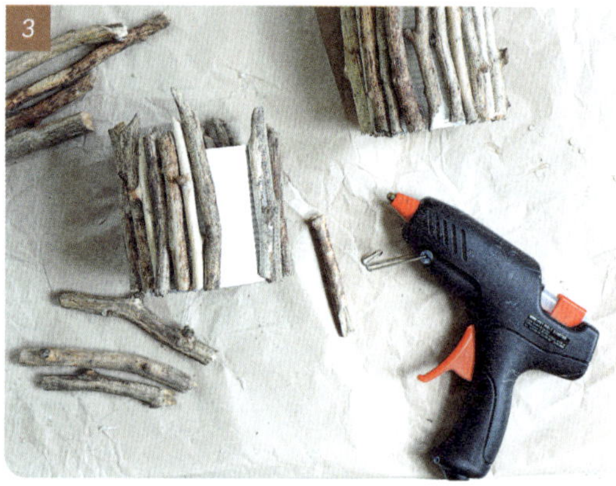

3

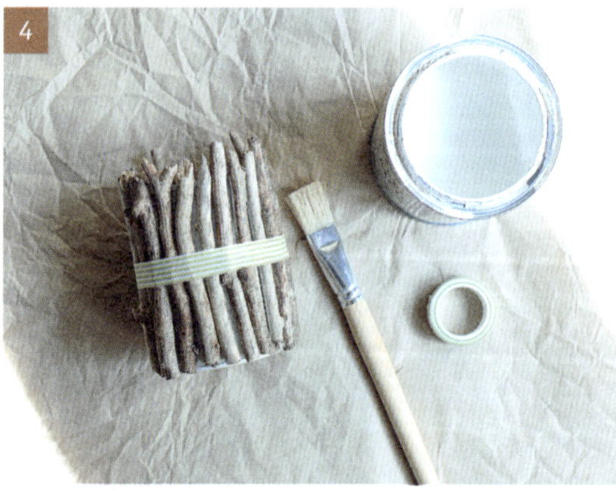

4

1. Reinige deine gesammelten Äste zu Hause mit Wasser und lege sie anschließend am besten in die Sonne zum Trocknen.

2. Wenn du magst, kannst du die Dosen vor der Umgestaltung weiß anmalen oder -sprühen. So sieht es hinter den Stöckchen noch schöner aus.

   Die Stöckchenlänge sortierst du dir entsprechend der Dosengröße zurecht.

3. Anschließend werden die Stöckchen mithilfe des Heißklebers rund um die Dose geklebt.

4. Wer mag, kann die Hälfte der Stöckchen weiß anstreichen. Klebe dazu als Unterteilung einen Streifen gut ablösbares Klebeband auf.

Fertig sind richtig coole Windlichter im Beachhouse-Style, für die du noch nicht einmal ans Meer fahren musst! Jetzt fehlt nur noch ein bisschen Sand in der Dose und vielleicht eine Kerze.

Als Sand benutze ich gerne Vogelsand aus dem Tierbedarf. Den gibt es schon in kleinen Portionen zu kaufen.

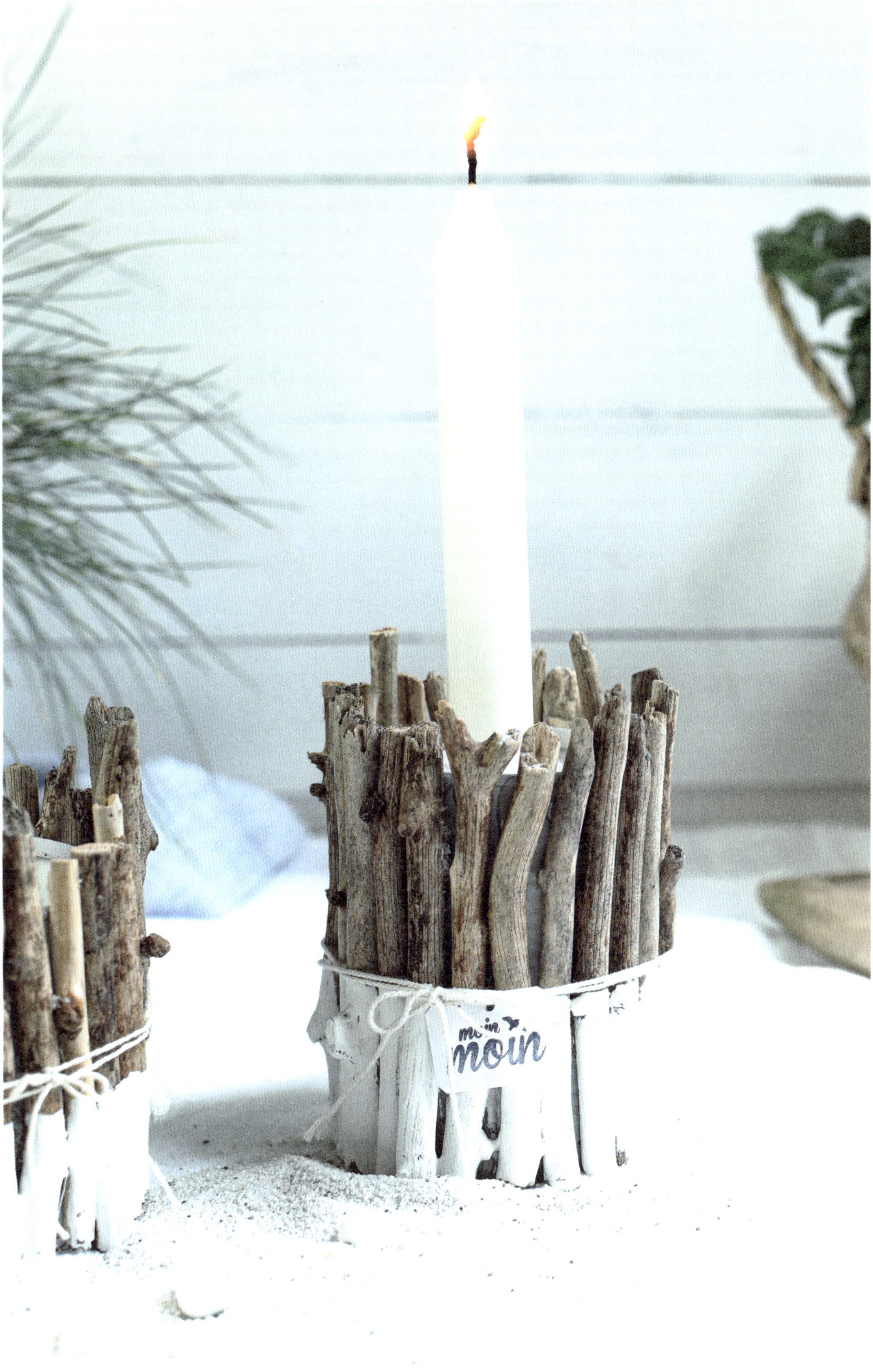
moin
moin

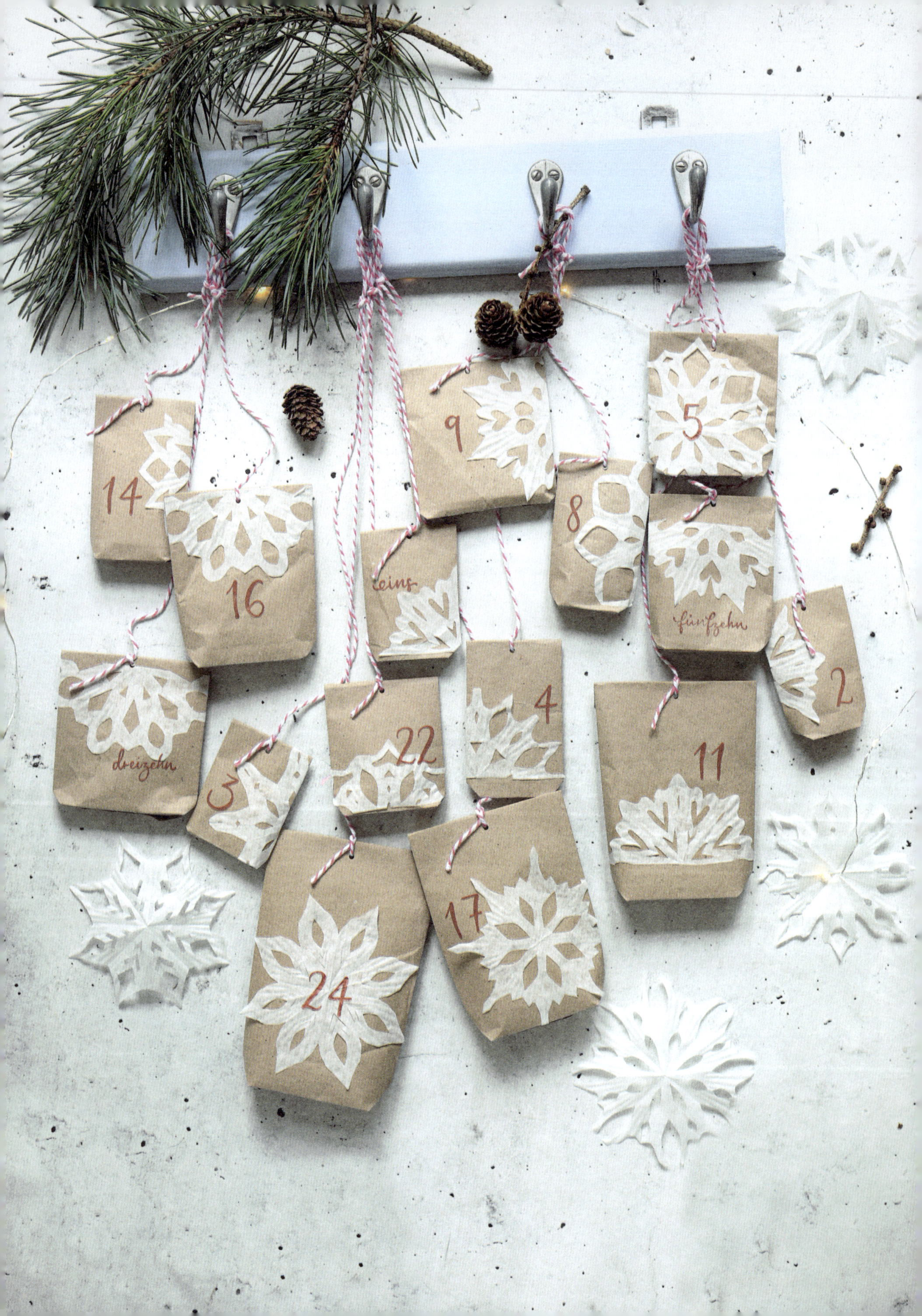
14
16
9
5
8
eins
fünfzehn
dreizehn
3
22
4
11
2
24
17

VOM MUFFINFÖRMCHEN ZUM ADVENTSKALENDER

Irgendwann hatte ich diese Kleiderhakenleiste auf dem Flohmarkt gekauft. Die letzten Jahre verbrachte sie aber unbeachtet im Keller. Als ich sie neulich beim Aufräumen wieder entdeckte, hatte ich sofort die Idee für diesen schönen Adventskalender. Die 24 Tüten habe ich aus Verpackungsmaterial aus Paketsendungen gebastelt. Die Schneeflocken kannst du sowohl aus Muffinförmchen als auch aus normalem Papier basteln. Und im nächsten Jahr kannst du die Tütchen wieder neu gestalten.

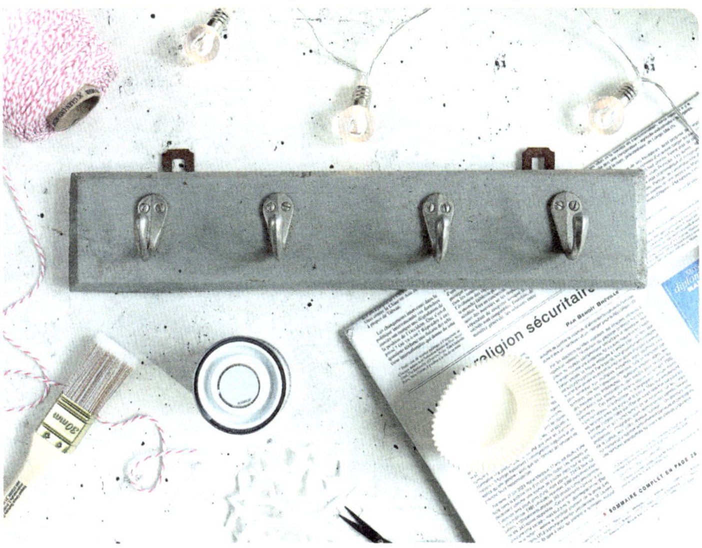

Alles, was du brauchst:

- ✓ Hakenleiste
- ✓ Packpapier
- ✓ Muffinförmchen oder weißes Papier
- ✓ feine Schere
- ✓ Kleber
- ✓ Farbe und Pinsel
- ✓ Zahlenstempel oder Stift

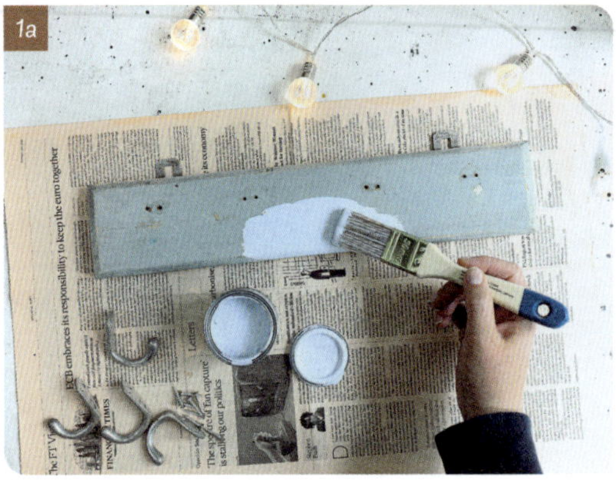

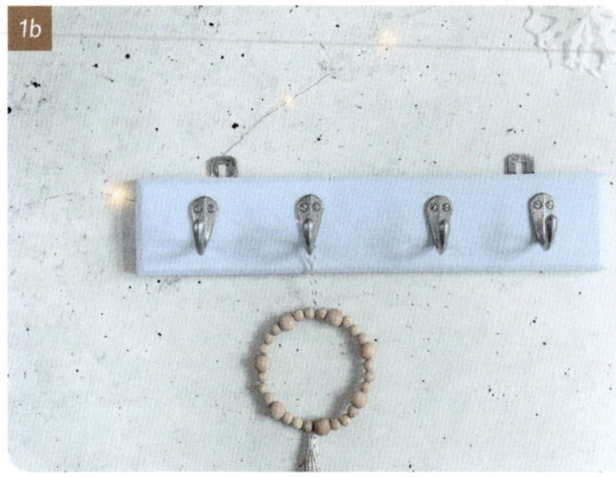

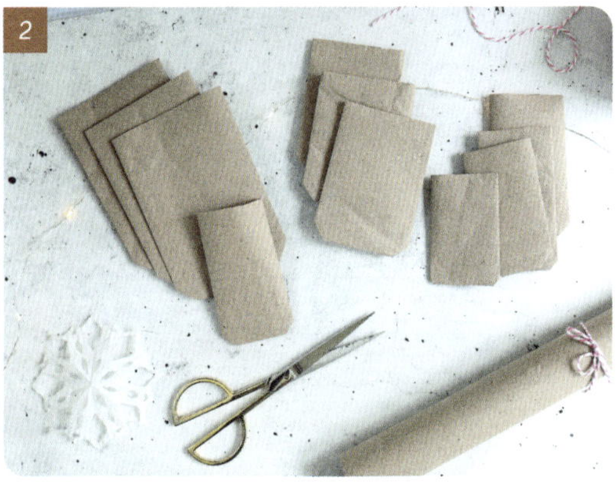

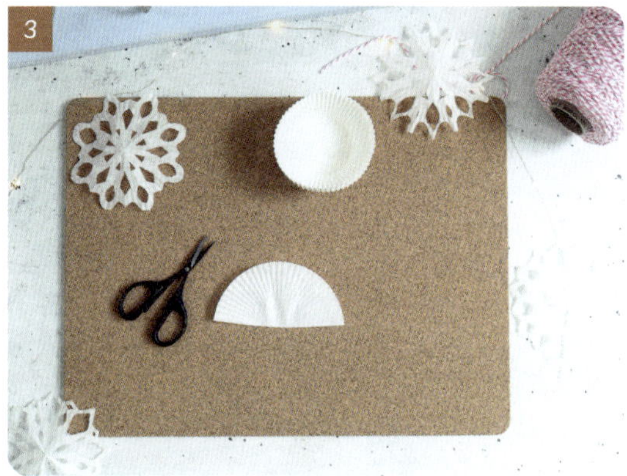

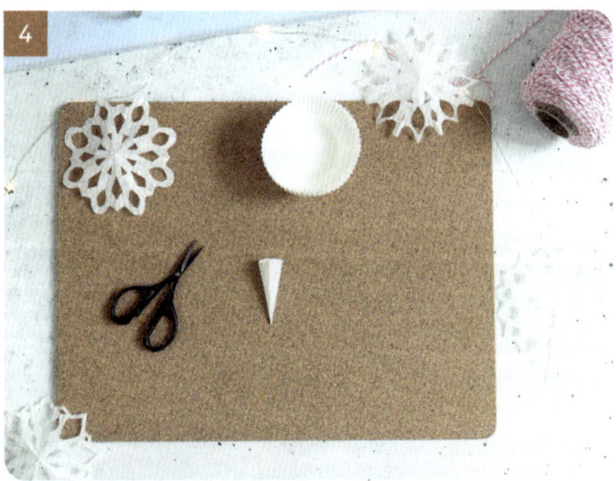

1. Schraube zuerst alle Haken und – wenn es geht – auch die Aufhängung ab. Schleife dann das Holz gut an, sodass es eine schöne glatte Oberfläche erhält. Nachdem du das Holz gründlich gereinigt hast, kannst du es in einer Farbe deiner Wahl anstreichen. Nach dem Bemalen bringst du alle Haken und die Aufhängung wieder an.

2. Die 24 Tütchen faltest du wie die Täschchen bei den getrockneten Gartenkräutern auf Seite 25 in unterschiedlichen Größen.

3. Für die Schneeflocken habe ich weiße Muffinförmchen verwendet. Die haben schon die perfekte Größe, und das Material lässt sich mühelos schneiden.

4. Falte die Muffinförmchen insgesamt viermal zusammen.

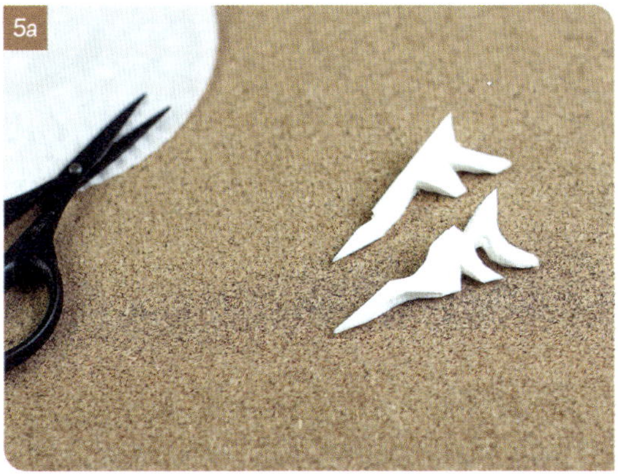

5a

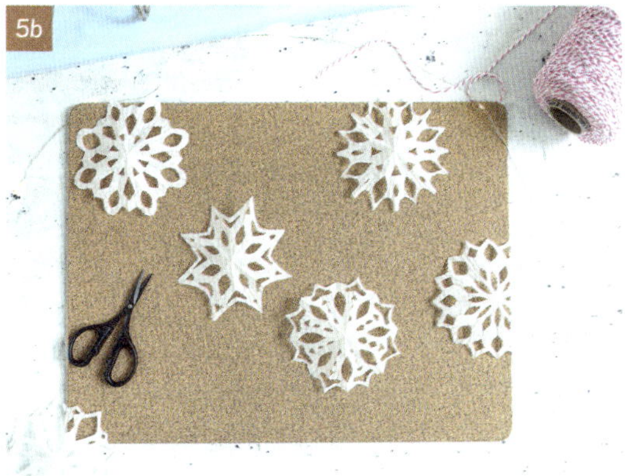

5b

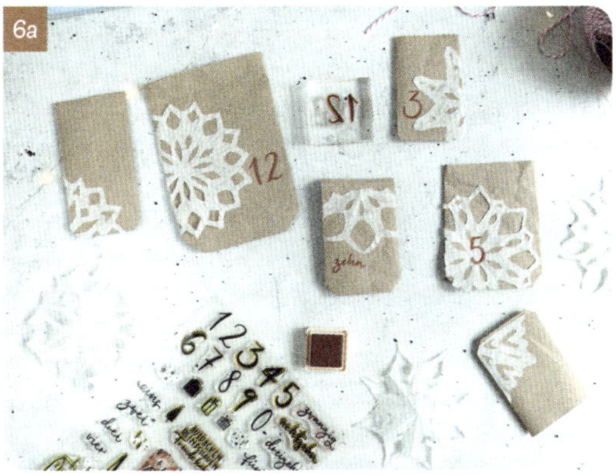

6a

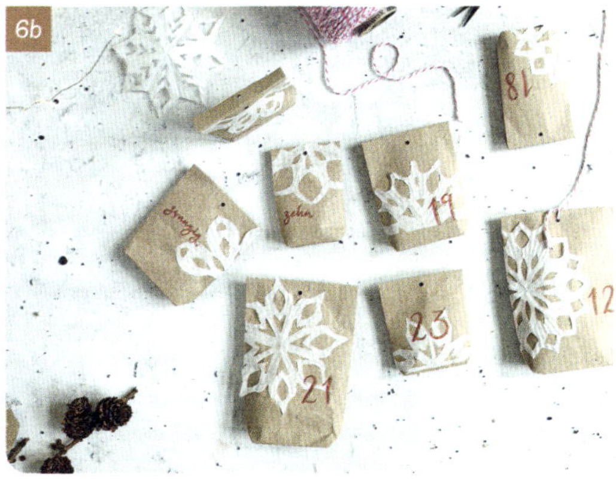

6b

5. Schneide nun mit einer feinen Schere Muster in das gefaltete Papier.

   Jetzt kannst du das Papier vorsichtig wieder auseinanderfalten. Klebe nun die Schneeflocken auf die Tüten und stempele oder schreibe jeweils die Zahlen von 1–24 darauf.

   Um die Tütchen aufzuhängen, faltest du die Kante einmal um und lochst sie mit einem Locher.

6. Nun noch mit einem Faden an der Hakenleiste befestigen, und schon kann der Dezember kommen!

   Tipp: Für die Tütchen habe ich einfach Verpackungsmaterial aus Paketlieferungen gesammelt. Das eignet sich einfach perfekt und wird somit für einen tollen Zweck wiederverwendet.

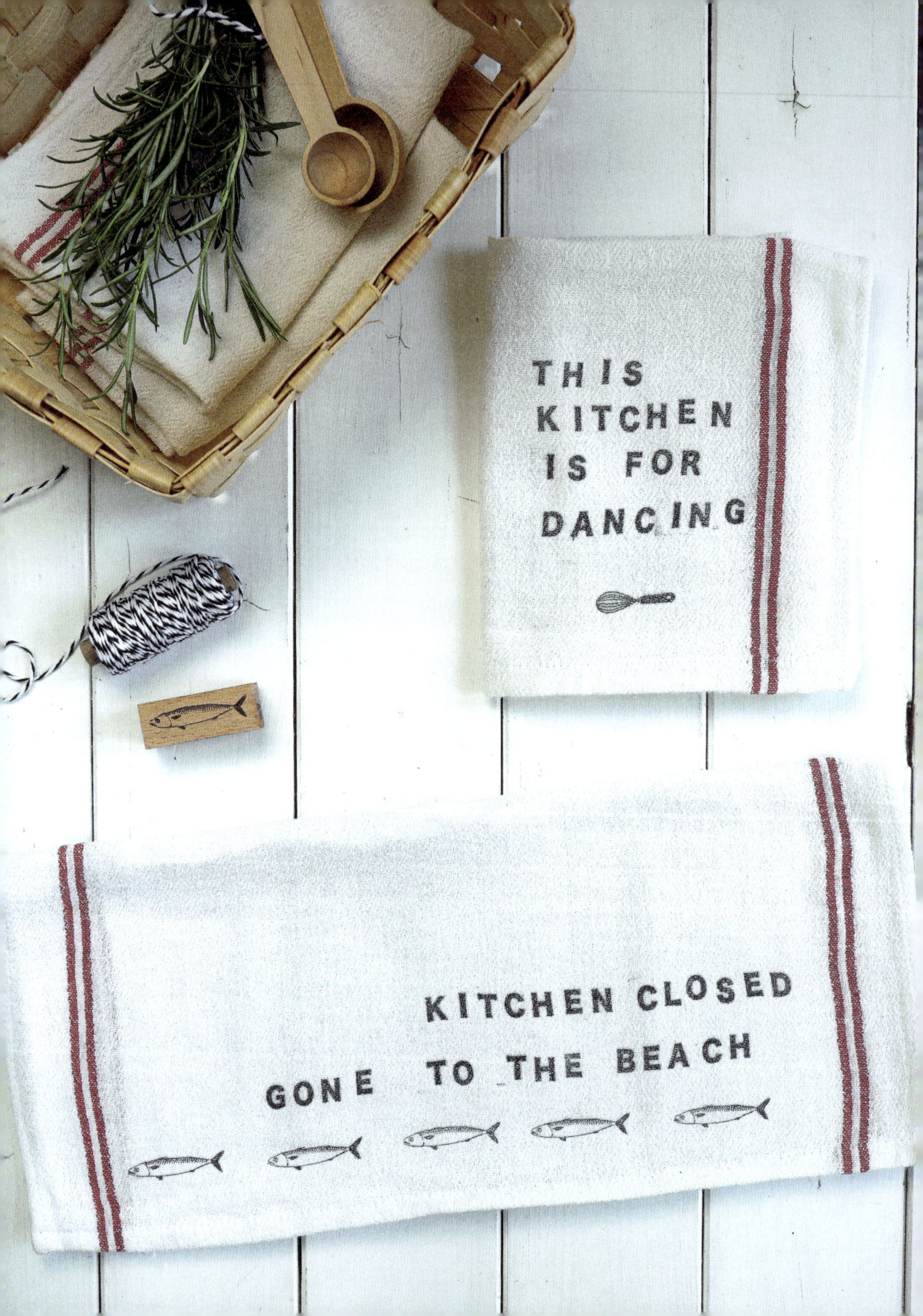
THIS
KITCHEN
IS FOR
DANCING
KITCHEN CLOSED
GONE TO THE BEACH

BEDRUCKTES GESCHIRRTUCH

Aus einem schlichten Geschirrtuch lässt sich mit nur wenigen Handgriffen etwas ganz Besonderes machen. Du brauchst dafür nur ein Alphabet-Stempelset und ein Stempelkissen mit Stofffarbe.So lassen sich die Tücher mit individuellen Sprüchen oder sogar Rezepten individuell bestempeln, und man hat ein ganz einzigartiges Küchenaccessoire erschaffen. Natürlich kann man so ein besonderes Stück auch sehr gut verschenken. Vielleicht zur nächsten Grillparty oder zu einer Einweihungsfeier?

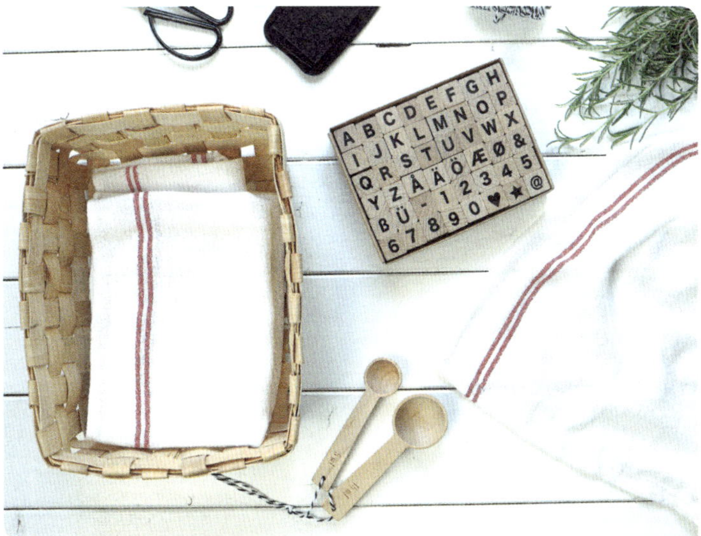

Alles, was du brauchst:

- ✓ Küchentuch
- ✓ Alphabet-Stempelset
- ✓ Stempelkissen mit Stofffarbe
- ✓ Unterlage aus Papier, Kork oder Holz

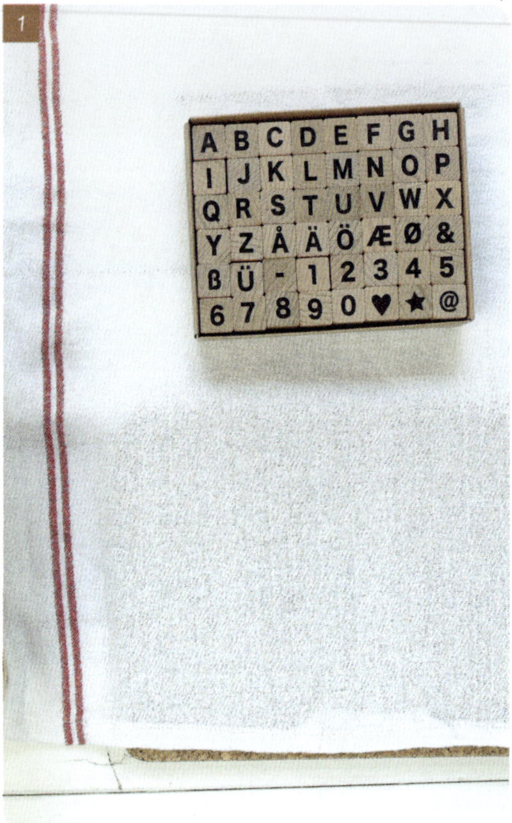

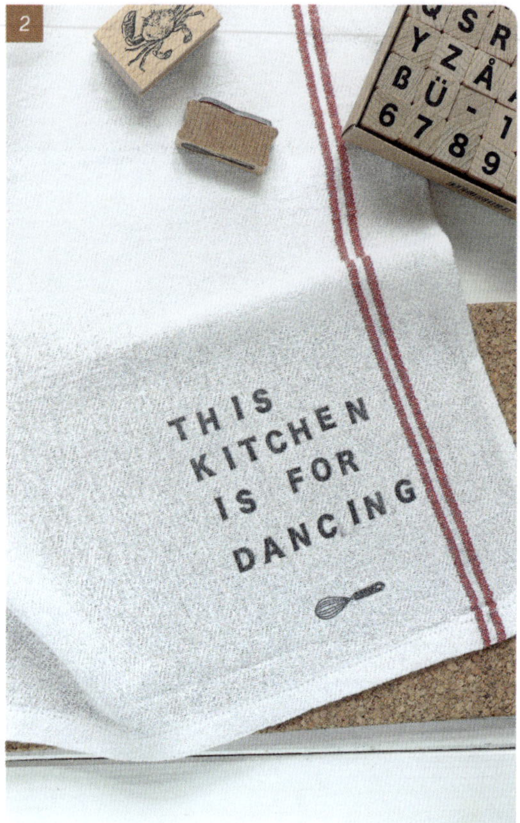

1. Wenn das Geschirrtuch ganz neu ist, sollte es vorher gewaschen werden, damit die Appretur entfernt wird und die Stempelfarbe besser hält. Anschließend schön glatt bügeln.

2. Lege dir vor dem Stempeln eine Unterlage unter das Tuch.

   Bei Bedarf kannst du dir den Text auch erst einmal auf ein Stück Papier vorstempeln und schauen, wie dir die Anordnung gefällt.

Lasse die Farbe gut trocknen und bügele das Tuch anschließend auf links. So fixiert du die Farbe auf dem Tuch und kannst, je nach Angabe des Farbenherstellers, ab 30 Grad waschen.

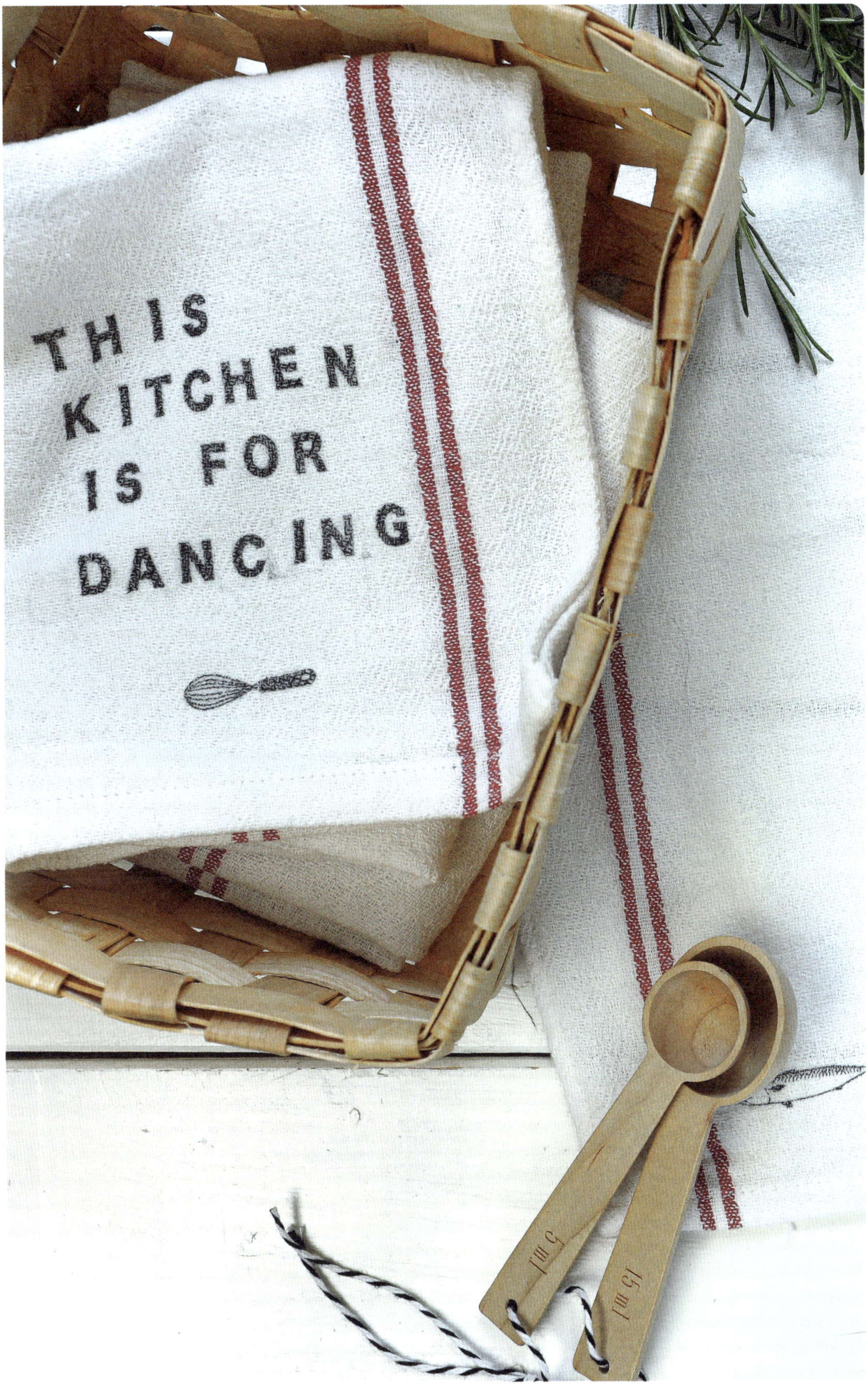
THIS
KITCHEN
IS FOR
DANCING

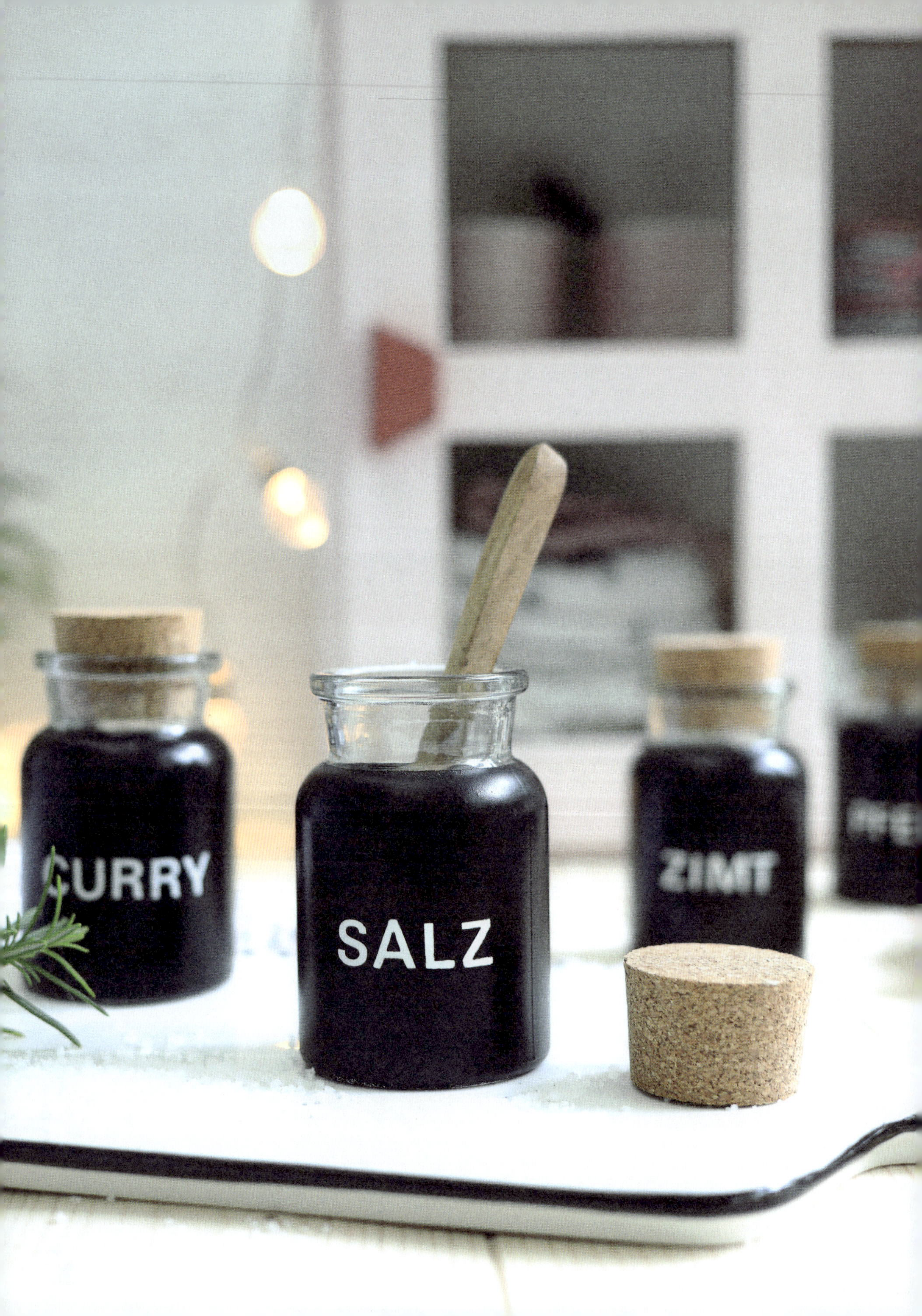
CURRY
SALZ
ZIMT

GEWÜRZGLÄSER IM NEUEN LOOK

Im Laufe der Jahre sammeln sich viele unterschiedliche Gewürzbehälter an. Um einen einheitlichen Look zu bekommen, habe ich alle Glasbehälter von ihren Etiketten befreit und ihnen einen neuen Style verpasst. Jetzt findet man auf Anhieb das richtige Gewürz, und die Gläser sehen dazu auch noch richtig elegant aus.

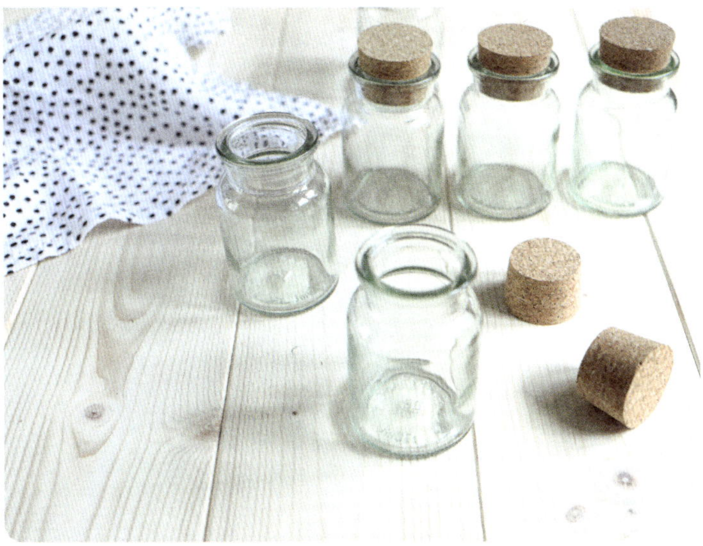

Alles, was du brauchst:

- ✓ leere Gläser
- ✓ Sprühlack in Weiß und Schwarz
- ✓ Buchstabensticker
- ✓ Abklebeband
- ✓ kleine Nadel

1

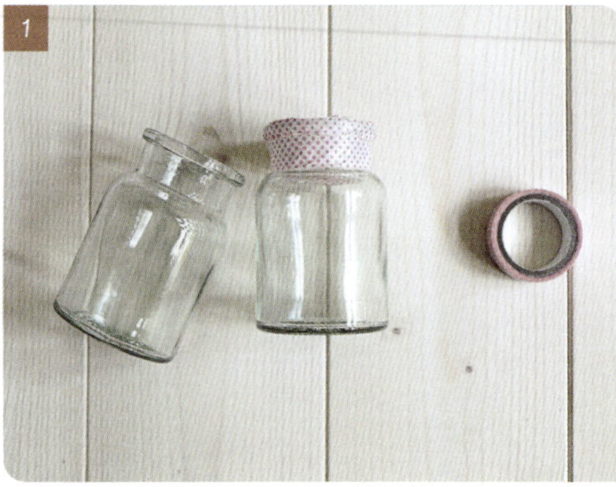

2

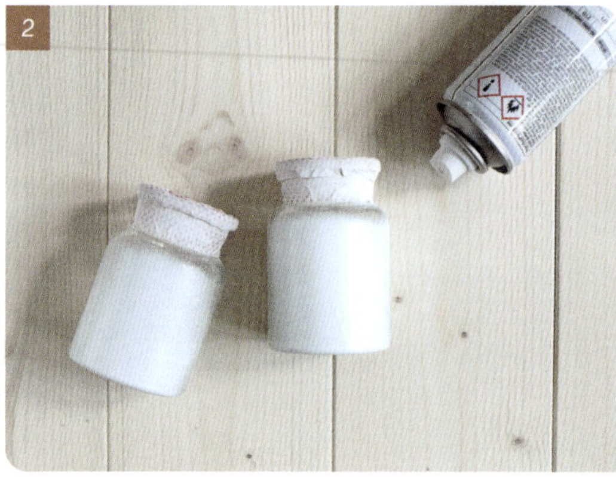

3

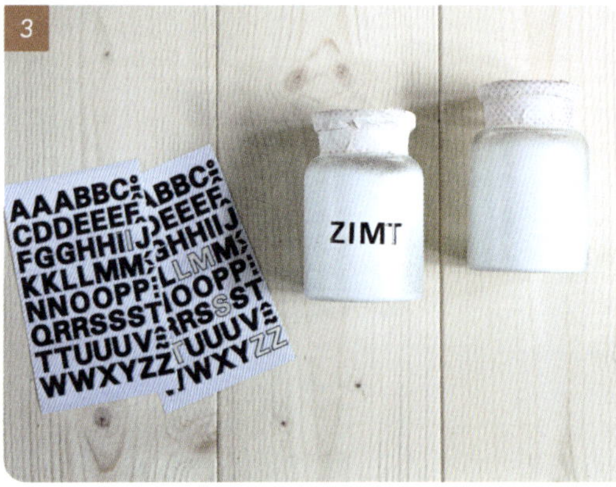

4

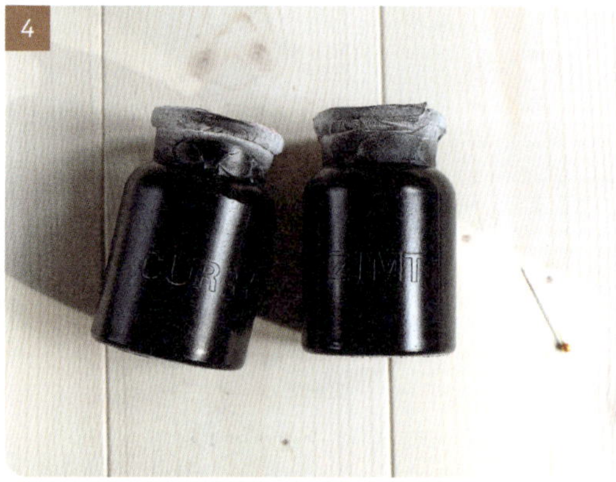

5

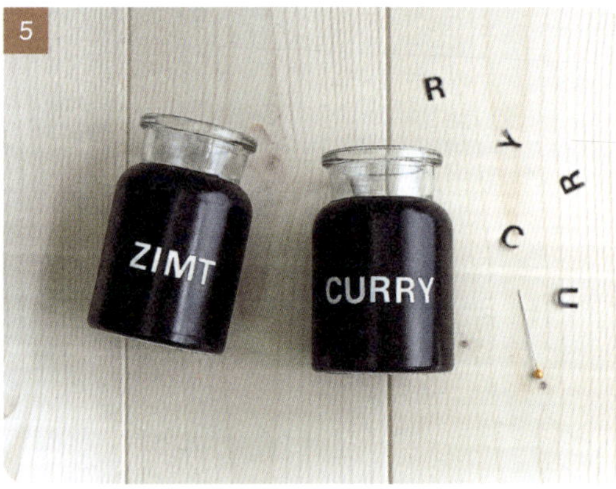

1. Zuerst reinigst du die Gläser gründlich. Je nach Form der Gläser kannst du einen Teil mit Abklebeband abkleben.

2. Jetzt kommt der Sprühlack zum Einsatz. Stelle die Gläser am besten im Freien in einen Karton und sprühe die Gläser mit dem weißen Sprühlack an. Er ist die Grundierung. Gut trocknen lassen!

3. Wenn der Lack getrocknet ist, nimmst du dir die Sticker zur Hand und klebst sie entsprechend der Gewürznamen auf das Glas.

4. Nun kommt die zweite Schicht Farbe auf das Glas. Hier nimmst du jetzt den schwarzen Sprühlack und sprühst die Gläser wieder rundum damit an. Erneut sehr gut trocknen lassen.

5. Damit die Buchstaben möglichst ordentlich abgezogen werden, nimmst du dir eine kleine Nadel zu Hilfe. Damit gehst du vorsichtig an eine Ecke der Buchstabensticker und ziehst sie vorsichtig und langsam ab.

Tipp: Sollte doch einmal ein bisschen Farbe mit abgehen, kannst du mit einem kleinen Pinsel und etwas Farbe nachbessern.

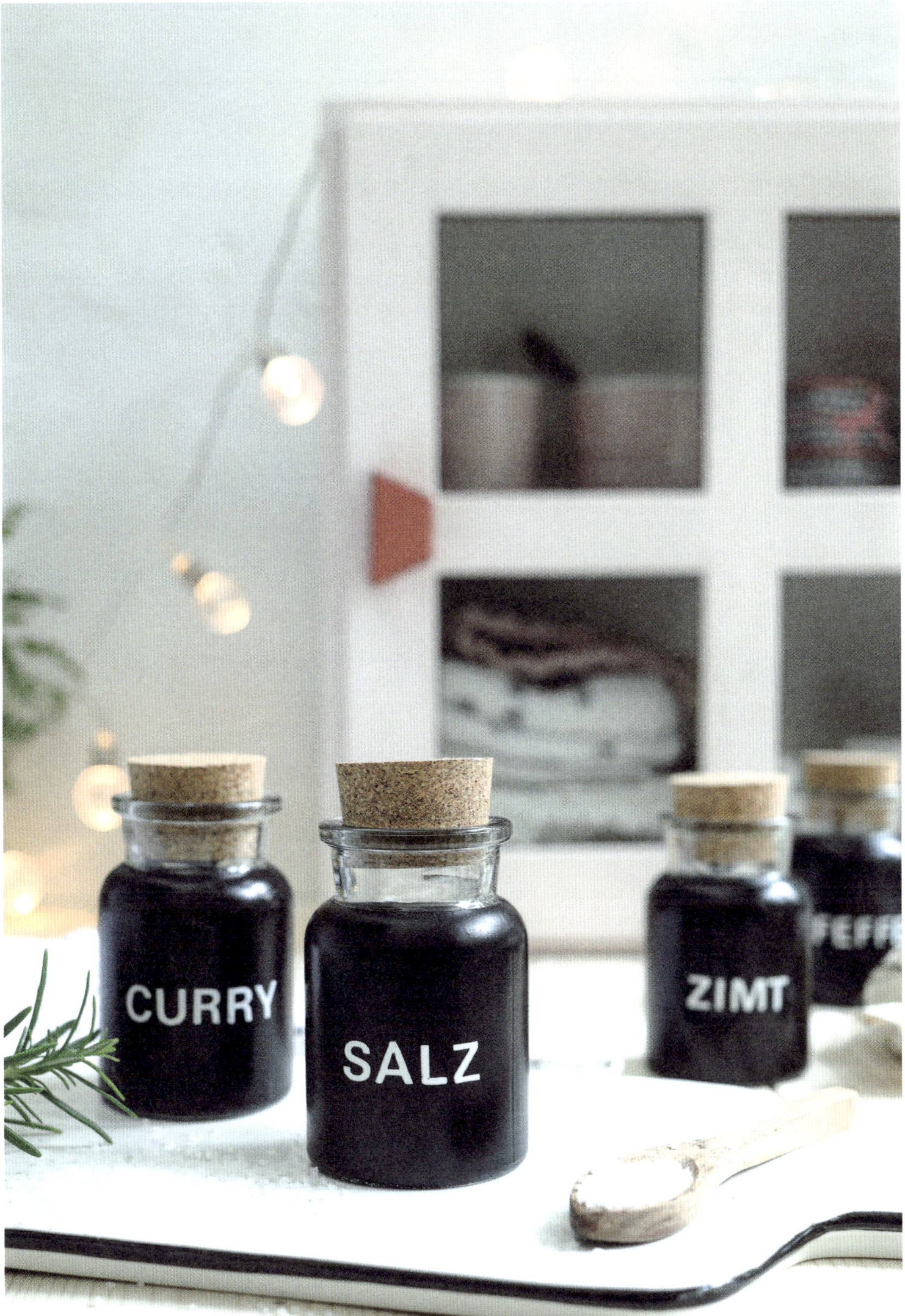
CURRY
SALZ
ZIMT

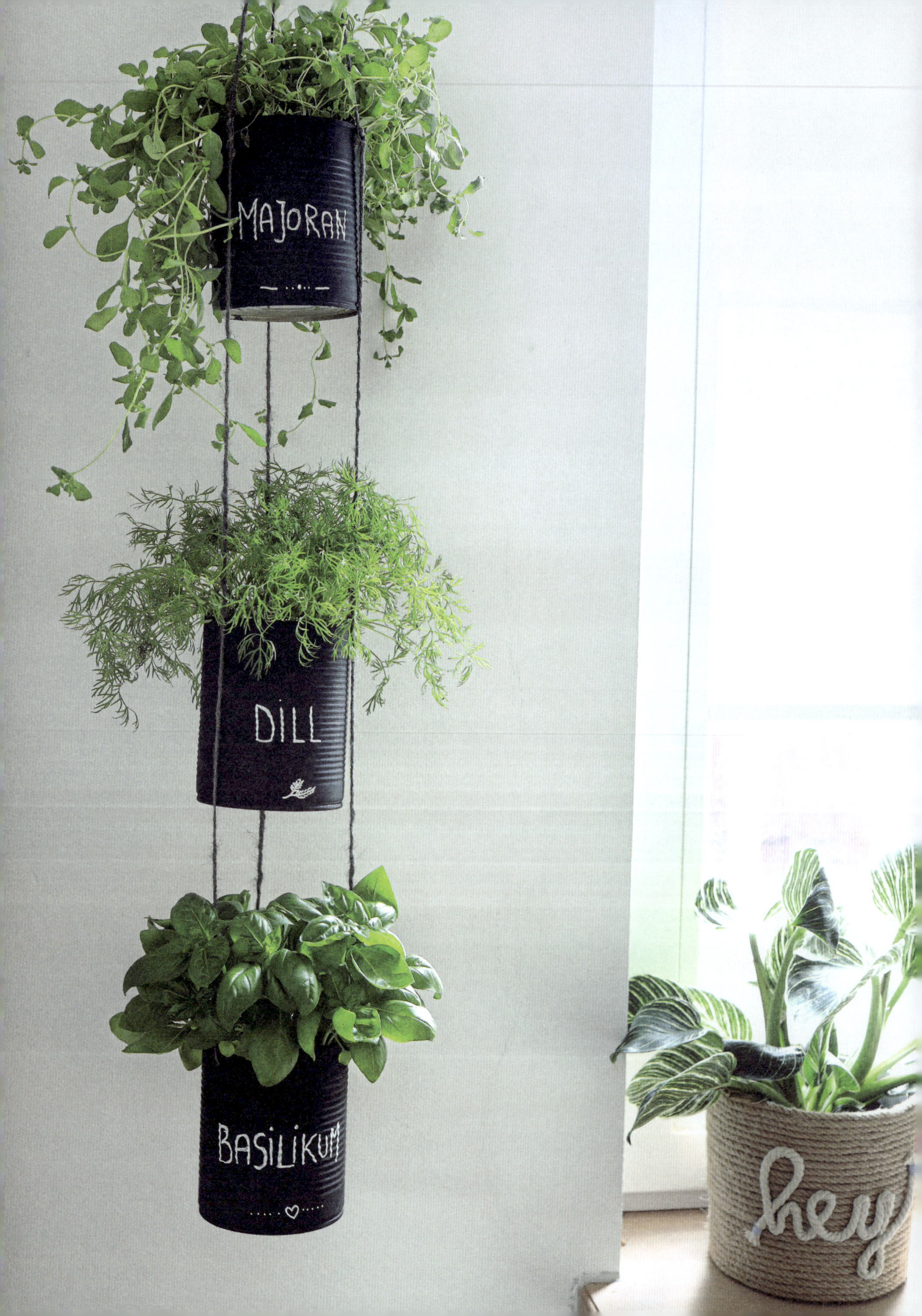
MAJORAN
DILL
BASILIKUM
hey

HANGING HERBS – KRÄUTERDOSEN ZUM AUFHÄNGEN

In jeder Küche ist Platz für Kräuter. Und wenn nicht, dann hängen wir sie einfach auf! So duften sie in luftiger Höhe und sind immer zum Greifen nahe. Alles, was wir dafür brauchen, sind genügend große Dosen, die wir nach Lust und Laune gestalten können. Ich habe mich bei diesen Dosen für einen Kreidelack entschieden, damit ich die Kräuter immer variabel austauschen kann.

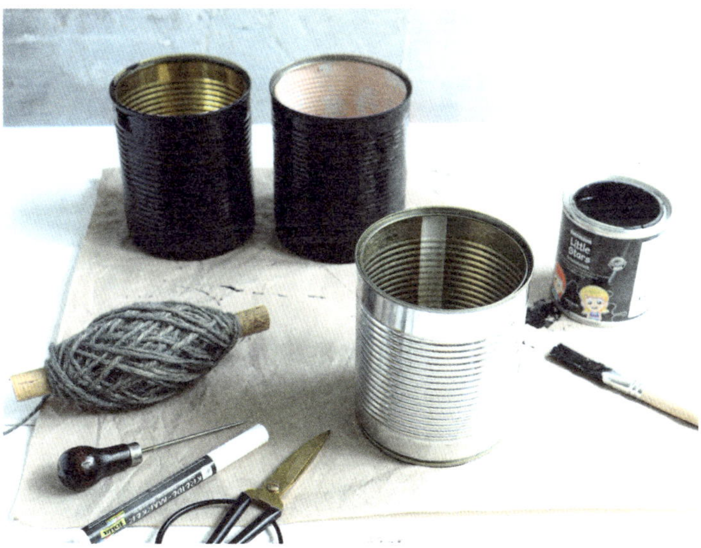

Alles, was du brauchst:

- ✓ leere Dosen (mind. 800 g Inhaltsgröße)
- ✓ Kreidelack
- ✓ Kreidemarker
- ✓ Paketschnur
- ✓ Schere
- ✓ Ahle oder Akkuschrauber

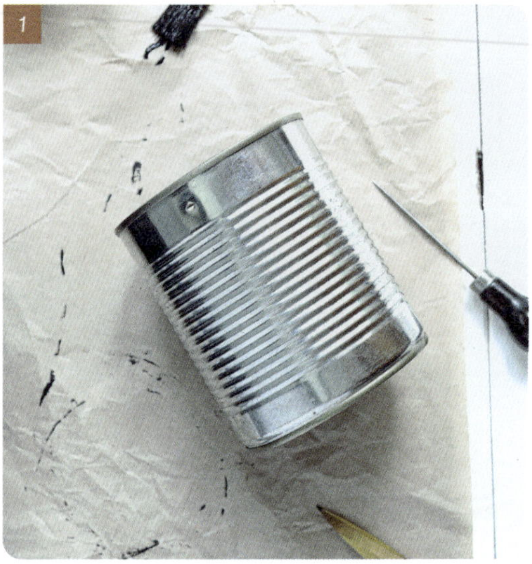
1

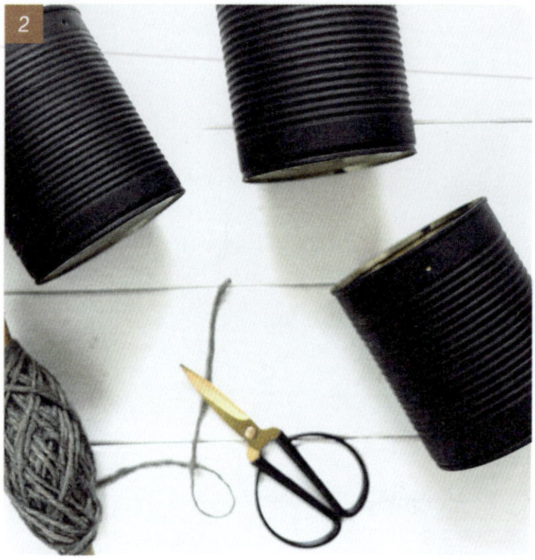
2

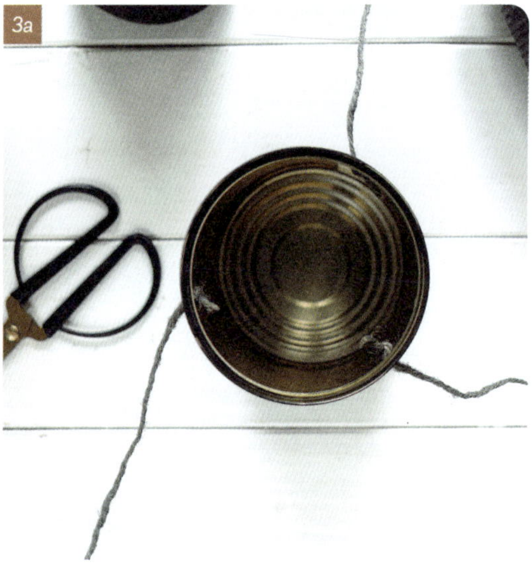
3a

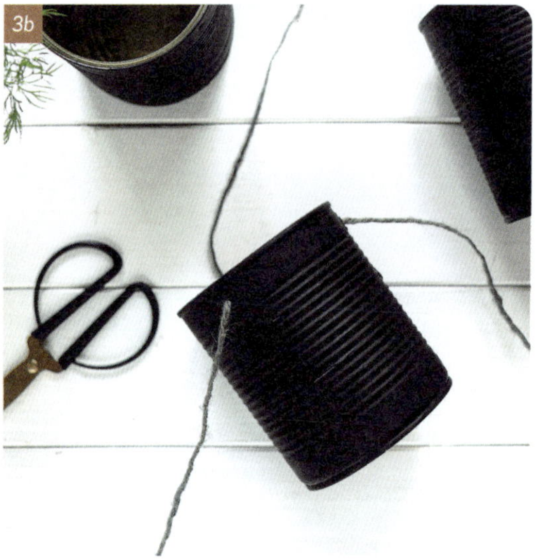
3b

1. Zuerst werden die Dosen gründlich gereinigt. Dann stichst du mit der Ahle drei Löcher im gleichen Abstand in den oberen Rand. Wenn du keine Ahle hast, kannst du die Löcher auch mit dem Akkuschrauber bohren.

2. Nun werden die Dosen mit dem Kreidelack angepinselt und dürfen vollständig trocknen.

3. Jetzt schneidest du dir drei lange Schnüre zurecht. Schaue vorher, wo du die Dosen aufhängen möchtest. Berechne dann die Längen der Schnüre und gib noch ein paar Zentimeter (ca. 20 cm) für die Knoten dazu.

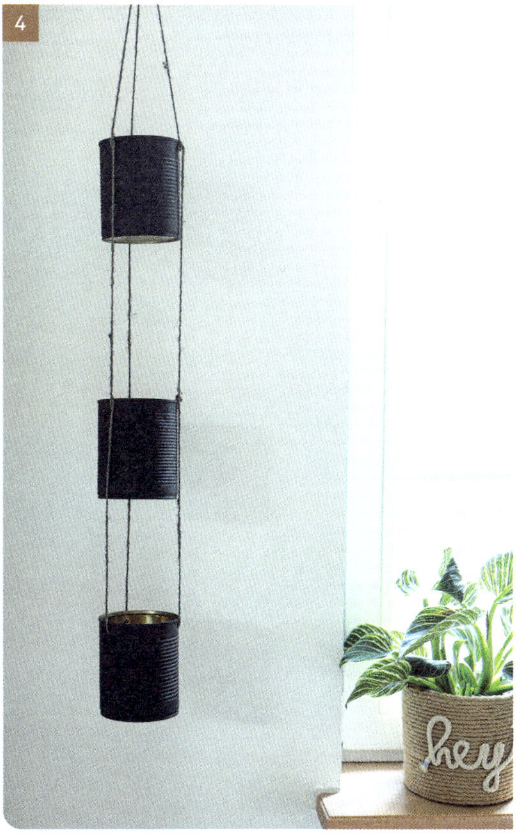

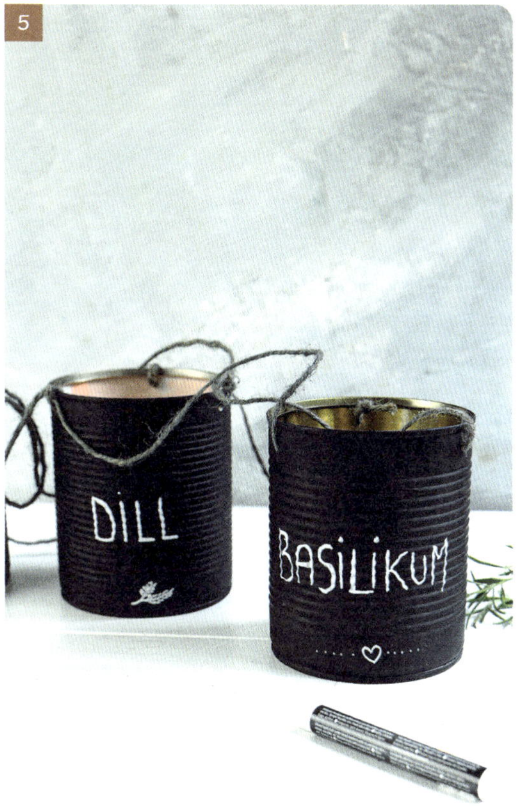

Verbinde nun die Dosen von unten nach oben mit festen Knoten durch die Löcher.

4. Die Fäden am Schluss zusammenführen und mit einem Knoten verbinden. Die überstehenden Fäden abschneiden.

5. Nun schreibst du mit dem Kreidemarker die Kräuternamen auf die Dosen. Und schon können die Kräuter eingesetzt und der »Dosenturm« aufgehängt werden.

Tipp: Die Kräuter immer zusammen mit einem Blumentopf, der einen Ablauf hat, in die Dosen pflanzen. Wenn du sie direkt mit der Erde einpflanzst, werden sie eingehen. Pflanzen brauchen immer einen Weg, überschüssiges Wasser loszuwerden, sonst fangen sie an zu faulen. Also lieber die Kräuter teilen und in kleinere Blumentöpfe pflanzen, bevor sie in die Dosen gesetzt werden.

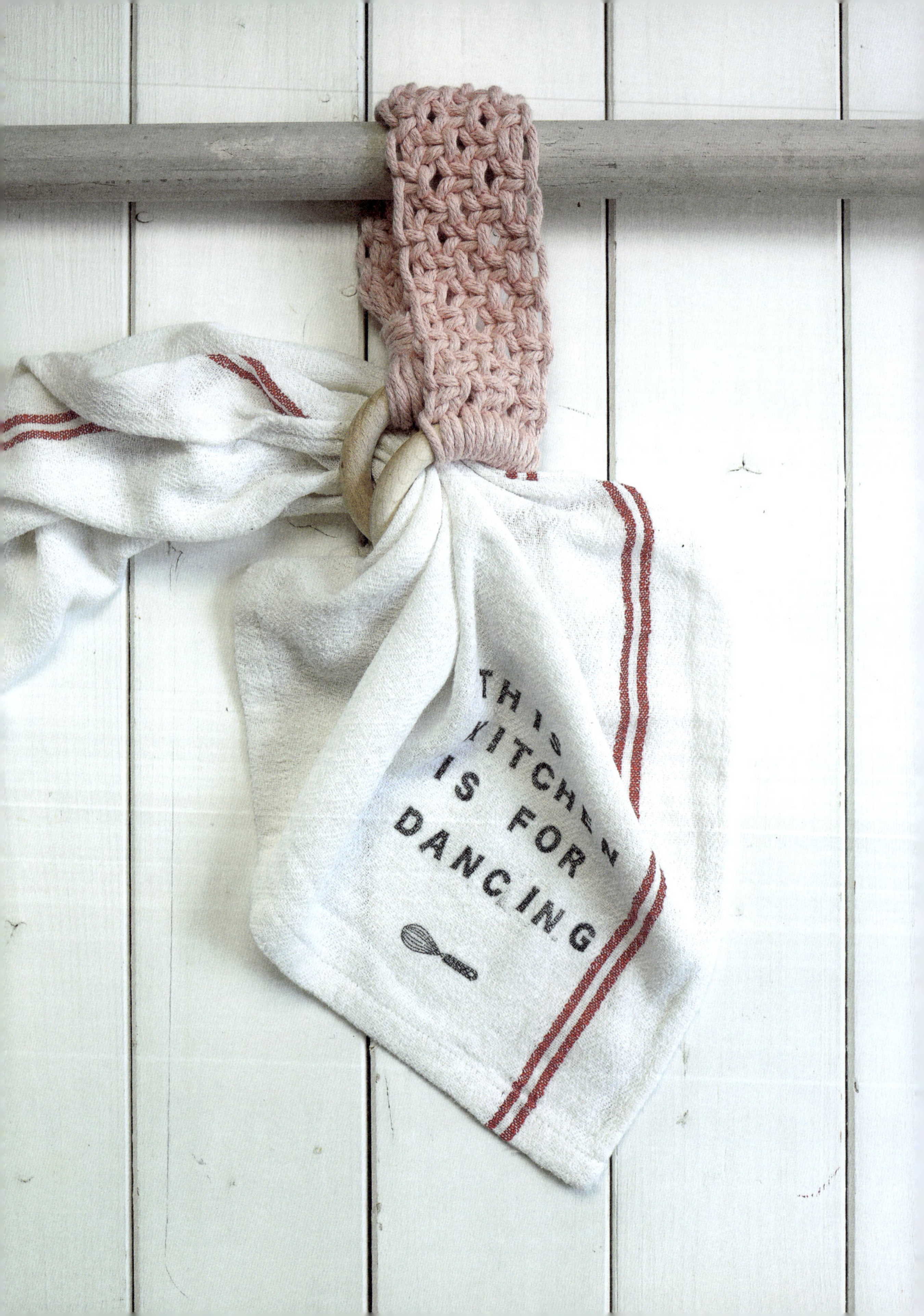
IS FOR
DANCING

MAKRAMEE-HANDTUCH-HALTER

Ob als Geschenk oder in der eigenen Küche, so ein selbst gemachter Makramee-Handtuchhalter sieht einfach superschön aus und lässt sich ganz einfach herstellen.

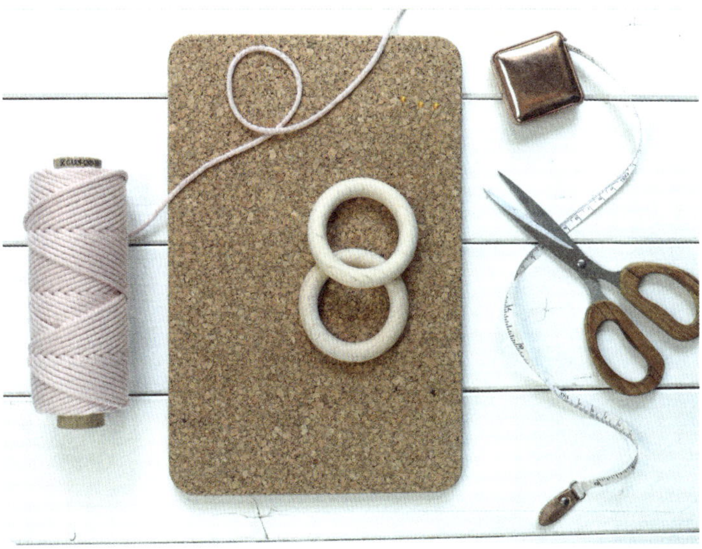

Alles, was du brauchst:

- ✓ Makrameegarn Ø 3,5 mm
- ✓ zwei Holzringe Ø 7 cm
- ✓ Schere
- ✓ Metermaß
- ✓ Unterlage aus Kork

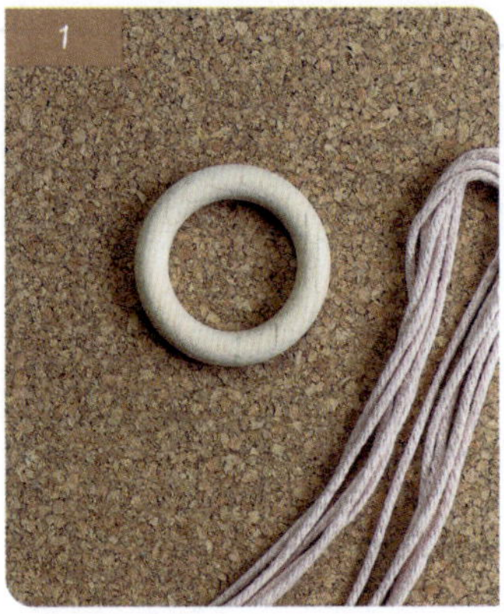
1

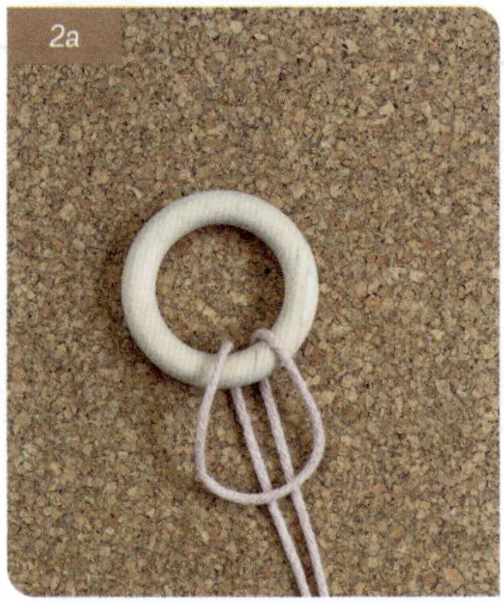
2a

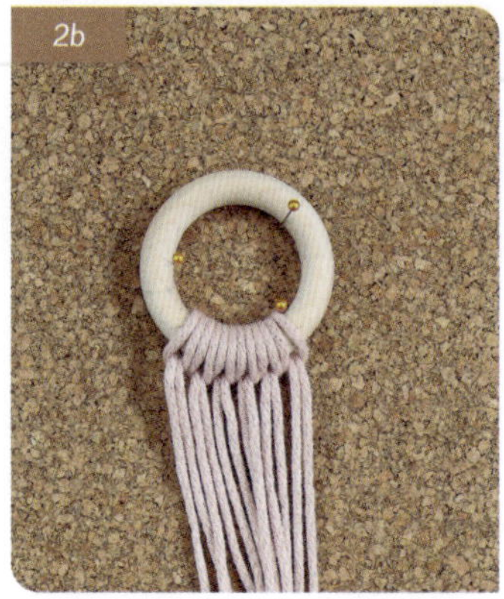
2b

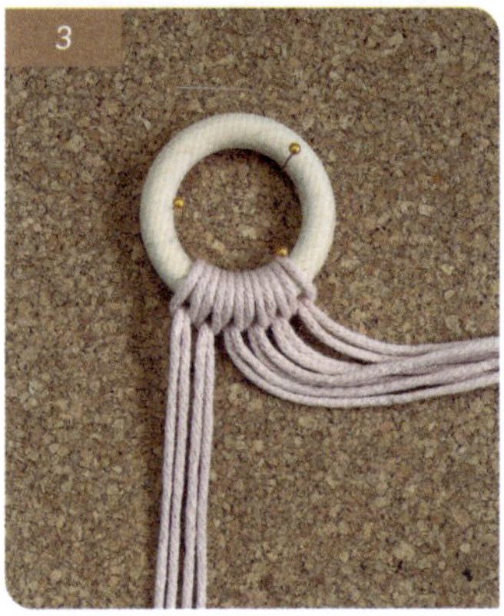
3

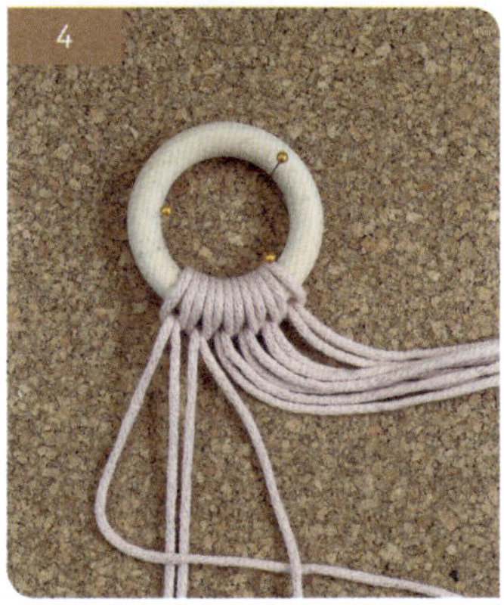
4

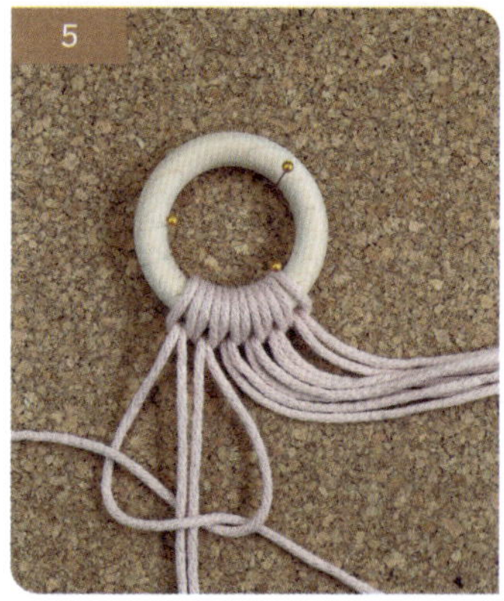
5

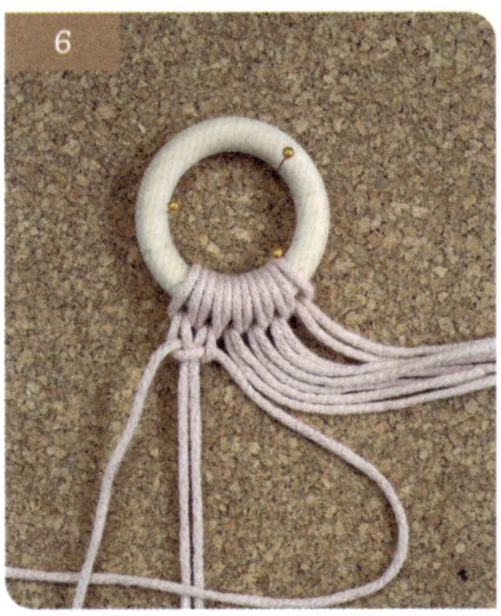
6

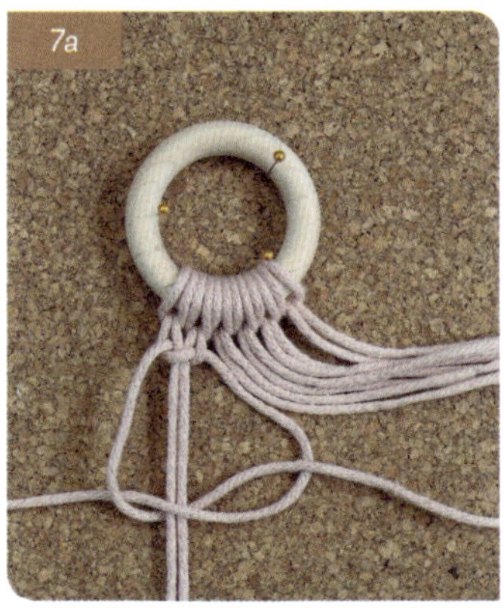
7a

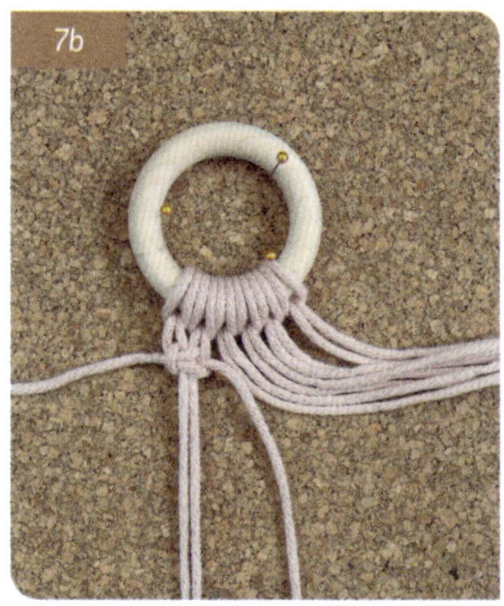
7b

1. Zu Beginn lege dir am besten eine Unterlage (z. B. einen großen Korkuntersetzer) auf deine Arbeitsfläche. Dort kannst du den Holzring mit zwei oder drei Stecknadeln fixieren. Schneide dann aus dem Makrameegarn insgesamt 6 Fäden à 2 m ab.

2. Die Fäden legst du doppelt und knotest sie mit dem Lerchenknoten am Holzring fest.

3. Nun beginnst du mit dem ersten Knoten, dem Kreuzknoten. Dafür legst du die ersten vier Fäden bereit. Die anderen Fäden legst du zur Seite.

4. Nun legst du den linken Faden über die mittleren Fäden und unter den rechten Faden.

5. Der rechte Faden wird nun unter den mittleren Fäden hindurch und über dem rechten Faden durchgezogen. Anschließend den Knoten festziehen.

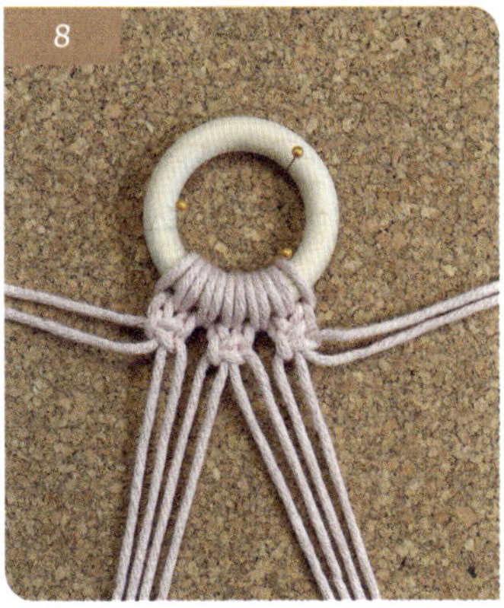
8

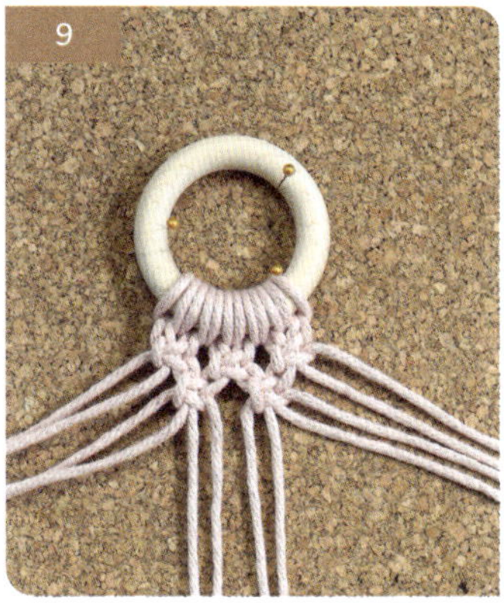
9

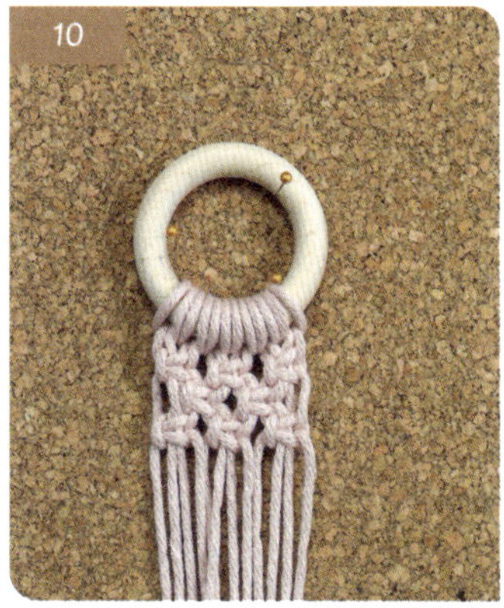
10

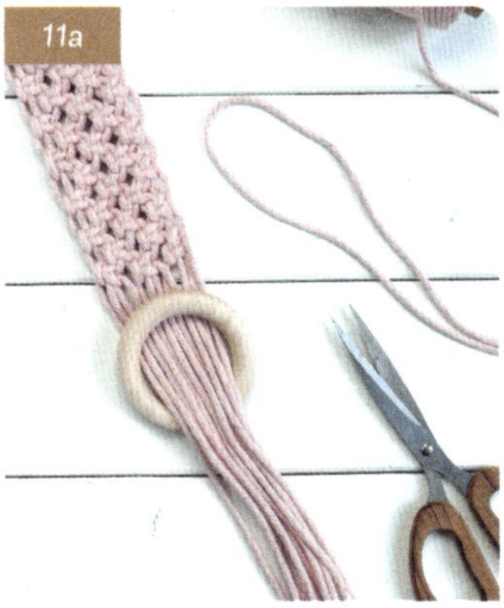
11a

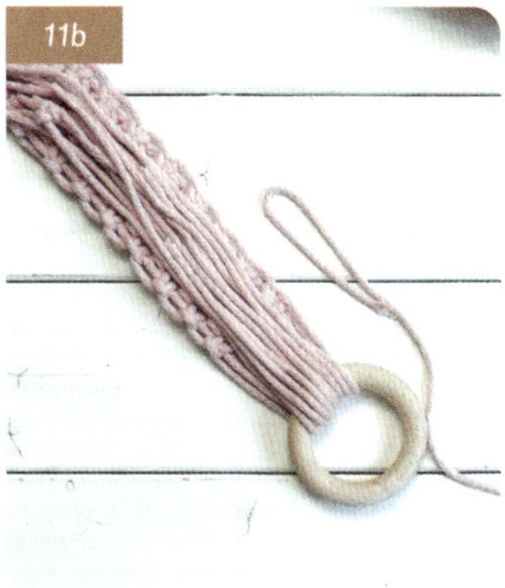
11b

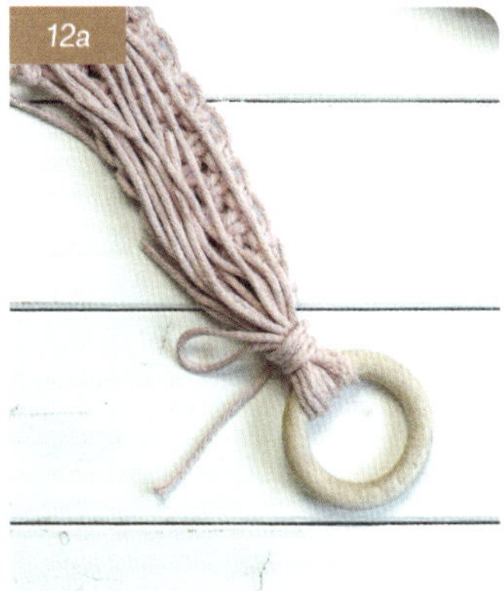
12a

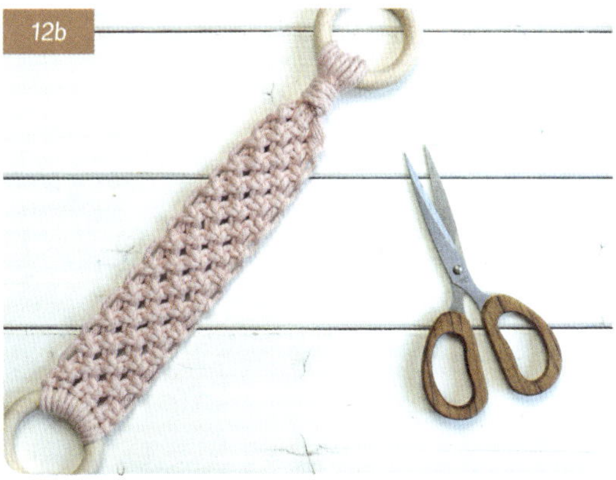
12b

6. Nun legst du den Knoten andersherum: Der rechte Faden wird über die beiden mittleren Fäden und unter den linken Faden gelegt.

7. Der linke Faden wird unter die beiden mittleren und über dem rechten Faden durchgezogen. Anschließend ziehst du auch diesen Knoten fest.

8. Das machst du jetzt insgesamt dreimal.

9. In der nächsten Reihe werden die Kreuzknoten versetzt geknotet. D. h. du legst die beiden äußeren Fadenpaare zur Seite und knotest zwei Kreuzknoten in der Mitte.

10. Knote die nächste Reihe wieder exakt wie die erste Reihe. Knote so abwechselnd 21 Reihen.

11. Führe jetzt den zweiten Holzring durch die Fäden und lege die Fäden einmal um. Lasse dabei einen Abstand zum Ring, denn den brauchst du jetzt zum Wickeln. Schneide einen ca. 40 cm langen Faden ab und lege ihn so auf die Fäden, dass die Schlaufe zum geknüpften Stück zeigt.

12. Wickele nun das Band sehr straff von oben nach unten zur Schlaufe um die Fäden. Ziehe zum Schluss das Fadenende durch die Schlaufe. Jetzt nur noch ganz fest zuziehen und die Fadenenden abschneiden.

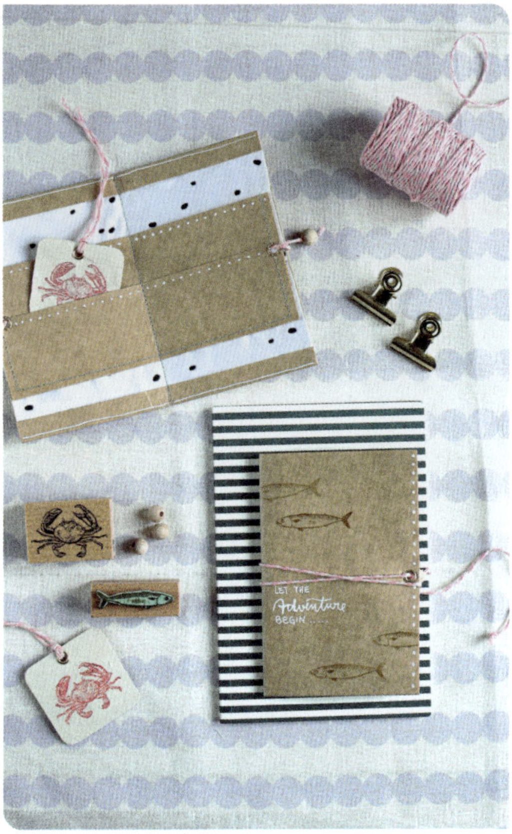
LET THE
Adventure
BEGIN.....

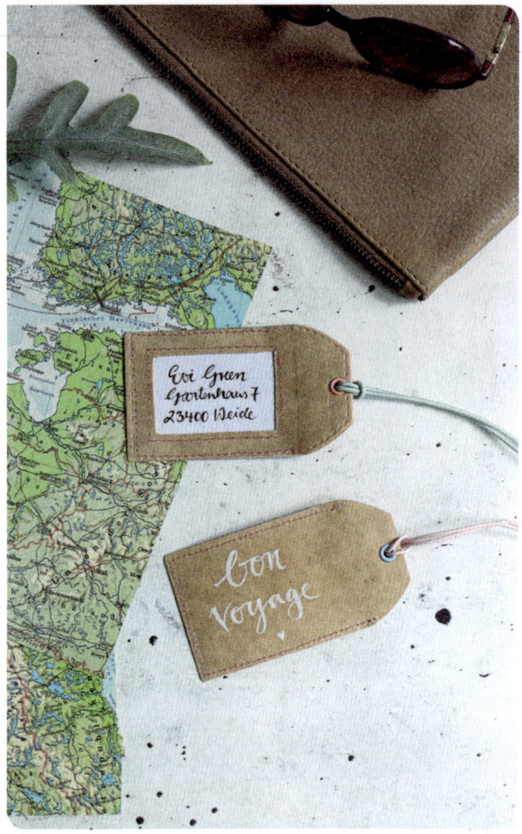
Evi Green
Gartenhaus 7
23400 Weide
bon
voyage

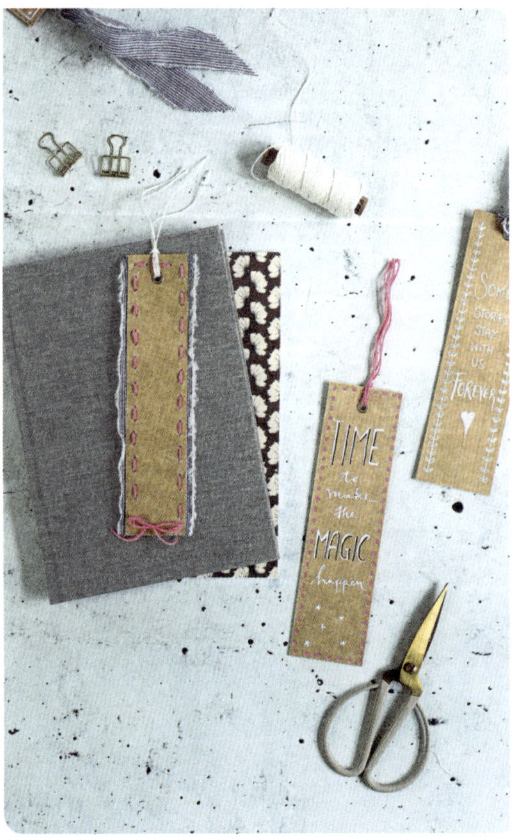
TIME
to
make
the
MAGIC
happen
STORIES
STAY
WITH
US
FOREVER

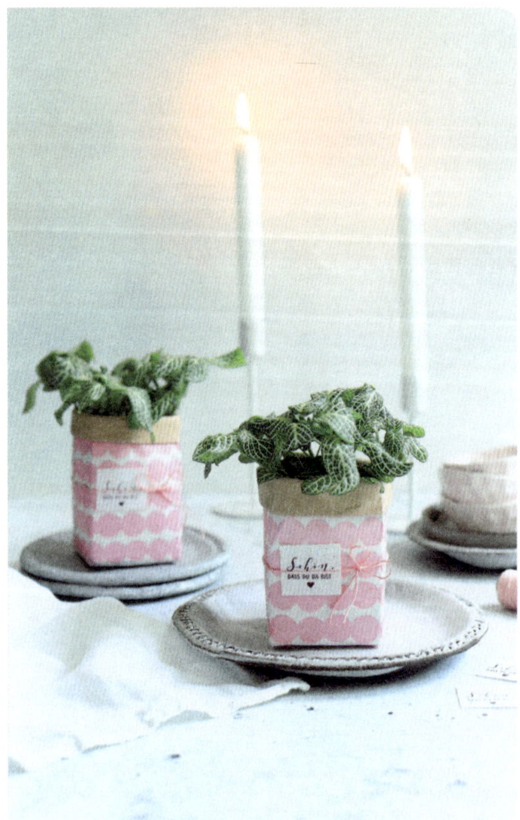

MILCHKARTON-DIY – EINE GRUNDANLEITUNG

Aus Milchkartons lassen sich viele wundervolle Dinge basteln. Von Pflanztöpfchen über Aufbewahrungsbehälter und Geschenkschachteln bis hin zu Mäppchen, Anhänger usw. Das Material ist so vielseitig und lässt unzählige Ideen entstehen.

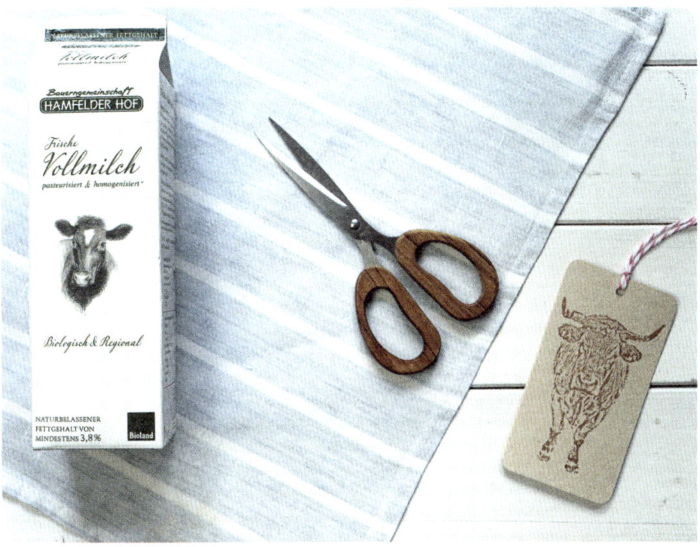

Alles, was du brauchst:

- ✓ leerer Milchkarton
- ✓ Schere
- ✓ Stempel und -farbe
- ✓ Band
- ✓ Locher oder Lochstanzer
- ✓ Kleber
- ✓ Klammern
- ✓ Lackmarker (optional)

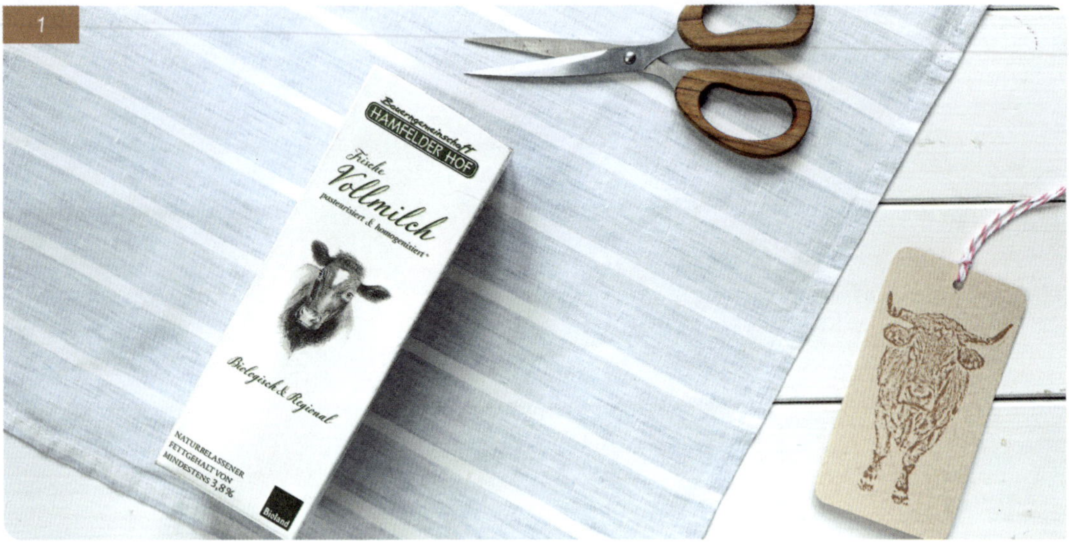

1

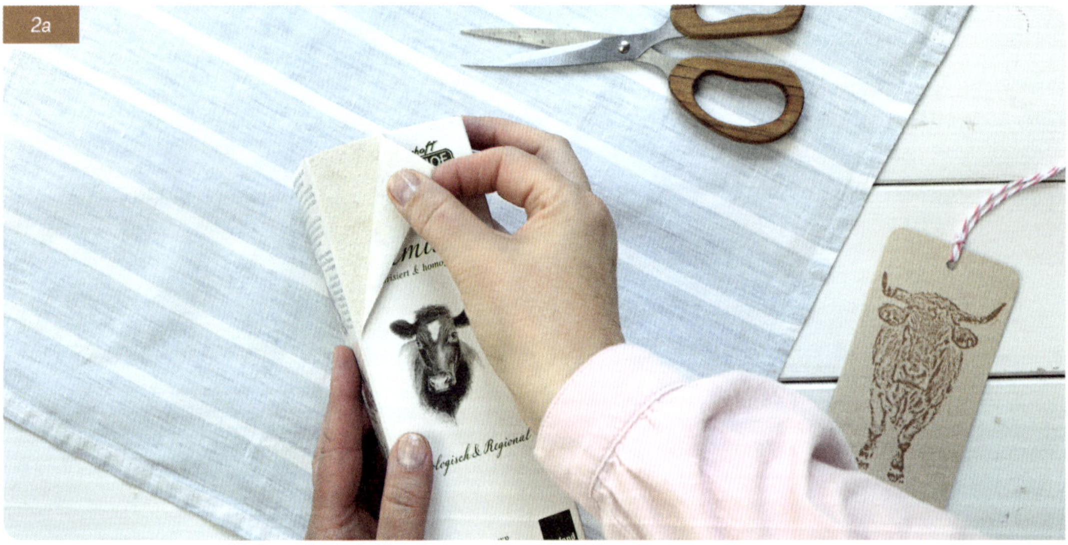

2a

1. Das Wichtigste ist natürlich, dass erst einmal die bunte Schicht des Milchkartons runterkommt.

   Das funktioniert sehr einfach.

   Je nachdem, wofür du den Milchkarton später verwenden möchtest, schneidest du entweder den oberen Teil oder auch zusätzlich den Boden ab.

2. Nun geht es der Beschichtung an den Kragen. Dafür kannst du den Milchkarton ordentlich knüllen, denn so lässt sich die Beschichtung im Anschluss am besten abziehen.

   Friemele jetzt die oberste Schicht an einer Ecke ab und ziehe sie vorsichtig auf der ganzen Fläche ab. Wenn die Fläche schön glatt bleiben soll, verzichtest du natürlich auf das Zerknüllen. In der Regel funktioniert das trotzdem sehr gut.

2b

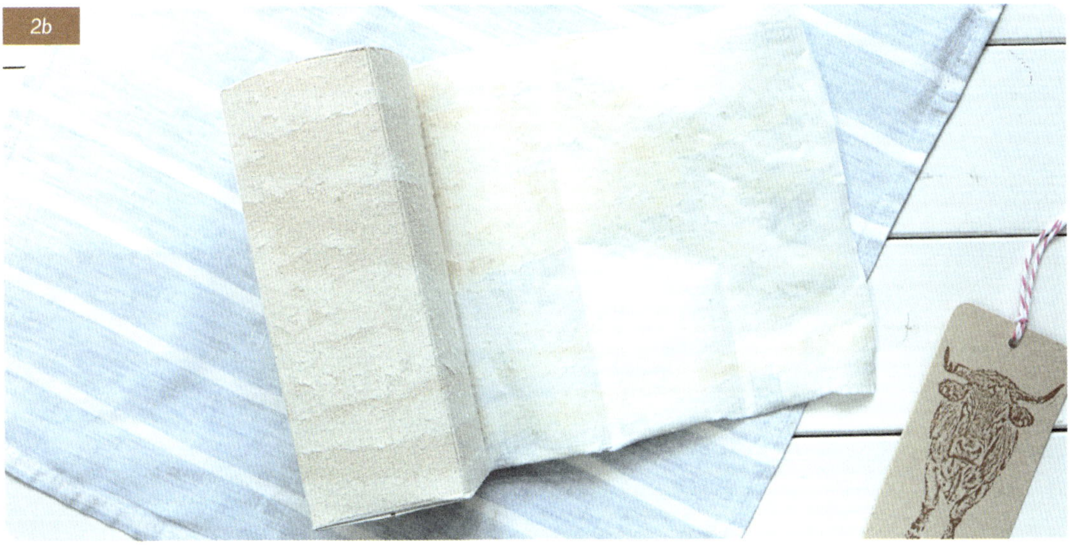

3

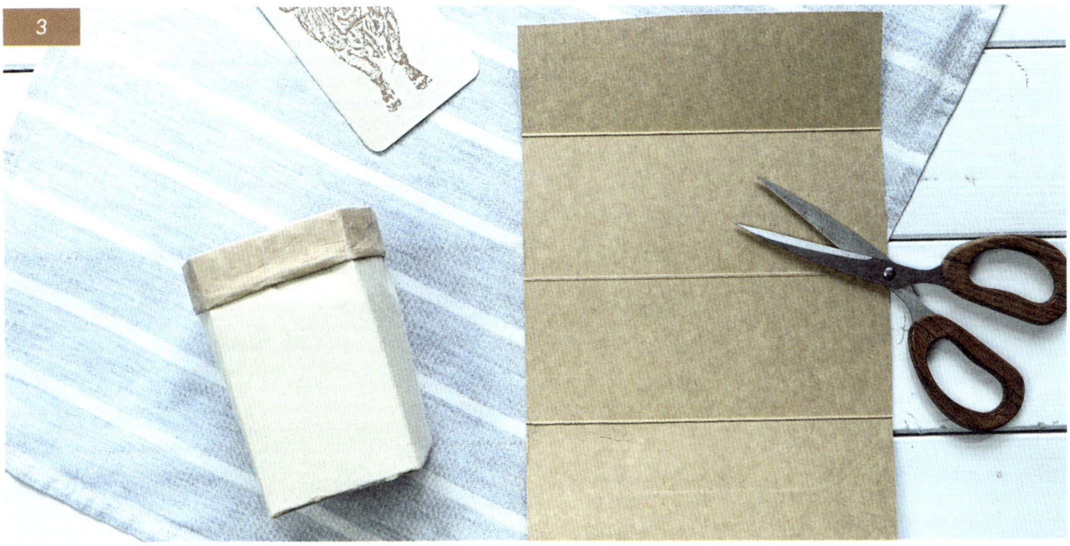

3. Ausnahme: Wenn der Milchkarton später umgekrempelt werden soll, muss der Karton wenigstens am Rand sehr gut geknetet werden, sonst reißt er.

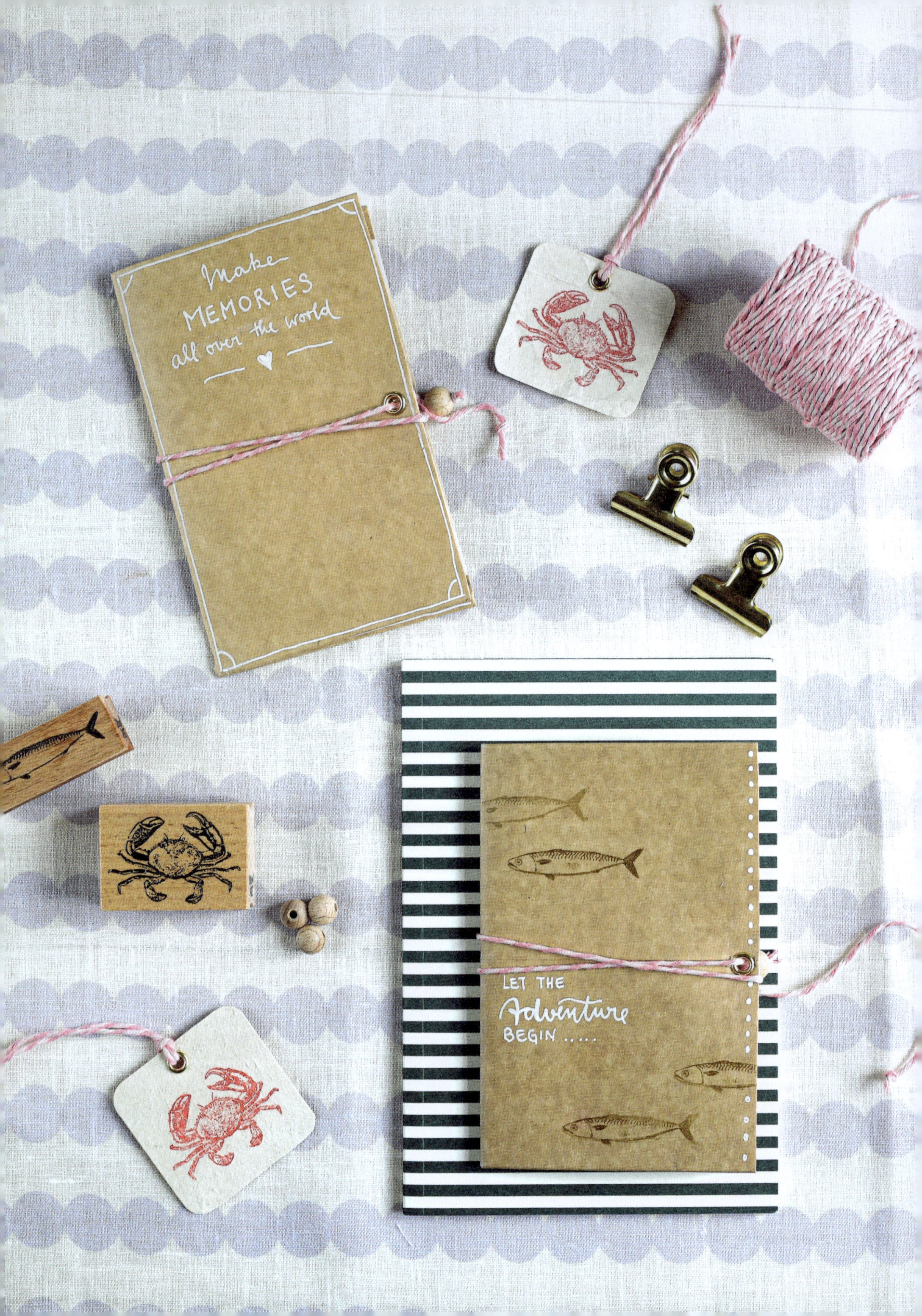
Make
MEMORIES
all over the world
LET THE
Adventure
BEGIN .....

KARTENTÄSCHCHEN AUS EINEM MILCHKARTON

Milchkartons sind einfach klasse! Das Material ist fest und widerstandsfähig und trotzdem leicht zu verarbeiten. Und dazu ist es auch noch feuchtigkeitsabweisend. Perfekt für dieses kleine Kartentäschchen, das Platz für Visiten- oder andere Karten, Tickets oder kleine Dinge hat.

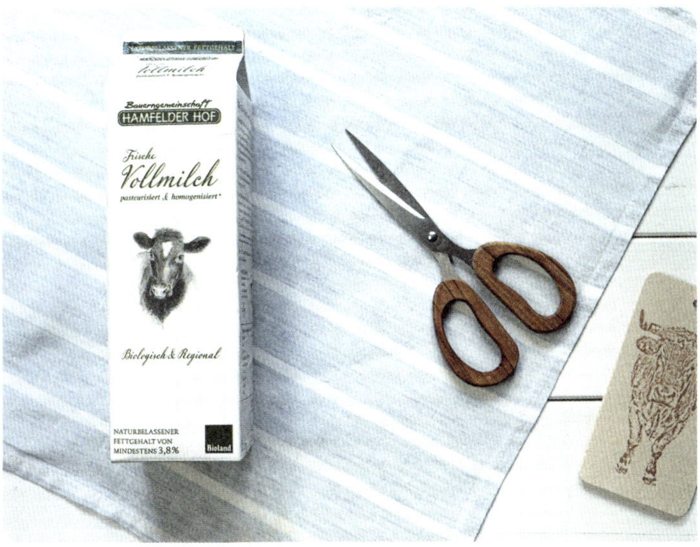

Alles, was du brauchst:

- ✓ leerer Milchkarton
- ✓ Schere / Papierschneider
- ✓ Lineal
- ✓ Stempel und -farbe
- ✓ Band
- ✓ Locher oder Lochstanzer
- ✓ Kleber
- ✓ Klammern
- ✓ Lackmarker (optional)

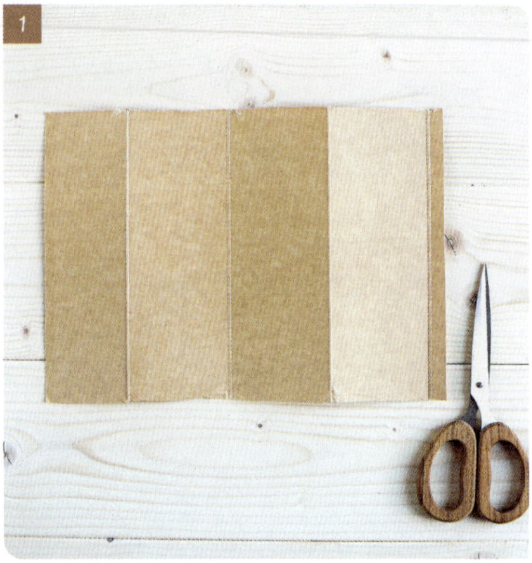

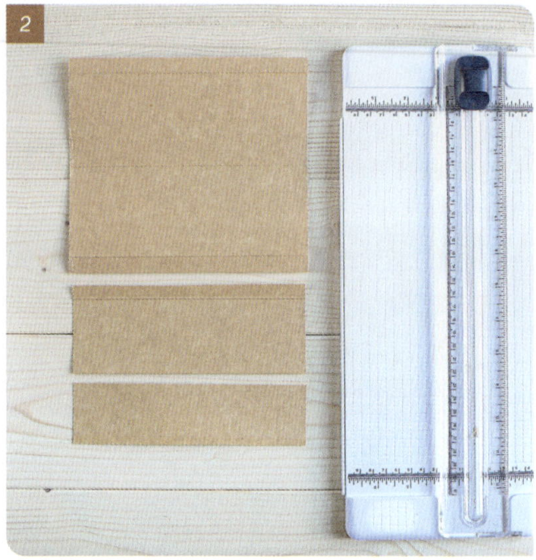

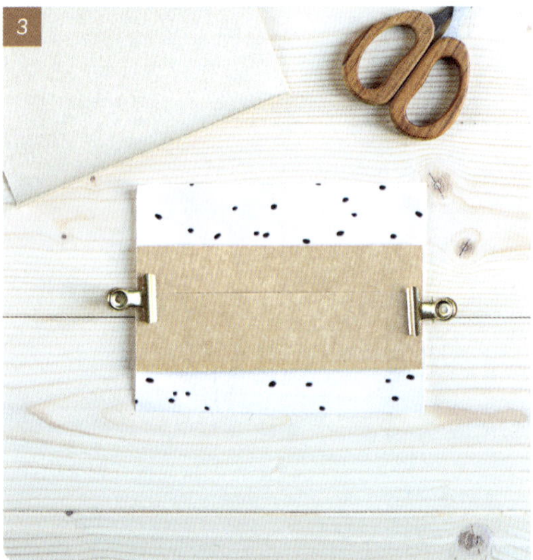

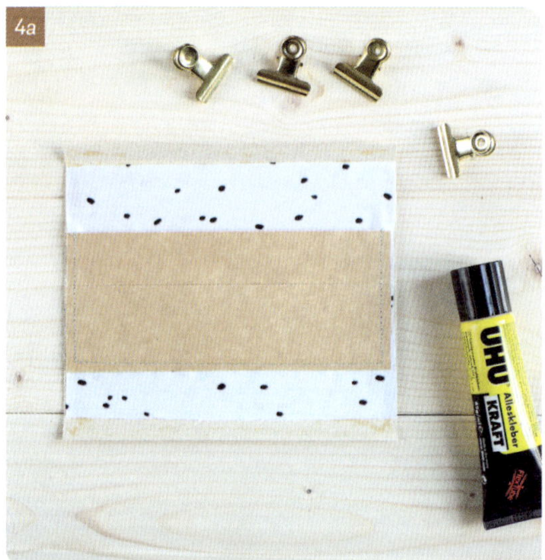

1. Den Milchkarton für das Kartentäschchen wie auf Seite 85 vorbereiten und anschließend an der Nahtkante aufschneiden.

2. Oben und unten begradigen und in drei Teile schneiden.

   Maße:

   Oberes Teil mit linkem und rechtem Falz

   Höhe mit Falz ca. 16 cm
   Breite ca. 17,5 cm

Schneide zwei weitere Streifen zu.

Maße:

Breite ca. 17,5 cm
Höhe 4,5 cm und 5,5 cm

Schneide zusätzlich ein Stück Stoff in der Größe des Innenteils (ohne Falze) zu.

Maße:

Höhe 13,7 cm
Breite 17,5 cm

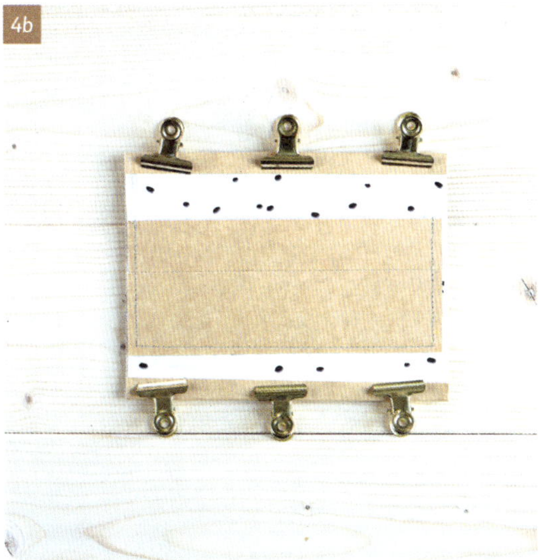

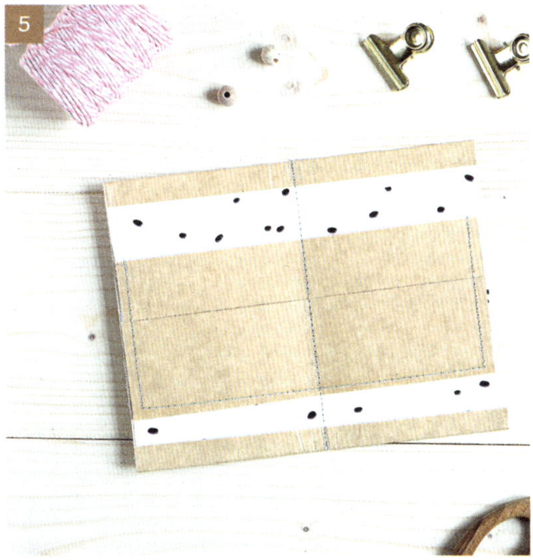

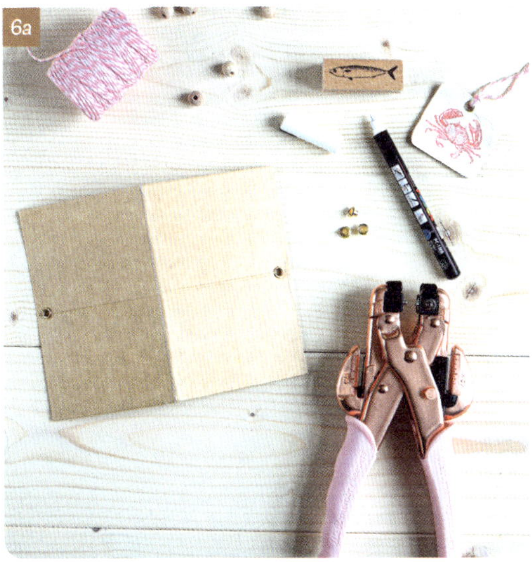

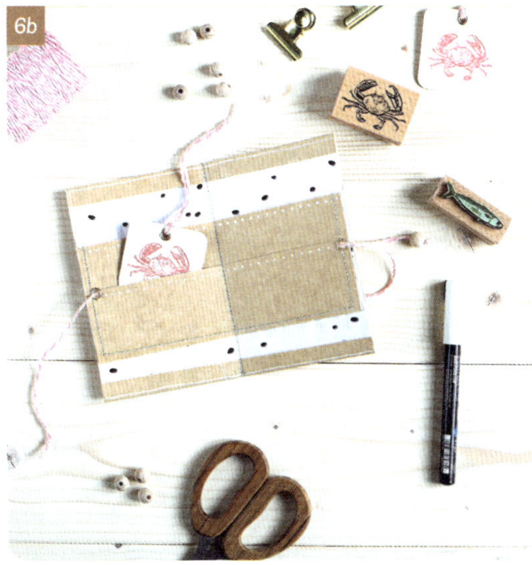

3. Nähe die beiden schmalen Milchkartonstreifen etwas versetzt auf den Stoff.

4. Klebe das Stoffteil anschließend auf den Innenteil, sodass die beiden Falze oben und unten frei bleiben, und klebe die Falze mit einem Kraftkleber um den Stoff. Fixiere den Falz eventuell mit Klammern, bis alles gut verklebt ist.

5. Nun nähst du noch eine mittige Naht.

6. Das Kartentäschchen kann nun hübsch verziert werden. Hier eignen sich wieder Lackmarker für Sprüche und Muster. Mit einem Stempel und wasserfester Stempelfarbe können noch Motive aufgebracht werden.

   Damit das Täschchen auch verschlossen werden kann, einfach ein Loch in die Vorderseite lochen und ggf. mit einer Öse verstärken. Das muss aber nicht zwingend sein.

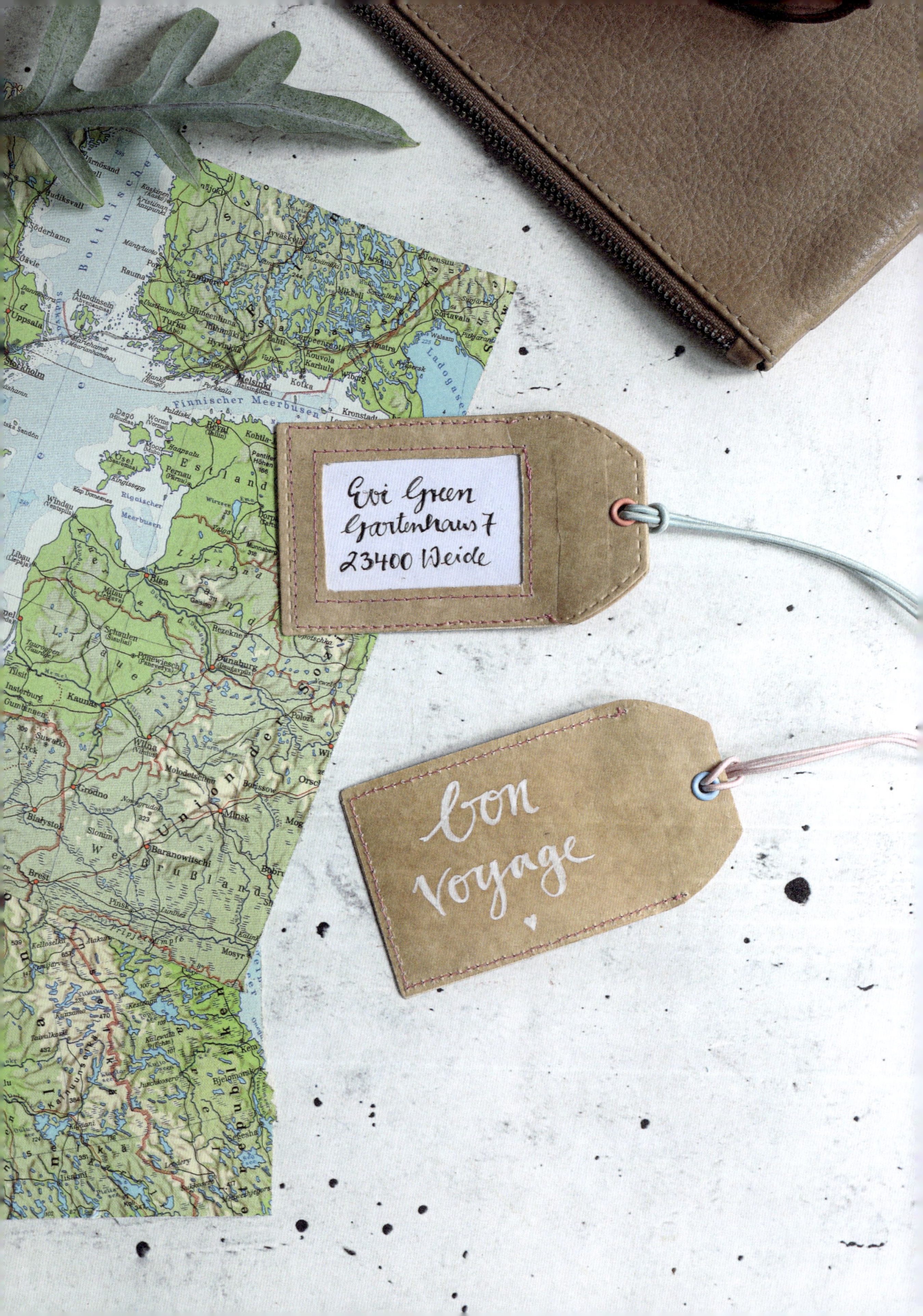
Evi Green
Gartenhaus 7
23400 Weide
bon
voyage

KOFFERANHÄNGER AUS EINEM MILCHKARTON

Planst du eine Reise und dir fehlen noch die passenden Kofferanhänger? Da Milchtüten von innen so beschichtet sind, dass sie wasserabweisend sind, sind sie ideal als Kofferanhänger geeignet. Das meiste Material für diese Anhänger hast du sicherlich zu Hause.

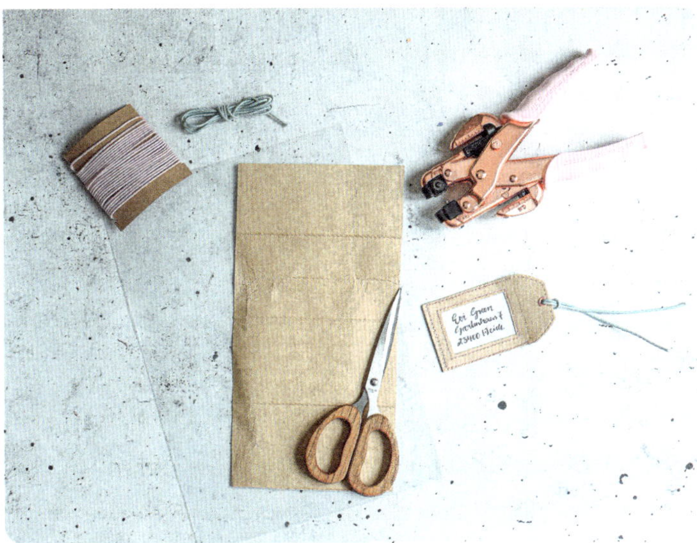

Alles, was du brauchst:

✓ leerer Milchkarton
✓ Folie, z.B. Klarsichtfolie
✓ Schere
✓ Kleber
✓ evtl. Nähmaschine oder Nähnadel
✓ Schnur
✓ Vorlage (S. 140)

1

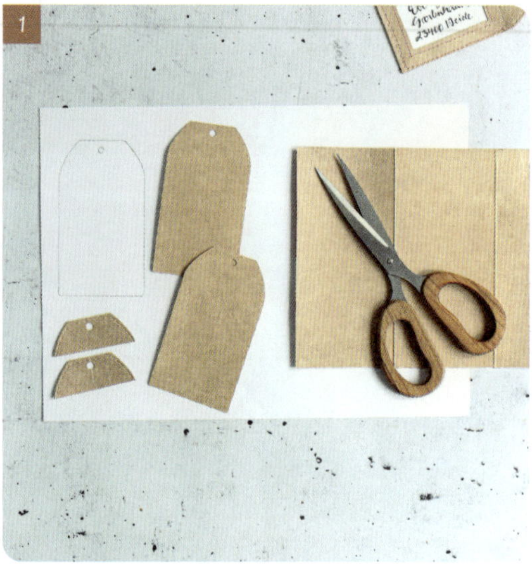

2a

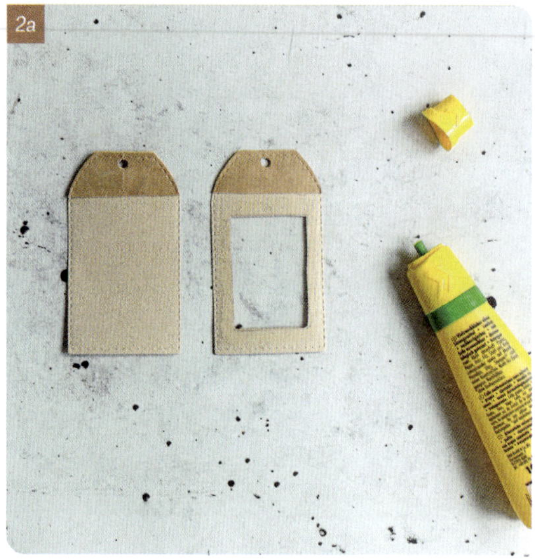

2b

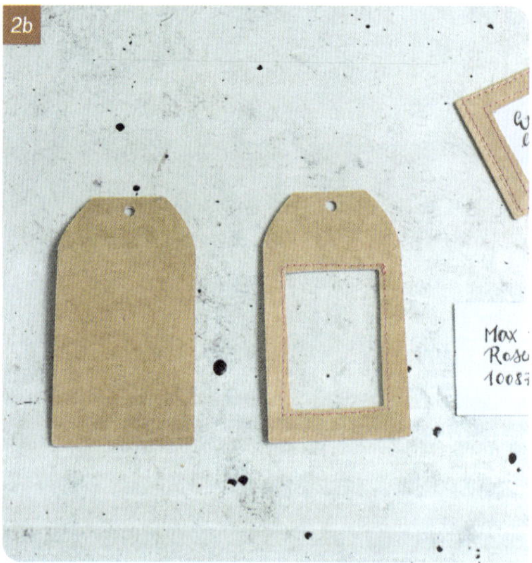

3

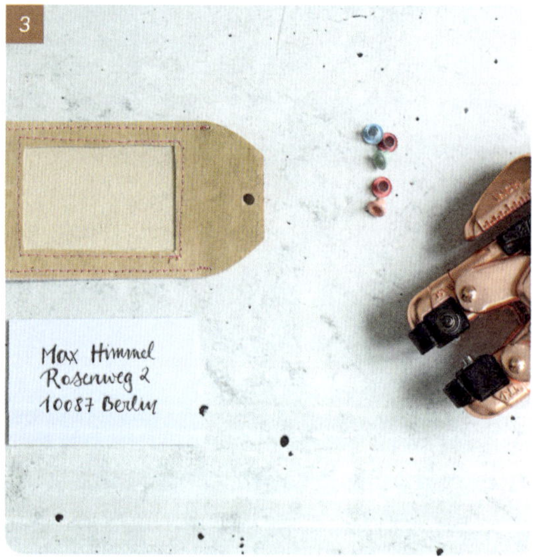

1. Zuerst bereitest du den Milchkarton wie auf Seite 85 vor. Schneide dir nach der Vorlage auf Seite 140 die Anhängerteile zweimal aus.

   Zusätzlich brauchst du noch zur Verstärkung zwei kurze Teile. Loche sie an den vorgegebenen Stellen.

2. Nun schneidest du aus dem Vorderteil ein ca. 4 cm × 6 cm großes Rechteck aus. Dort klebst du ein Stück Folie an, dass ca. 4,5 cm × 6,6 cm groß ist. Idealerweise nähst du nun mit der Nähmaschine einmal rundherum.

3. Klebe die kurzen Teile jeweils von innen hinter den oberen Teil.

   Nähe dann die beiden Seiten zusammen.

   Zur Stabilisierung kannst du noch mit einer Ösenzange Ösen in beide Löcher stanzen.

   Nun noch die Adresse auf ein Stück Papier schreiben (am besten mit einem wasserfesten Stift) und ein Band durch die Ösen ziehen.

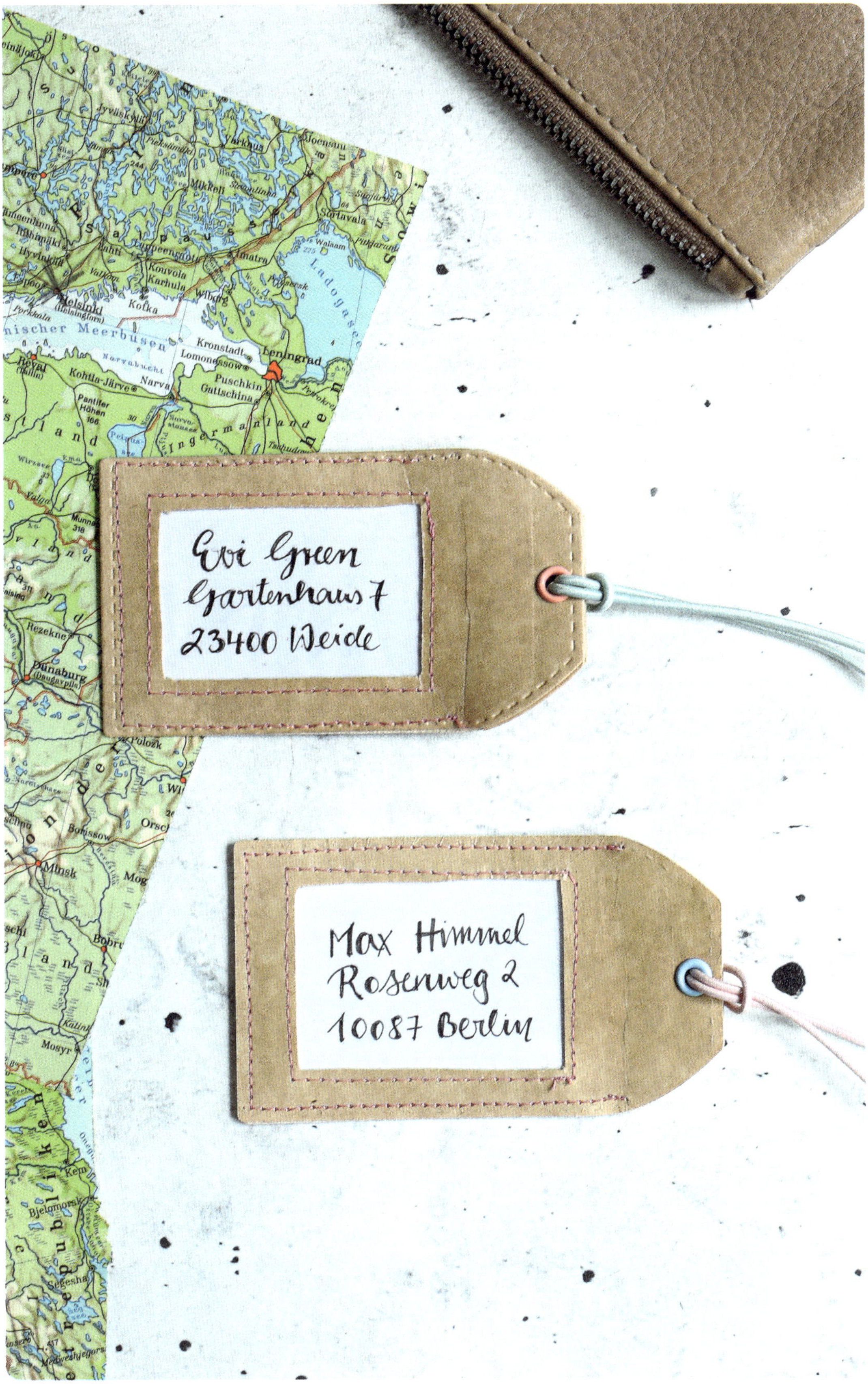
Evi Green
Gartenhaus 7
23400 Weide
Max Himmel
Rosenweg 2
10087 Berlin

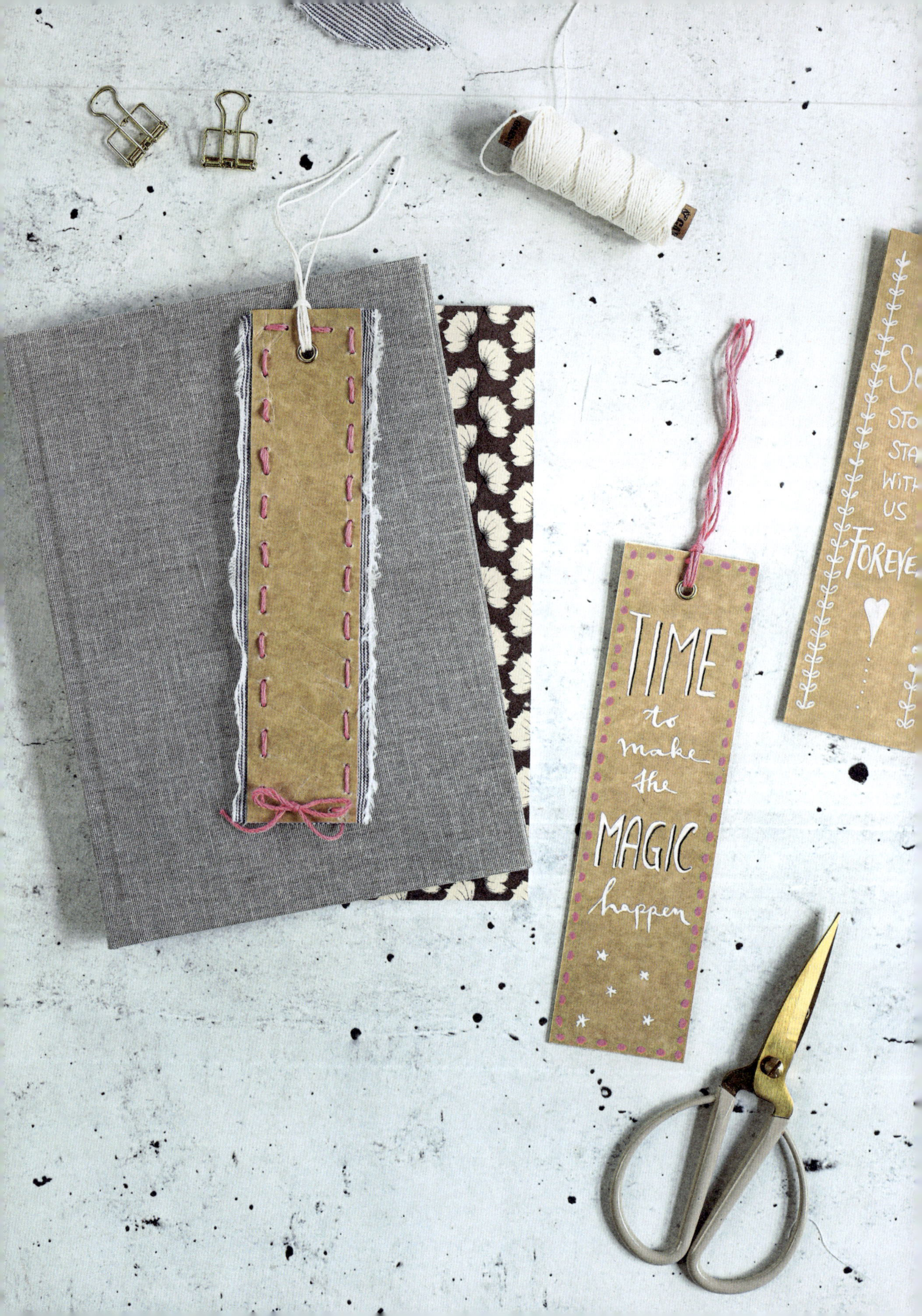
TIME
to
make
the
MAGIC
happen

EIN ZEICHEN SETZEN: MILCHKARTON-LESE-ZEICHEN

Und noch ein DIY aus Milchkartons, weil's so schön ist. Diese Lesezeichen sind fix gemacht und dazu so eine tolle Geschenkidee!

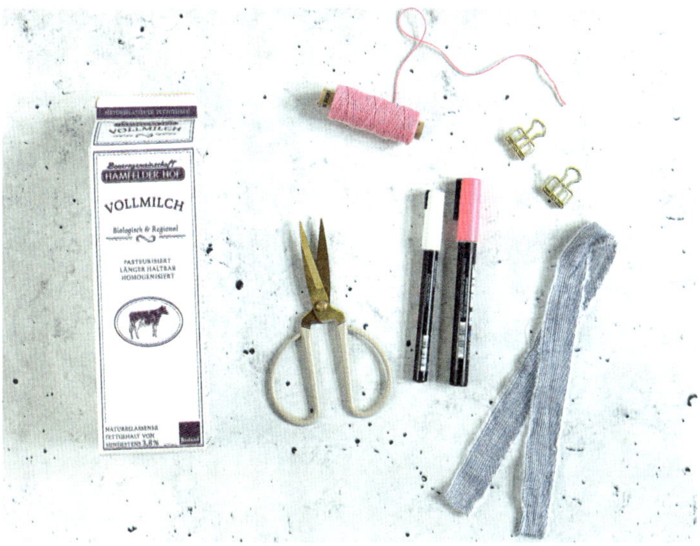

Alles, was du brauchst:

- ✓ leerer Milchkarton
- ✓ Schere oder Papierschneider
- ✓ Kleber
- ✓ Lackmarker
- ✓ Bänder, Garn und Ahle
- ✓ Locher oder Ösenzange mit Ösen

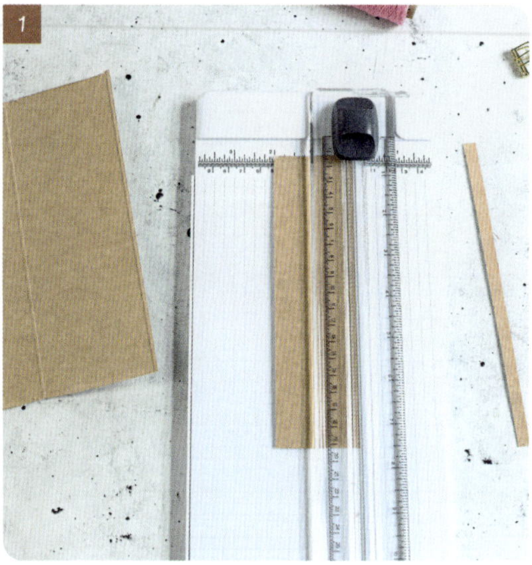

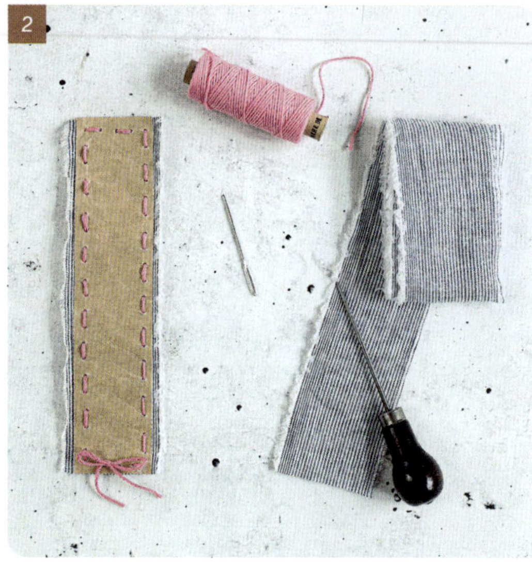

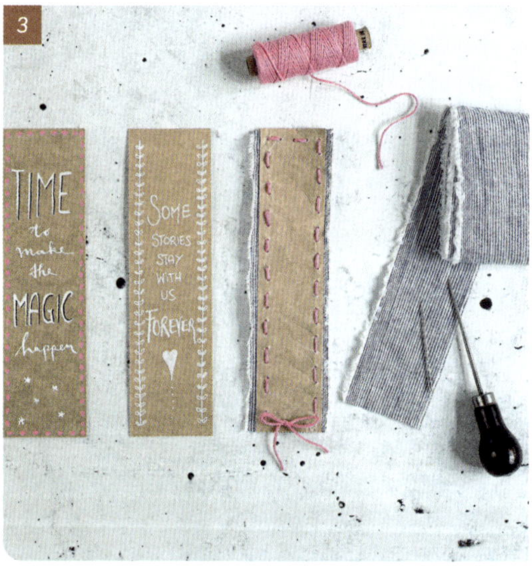

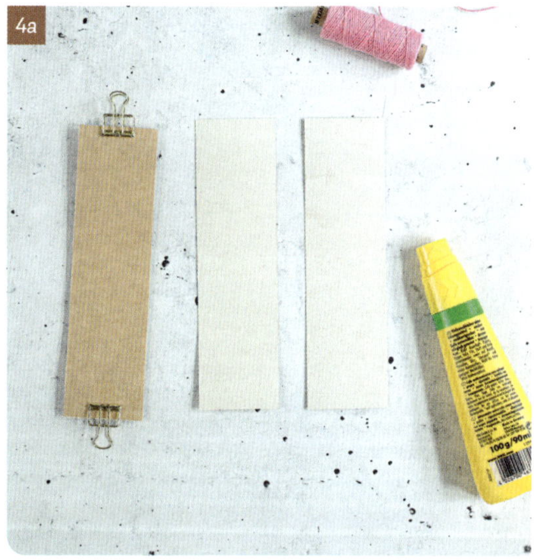

1. Bereite als erstes den Milchkarton wie auf Seite 85 beschrieben vor.

   Achte dabei darauf, dass du ihn möglichst nicht oder nur wenig knüllst.

2. Schneide nun die Tüte komplett auf.

   Anschließend schneidest du enweder mit der Schere oder mit dem Papierschneider Streifen in der Größe 20 cm × 5 cm zu. Hier kannst du natürlich auch dein eigenes Maß verwenden.

3. Klebe nun immer jeweils 2 Streifen mit dem Kleber zusammen. Die glatte Seite ist dabei außen. Fixiere sie entweder unter einem schweren Gegenstand oder mit Klammern, bis sie gut zusammenkleben.

4. Jetzt geht es ans Verzieren der Lesezeichen. Am besten funktioniert das mit guten Lackmarkern. Auch Stoffe und Bänder lassen sich hier kreativ einsetzen.

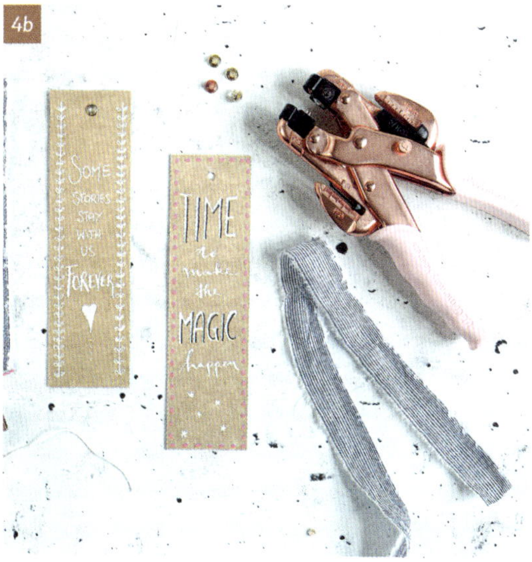

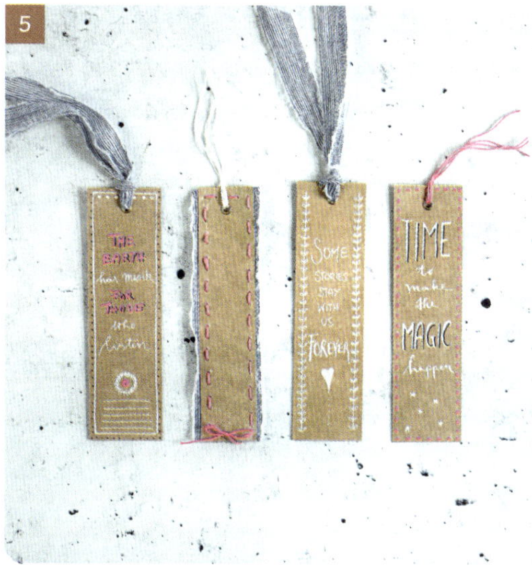

5. Zum Schluss werden die Lesezeichen noch mit einem Locher gelocht oder mit der Ösenzange mit einer zusätzlichen Öse zur Stabilisierung versehen.

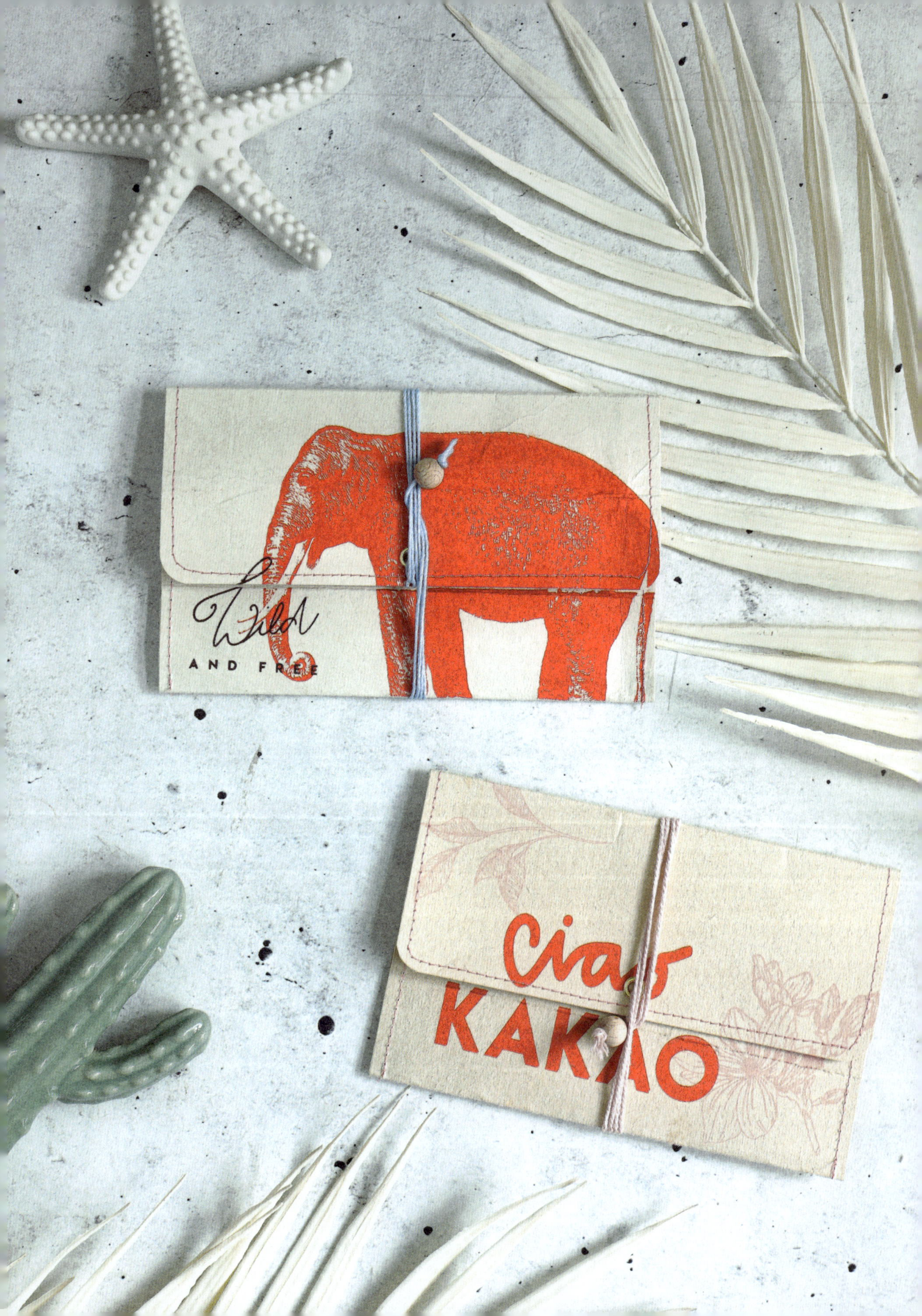
Wild
AND FREE
Ciao
KAKAO

MILCHKARTON-MAPPE MIT SIEBDRUCKMOTIVEN

*Dieses kleine Mäppchen kann nicht nur Papier beherbergen, es ist auch eine super Geschenkidee für Gutscheine oder Geburtstagspost. Und wieder haben wir das megacoole Milchkartonmaterial im Spiel, was ja fast jede*r im Kühlschrank stehen hat.*

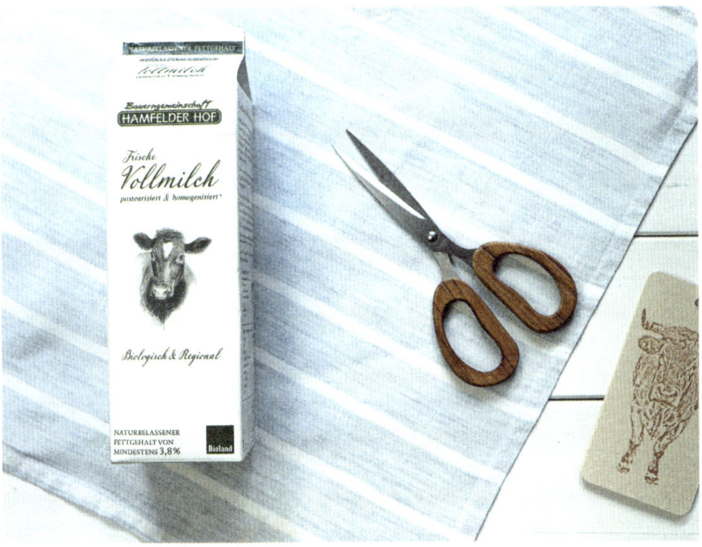

Alles, was du brauchst:

- ✓ leerer Milchkarton
- ✓ Schere oder Papierschneider
- ✓ Siebdruckset, Farbe und Rakel
- ✓ Bänder
- ✓ Ösenzange (optional)
- ✓ Nähmaschine

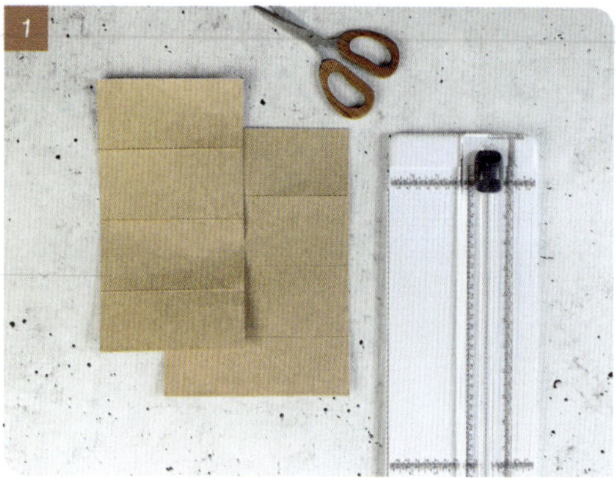

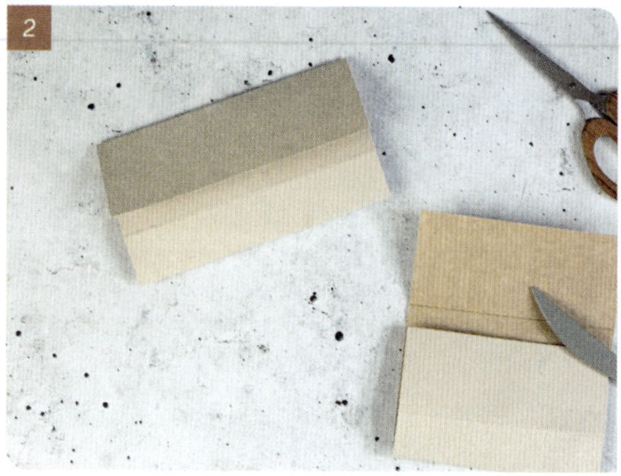

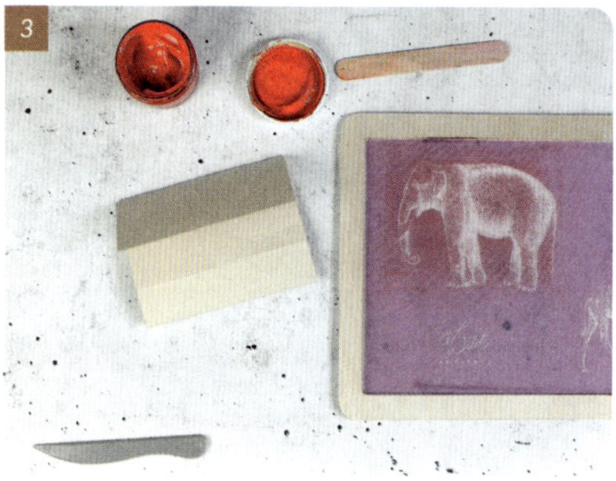

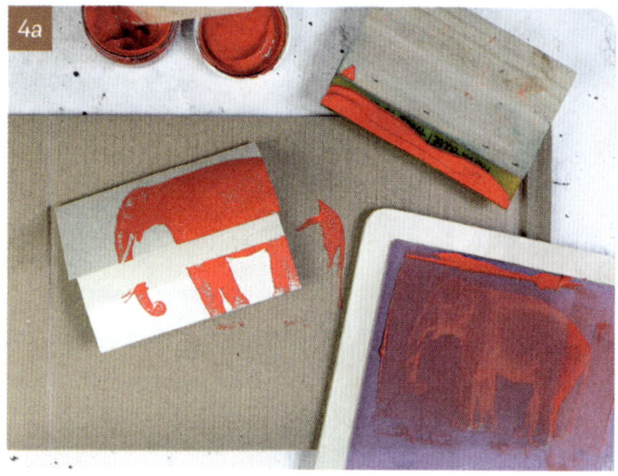

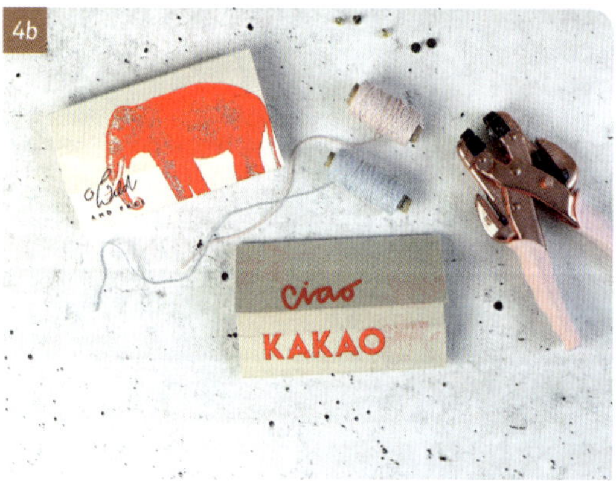

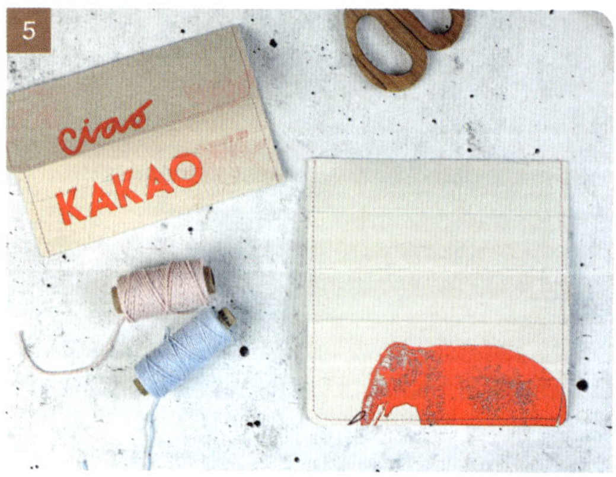

1. Bearbeite den Milchkarton wie auf Seite 85 beschrieben.

   Begradige anschließend die beiden Außenkanten. Das funktioniert am besten mit einem Papierschneider, alternativ auch mit einer Schere.

2. Falte nun den Milchkarton so zurecht, dass eine kleine Mappe entsteht, etwa 10,2 cm hoch und 17 cm breit. Nutze hierfür gerne ein Falzbein oder einen anderen flachen Gegenstand.

3. Um aus dem Mäppchen etwas ganz Besonderes zu machen, bekommt es noch einen hübschen Druck mithilfe eines Siebdrucksets.

4. Am spannendsten sieht es aus, wenn sich das Motiv beim Öffnen teilt. Also gerne die ganze Vorderfläche für den Druck verwenden.

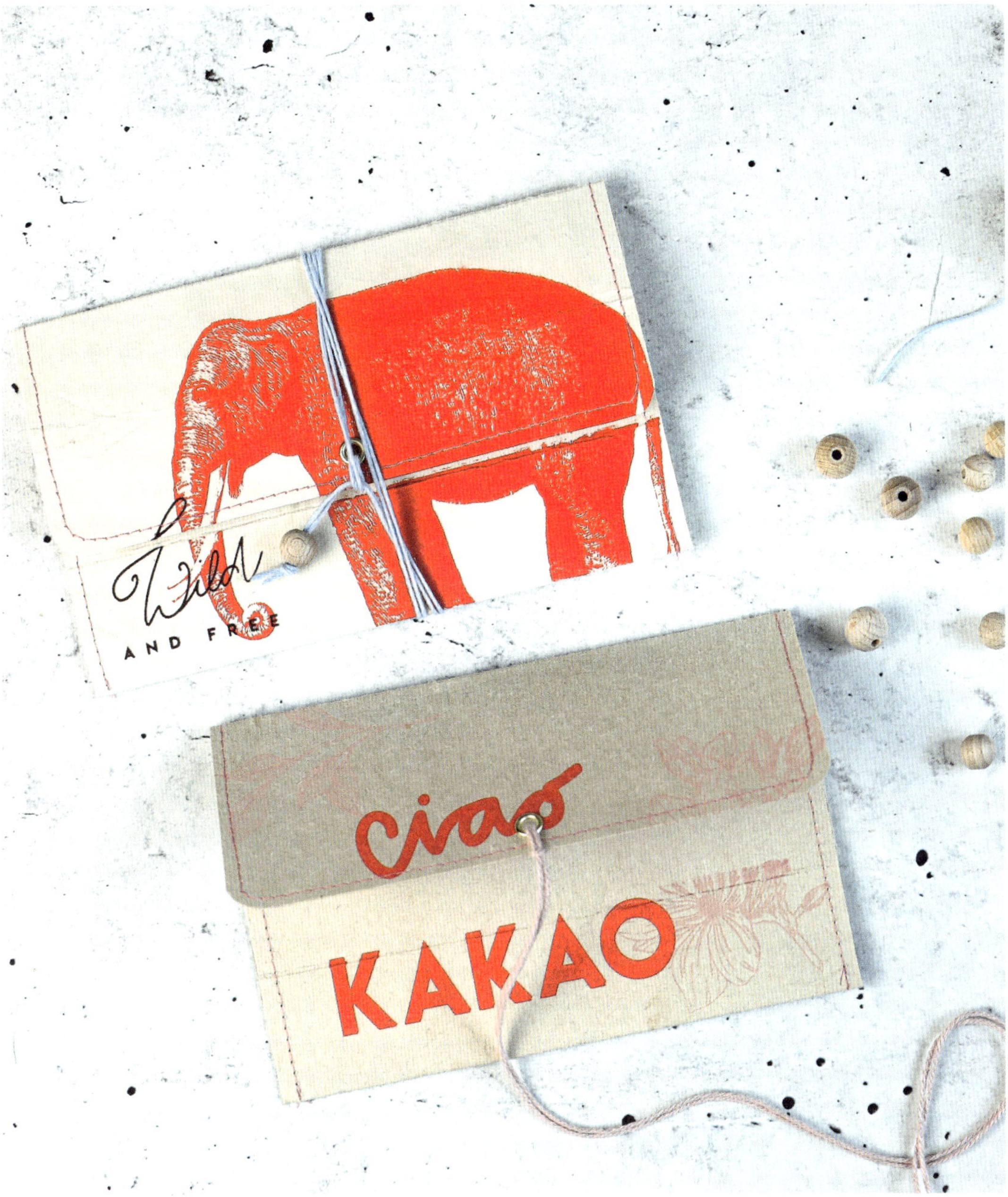

5. Zuletzt noch mit der Nähmaschine einmal rundherum absteppen, und schon ist das einzigartige Mäppchen fertig. Zum Verschließen ein kleines Loch in die Vorderlasche lochen und ggf. mit einer Öse verstärken.

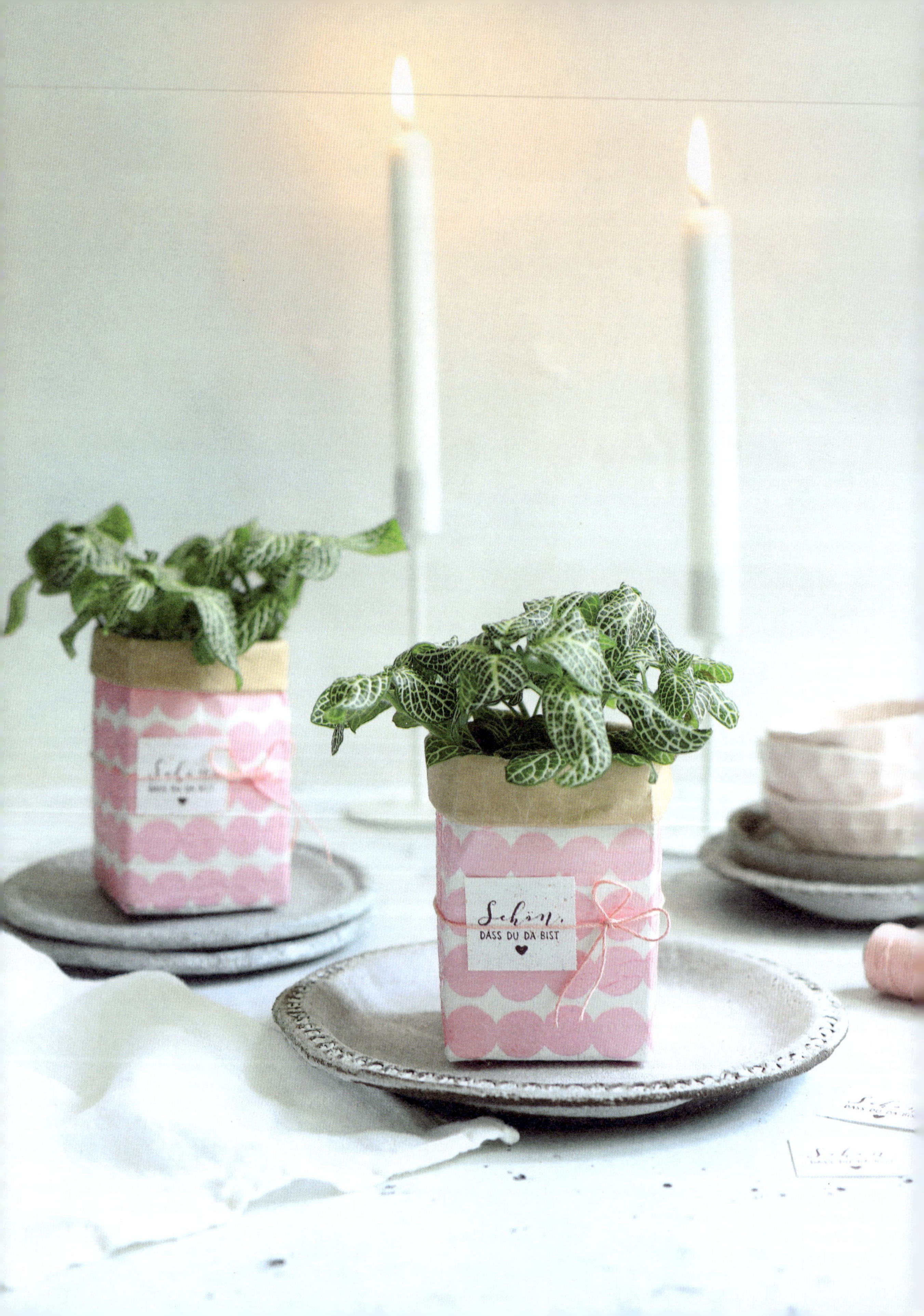
Schön,
DASS DU DA BIST

DESIGNER- MILCHKARTON ALS GASTGESCHENK

Aus einem leeren Milchkarton kann mit der passenden Serviette ein richtiges »Designerstück« werden. So kann man noch einiges aus der Verpackung herausholen! Zum Beispiel kann darin wunderbar ein kleines Pflänzchen verschenkt werden. Alternativ eignen sich die Behälter auch prima als Aufbewahrung für allerlei Krimskrams. Je nach Jahreszeit lassen sich die Motive anpassen. So können mit Weihnachtsservietten kleine Bäumchen eingepflanzt werden oder Kekstütchen darin verstaut werden.

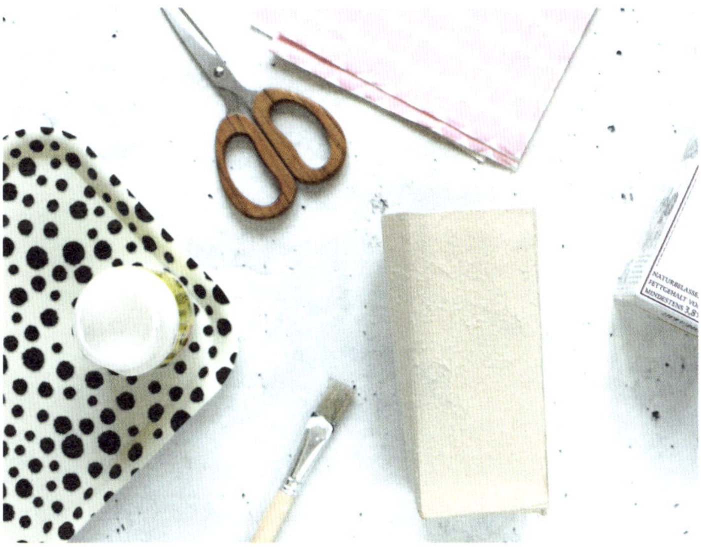

Alles, was du brauchst:

- ✓ leerer Milchkarton
- ✓ Serviettenkleber
- ✓ weicher Pinsel
- ✓ Schere
- ✓ Servietten

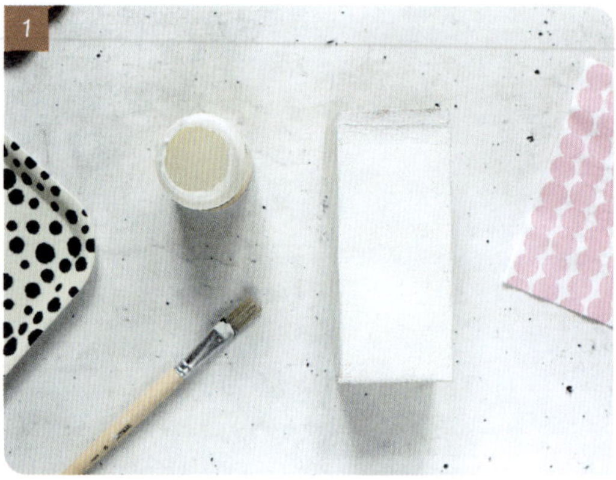

1

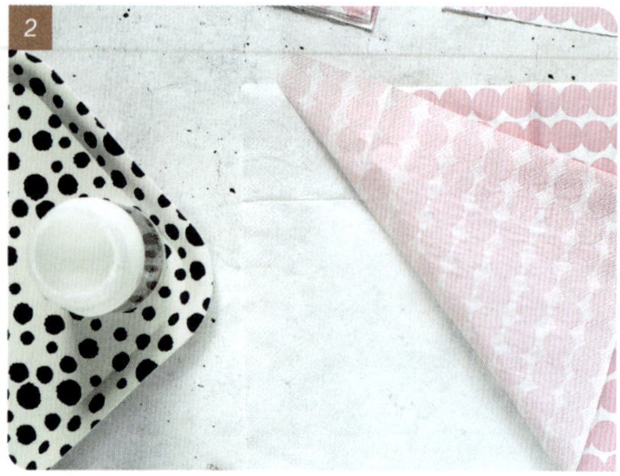

2

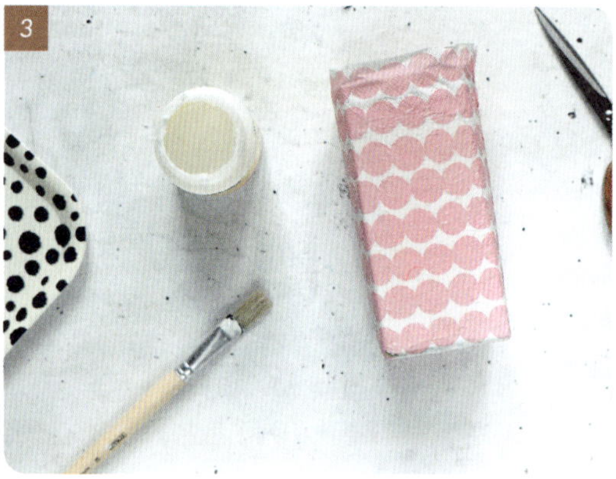

3

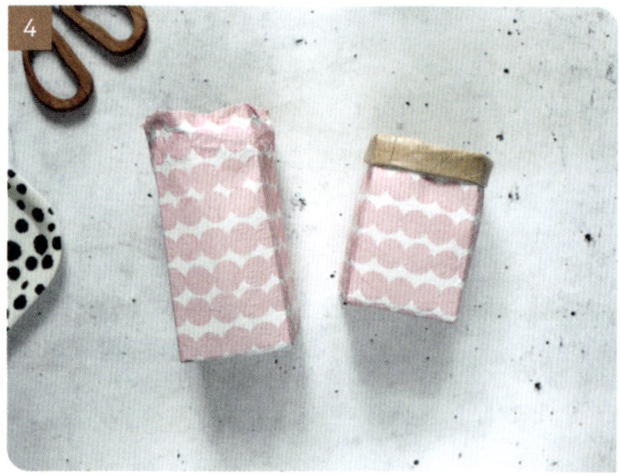

4

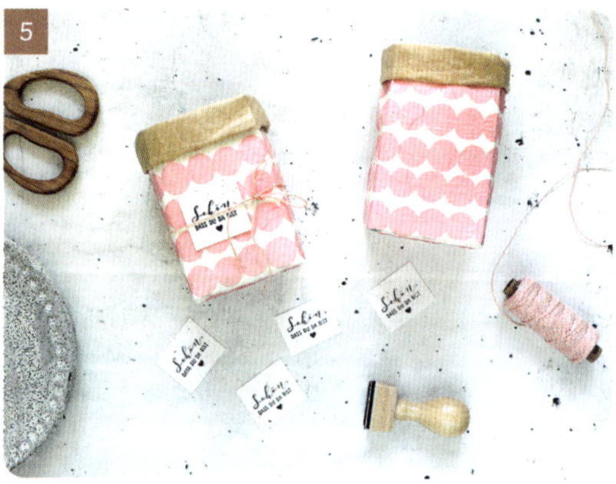

5

1. Bearbeite den Milchkarton zunächst wie auf Seite 85 beschrieben. Gut knüllen!

   Falls du eine sehr helle Serviette verwendest, wie meine rosafarbene, kann es nötig sein, die abgezogene Milchtüte vorher ein wenig weiß einzufärben. Hier kannst du einen Rest Kreide- oder Acrylfarbe verwenden.

2. Anschließend ziehst du die dünne, obere, bedruckte Schicht der Serviette ab und schneidest sie auf die Höhe und den Umfang der Milchtüte zu.

3. Pinsele den Milchkarton dann Stück für Stück mit dem Leim ein und lege dabei die dünne Serviettenschicht sorgfältig auf.

   Bist du wieder am Anfang angekommen, kannst du noch einmal eine dünne Schicht Leim ganz vorsichtig auf die Oberfläche verstreichen.

   Dabei ganz vorsichtig vorgehen, denn die dünne Faser der Serviette kann sehr schnell reißen.

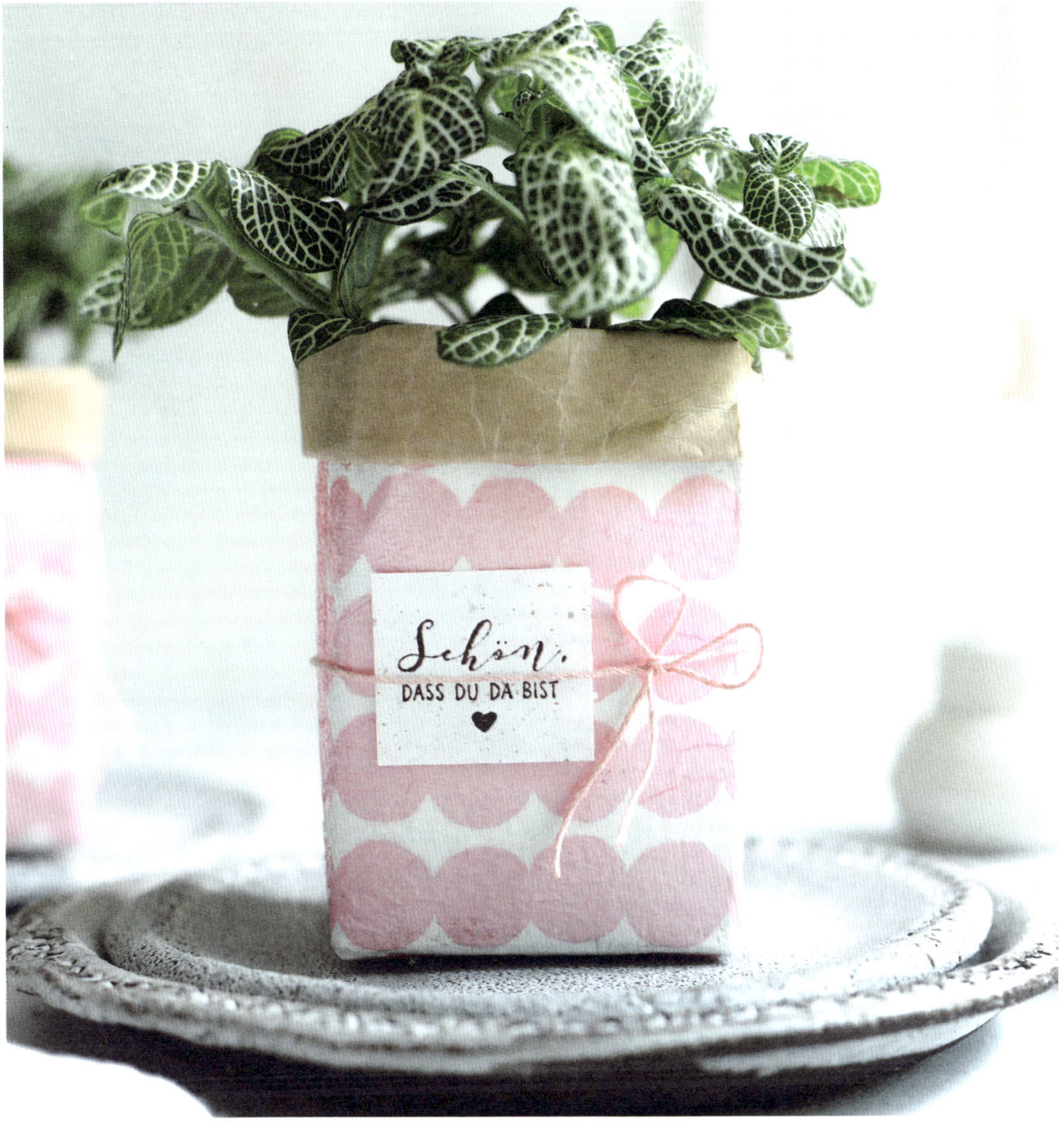

4. Nun krempelst du die Tüte um. Gehe dabei sehr geduldig mit dem Material um und drücke die Tüte dabei etwas nach innen, damit sie nicht so schnell reißt. Wenn die Tüte vorher gut geknautscht wurde, funktioniert das recht gut.
5. Diese Milchtüten werden jetzt als kleines Gastgeschenk auf den Tisch gestellt und bekommen dafür noch ein Schleifchen auf Bäckergarn und ein Willkommensschildchen.

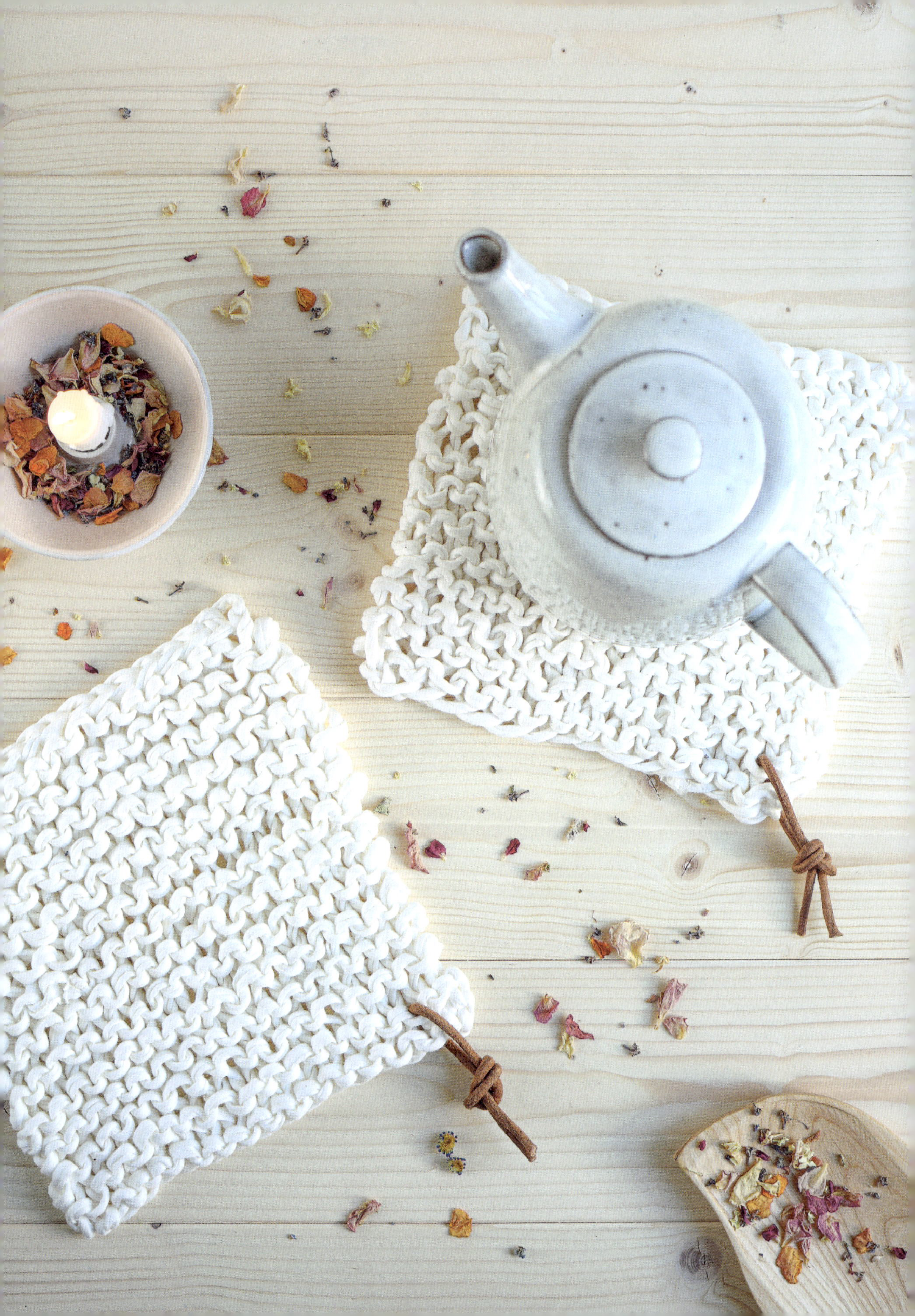

VOM T-SHIRT ZUM UNTERSETZER

Aus T-Shirt-Garn lassen sich so coole Sachen machen. Und dabei ist dieses Garn auch noch komplett kostenlos, denn alles, was du dafür brauchst, sind abgetragene T-Shirts. Mit dieser Anleitung kannst du ab sofort aus deinen alten Shirts ein tolles Garn herstellen und daraus viele schöne Sachen machen. Ich habe aus den weißen Shirts meiner Söhne diese hübschen Untersetzer gestrickt. Alternativ sind sie auch megapraktisch als Topflappen, da sie sehr dick sind.

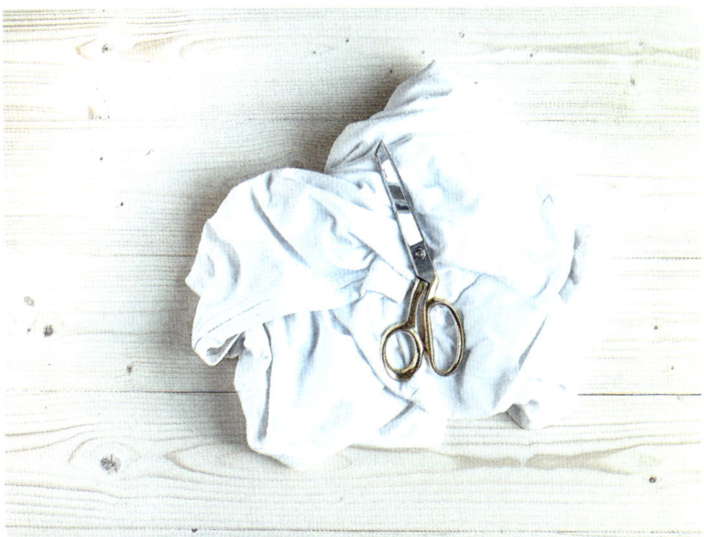

Alles, was du brauchst:

- ✓ T-Shirts
- ✓ Rundstricknadel Nr. 9
- ✓ Stoffschere

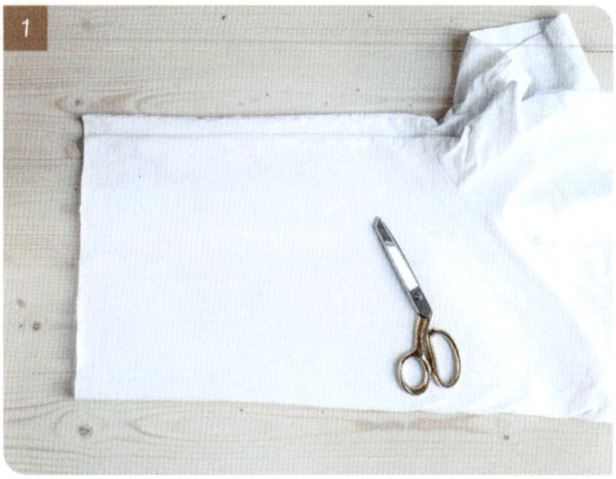

1

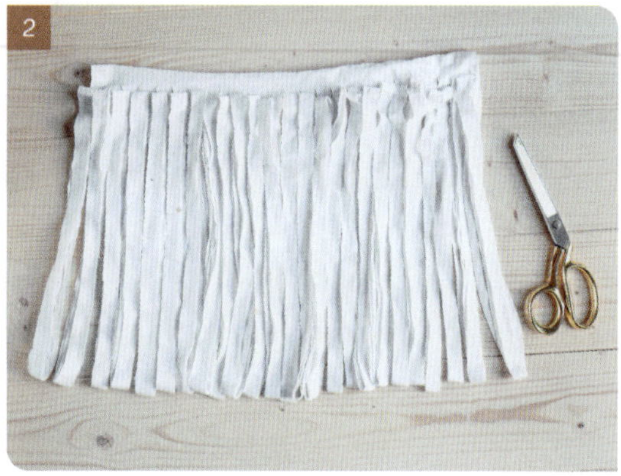

2

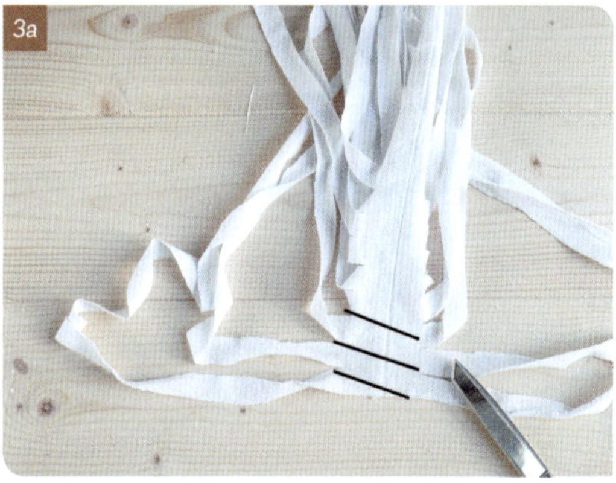

3a

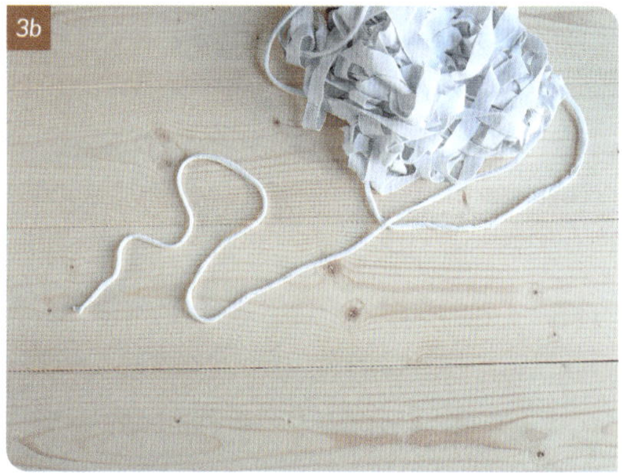

3b

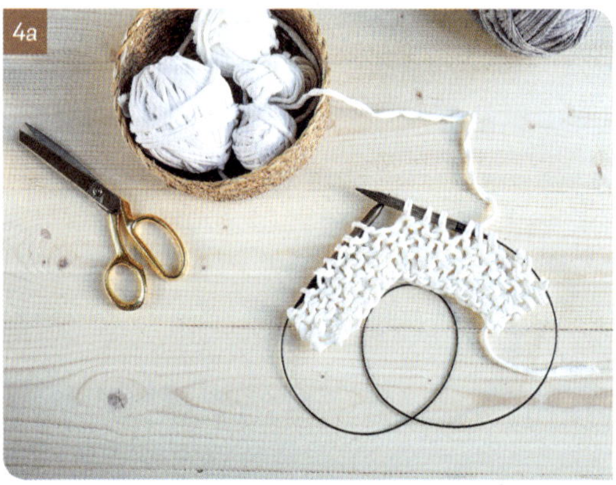

4a

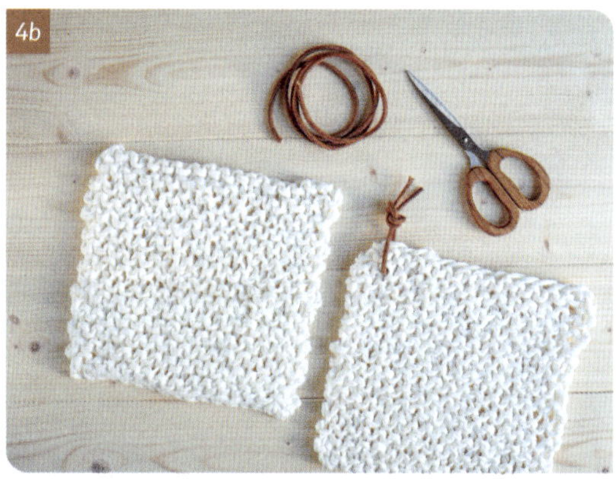

4b

1. Zuerst schneidest du den Bund des Shirts ab. Nun faltest du das T-Shirt mittig übereinander.

2. Schneide nun ca. 1–1,5 cm breite Streifen aus dem Shirt, wie auf der Abbildung zu sehen. Achte darauf, dass du dabei beim unten liegenden Teil des Shirts noch ca. 1–1,5 cm Rand stehen lasst.

3. Nun schneidest du den Stoff vertikal ein. Dadurch ergibt sich ein durchlaufender Faden. Diesen ziehst du anschließend vorsichtig Stück für Stück ein bisschen in die Länge, sodass sich der Stoff leicht zusammenzieht und er zu einem Garn wird.

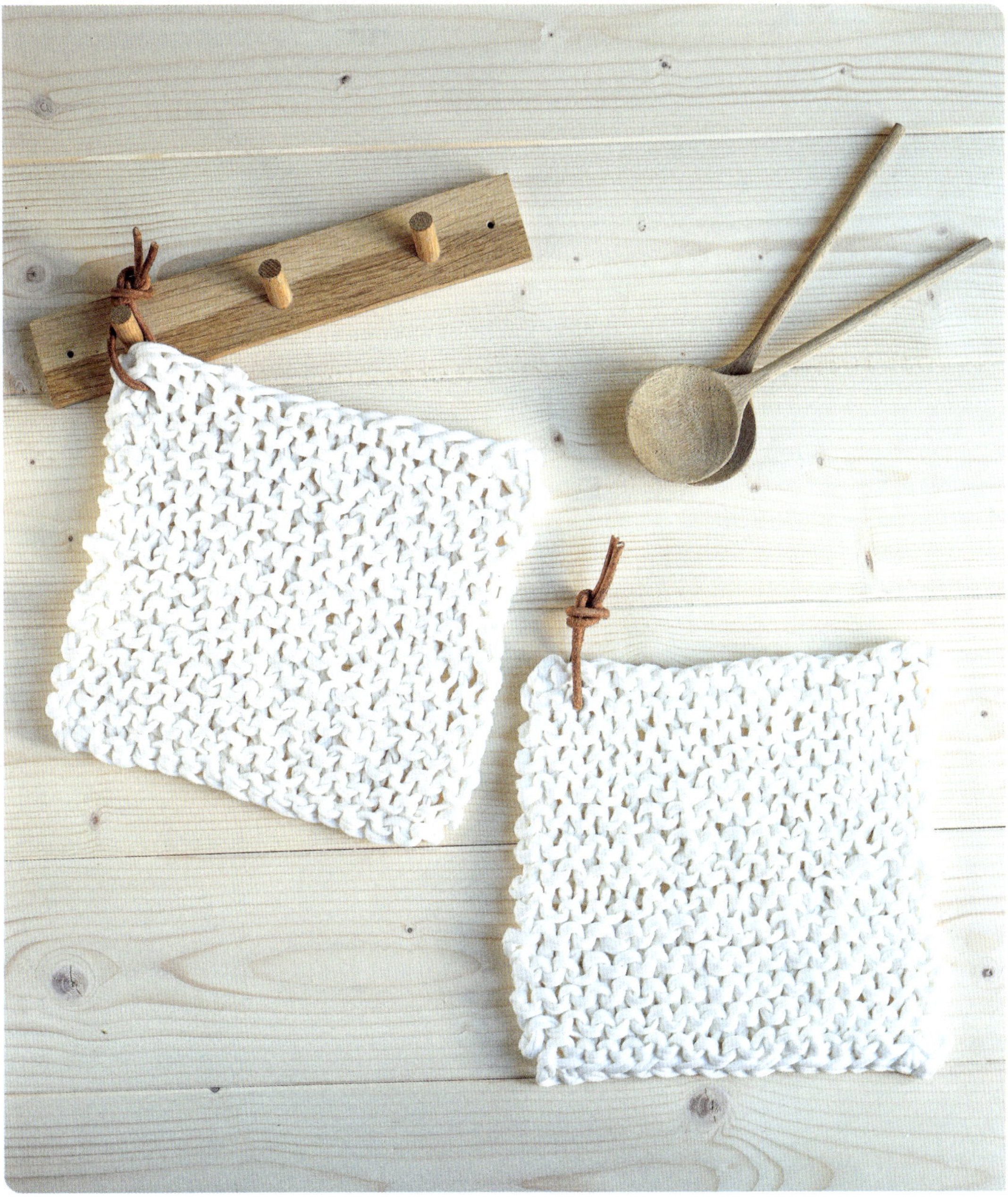

4. Nun kannst du das T-Shirt-Garn für deine Projekte verwenden. Wickele dir am besten gleich fertige Knäule. Die lassen sich besser aufbewahren.

   Für meine Untersetzer habe ich mit einer Rundstricknadel in der Größe 9 insgesamt 16 Maschen aufgenommen und mit rechten Machen (krausrechts) 14 Reihen gestrickt.

   Als dekoratives Element habe ich Lederbänder durch die Maschen gezogen und zusammengeknotet. Hier kannst du aber auch eine Häkelschlaufe anbringen oder einen Stoffstreifen befestigen.

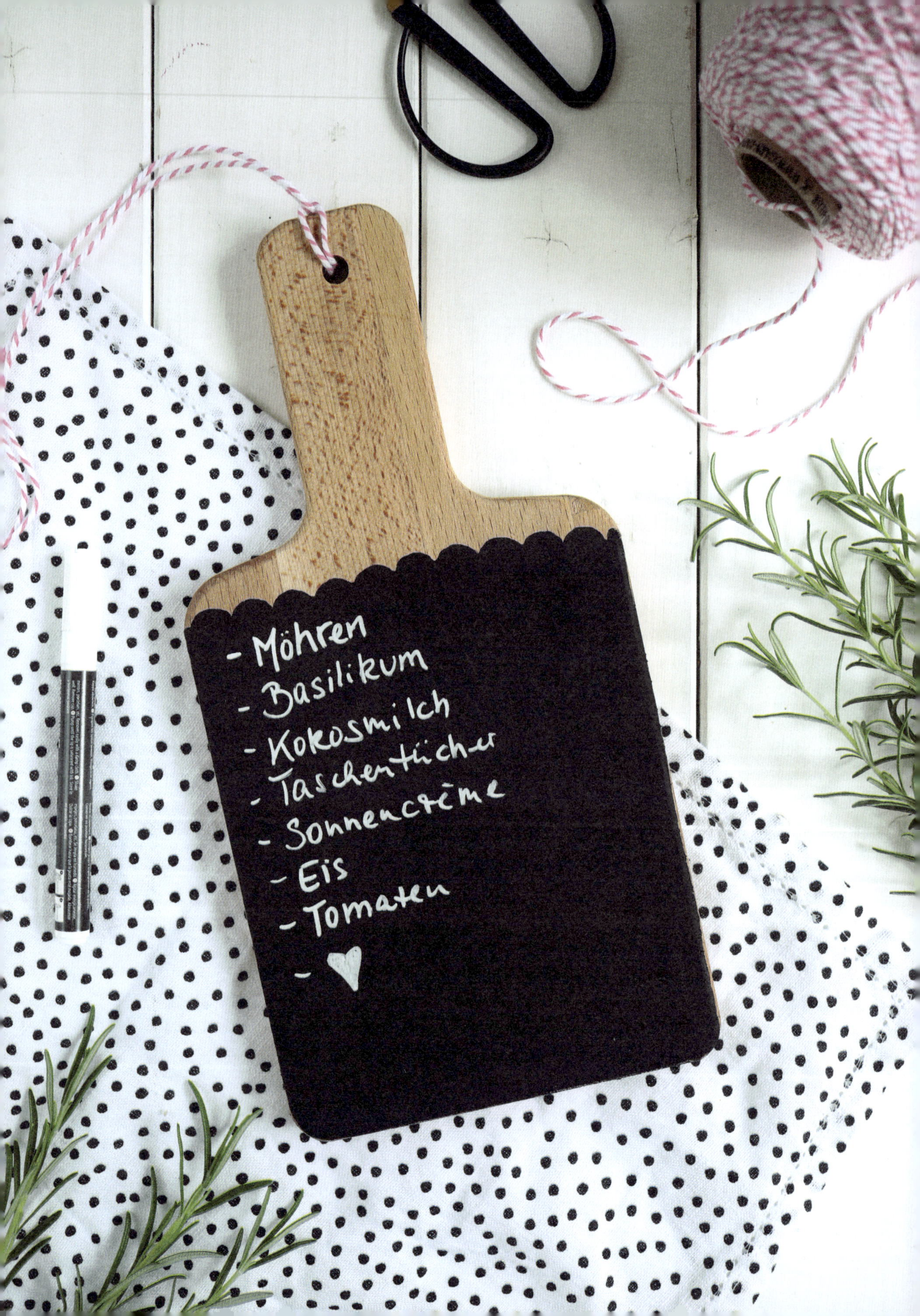
- Möhren
- Basilikum
- Kokosmilch
- Taschentücher
- Sonnencrème
- Eis
- Tomaten
- ♥

VOM KÜCHENBRETT ZUM MEMOBOARD

Neulich fand ich beim Renovieren der Küche ein kleines Brett, das ich irgendwann mal gekauft hatte. Ich hatte dafür keine Verwendung mehr, bis ich auf eine geniale Idee kam. Bei einer Familie kommen am Tag viele Informationen zusammen, sei es die Einkaufsliste oder ein Termin, der notiert werden soll. Damit wir nicht ständig mit Zetteln um uns werfen, kommt nun mein neues Memoboard ins Spiel. Praktischerweise mit einem Tafellack bestrichen, kann es nun immer wieder verwendet werden.

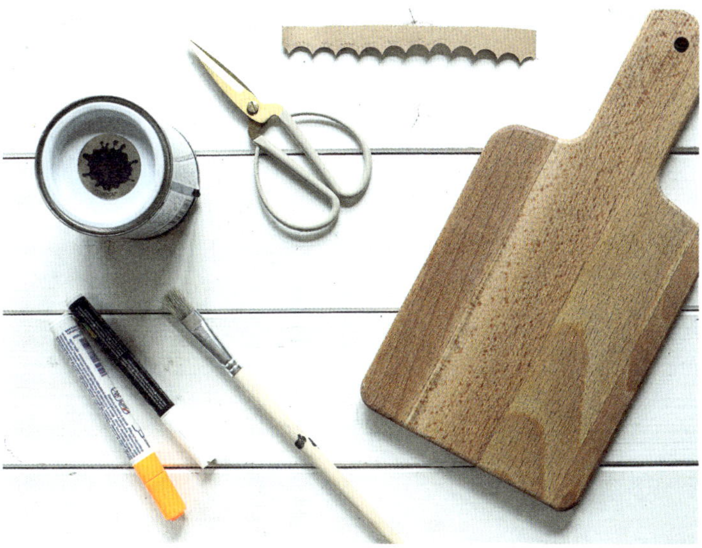

Alles, was du brauchst:

✓ Holzbrett
✓ Tafellack
✓ Kreidestift
✓ Pinsel
✓ Bäckergarn zum Aufhängen
✓ Stück Pappe als Schablone für den Wellenrand (hier kann man aber auch einen geraden Abschluss mit Malerkrepp oder Washitape wählen)

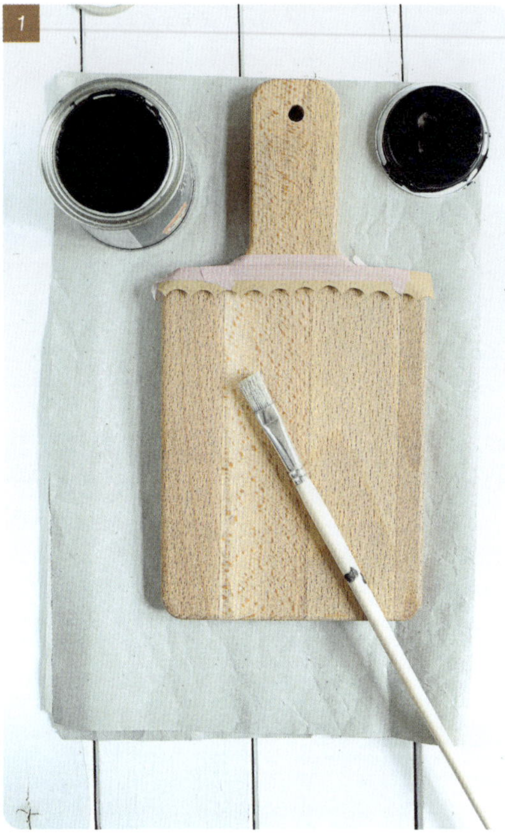

1

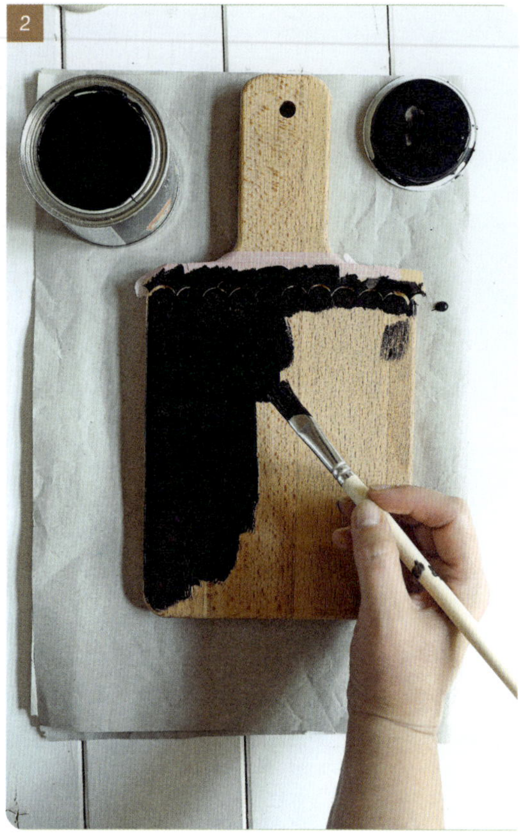

2

1. Falls du dich für die Variante mit dem Wellenabschluss entscheidest, erstelle dir vorher eine Schablone aus Pappe. Die kannst du händisch ausschneiden, mit dem Plotter vorbereiten oder auch mit einem Kreisausstanzer herstellen. Klebe sie an der gewünschten Stelle so fest, dass sie gut auf dem Holz liegt.

2. Streiche nun das Brett mit dem Tafellack an. Vorsicht bei der Schablone. Hier am besten mit wenig Farbe arbeiten und von oben tupfen. Achte dabei darauf, dass die Schablone immer gut auf dem Brett aufliegt. Lasse die Farbe jetzt gut trocknen.

3. Mit einem Kreidemarker kannst du nun das Memoboard je nach Bedarf beschriften.

   Fädele noch ein schönes Band durch den Griff und suche dir ein hübsches Plätzchen zum Aufhängen aus.

3

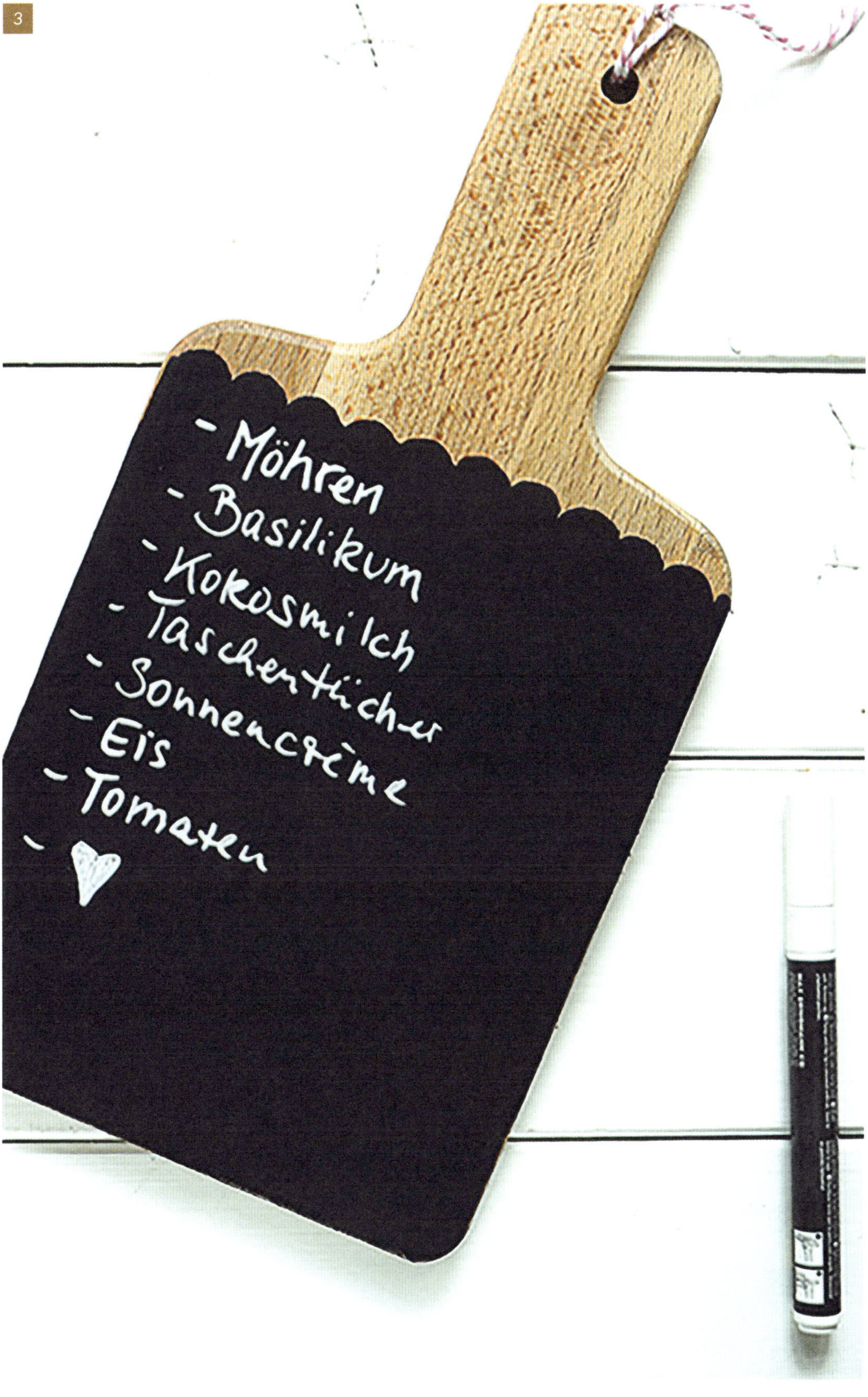
- Möhren
- Basilikum
- Kokosmilch
- Taschentücher
- Sonnencrème
- Eis
- Tomaten
-

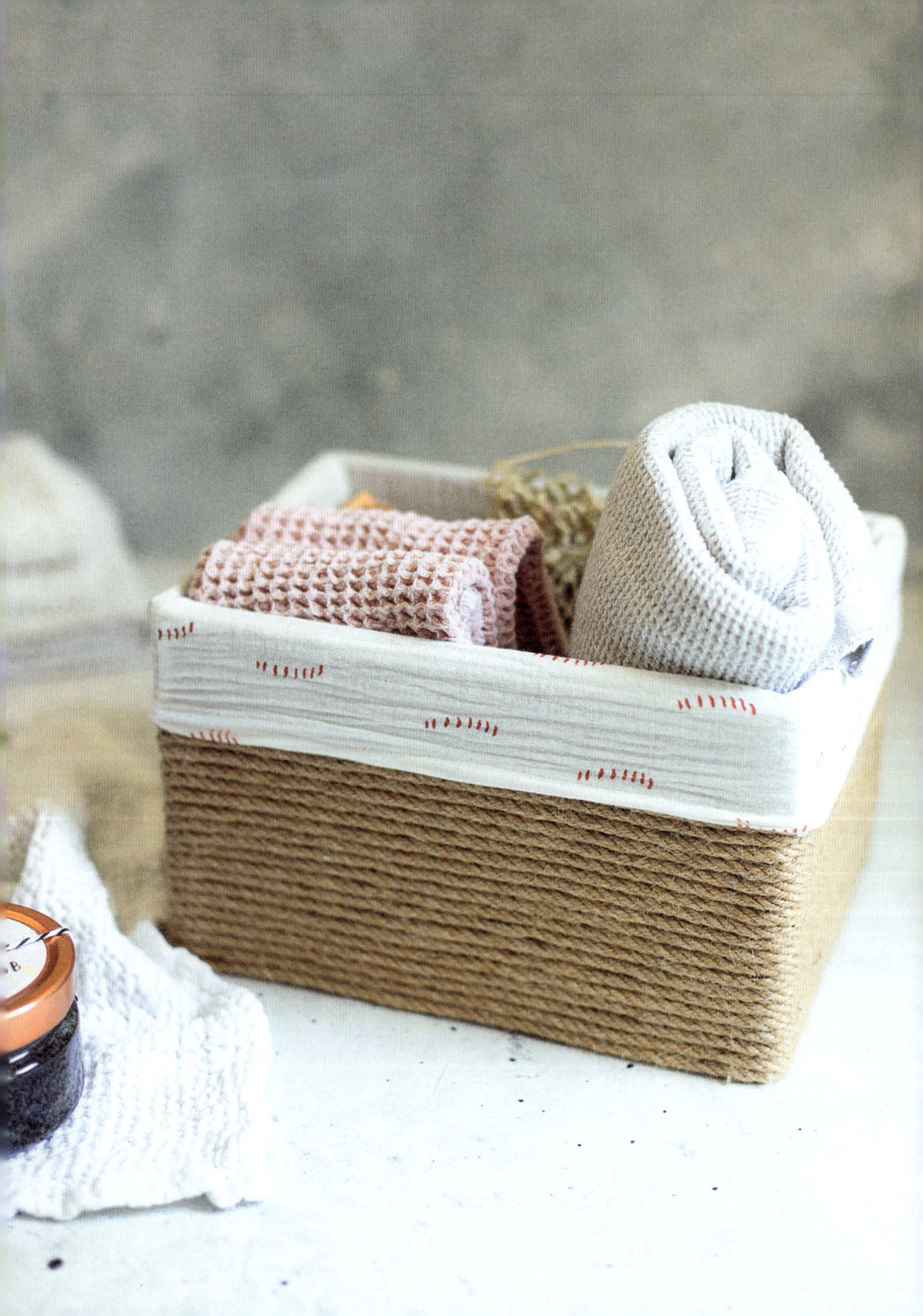

DIY-KORB AUS PAPPKARTON

Aus einem Pappkarton lässt sich ganz einfach ein toller Aufbewahrungskorb machen. Ob klein oder groß, so ein Korb ist einfach ideal für Spielzeug, Badezimmeraccessoires, Geschenke oder Tücher. Du kannst ihn mit oder ohne Innenfutter herstellen.

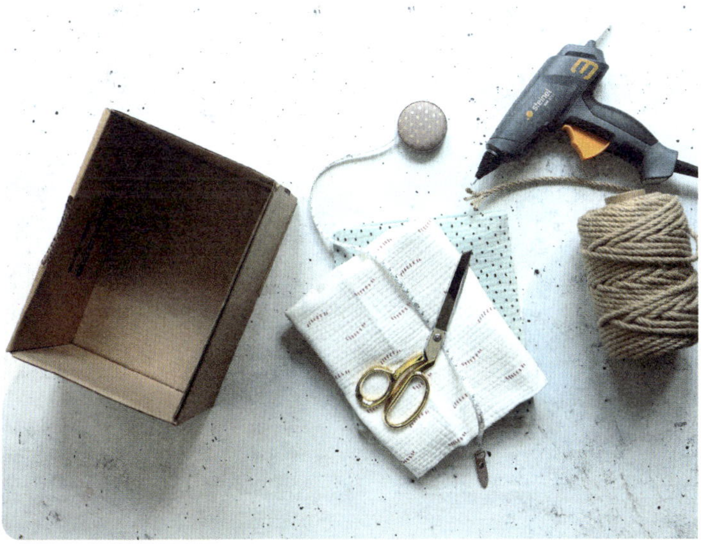

Alles, was du brauchst:

- ✓ Pappkarton (möglichst stabil)
- ✓ Heißklebepistole
- ✓ Seil
- ✓ Stoffe

Die Länge des Seils und die Größe der Stoffe ergibt sich aus der Größe des Kartons und der Stärke des Seils. Das musst du vorher ausmessen.

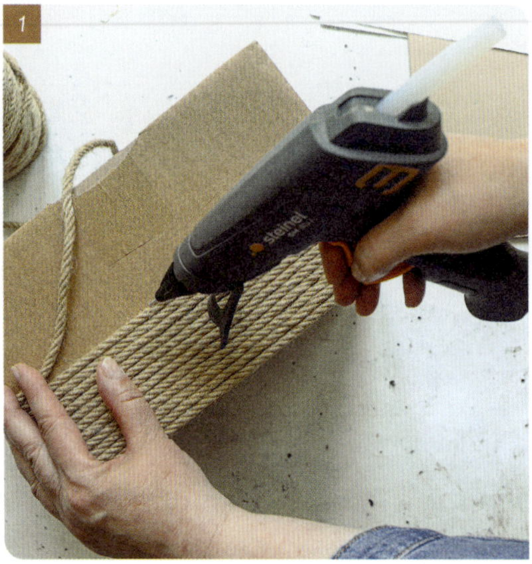

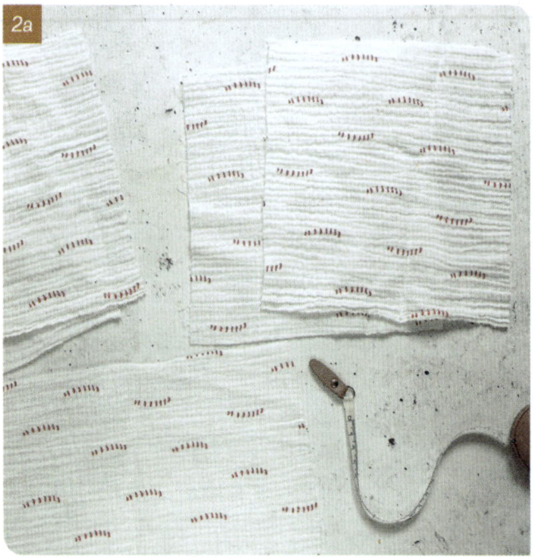

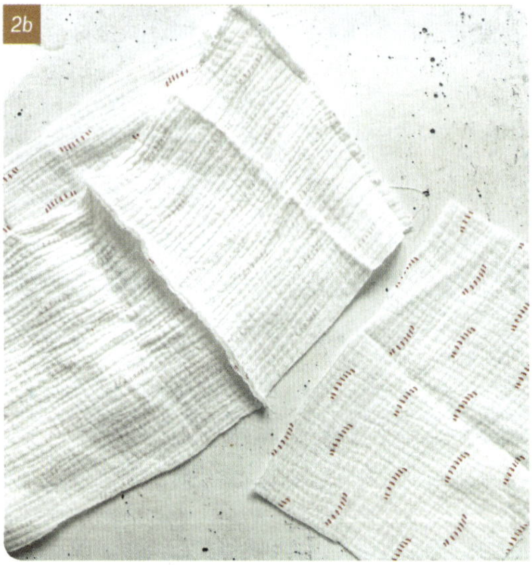

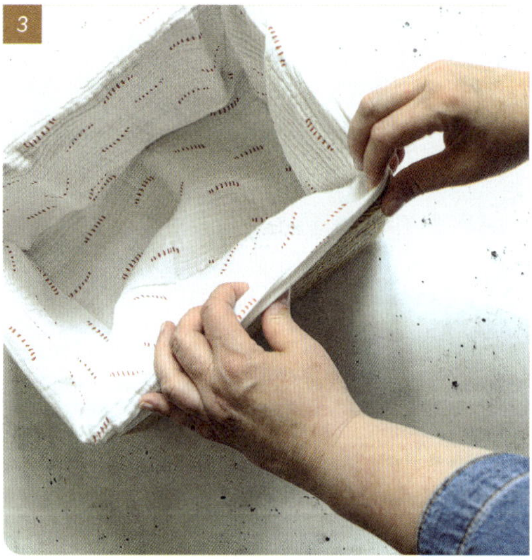

1. Lasse die Heißklebepistole heiß werden und lege dir den Karton sowie das Seil zurecht.

   Fange am unteren Teil des Kartons an und klebe nun Länge für Länge das Seil bis zur Oberkante am Karton fest.

2. Falls du den Karton mit Stoff auskleiden möchtest, schneide den Stoff wie folgt zu:

   Miss die vier Innenseiten aus und gib für den Umschlag noch ca. 5 cm dazu. Rechne für alle anderen Seiten 1 cm Nahtzugabe. Miss auch den Boden aus und gib rundum 1 cm Nahtzugabe dazu.

   Nun nähst du zuerst die vier Seitenteile an den Außenkanten zusammen. Die obere Kante des Stoffes nähst du ca. 1 cm nach innen um.

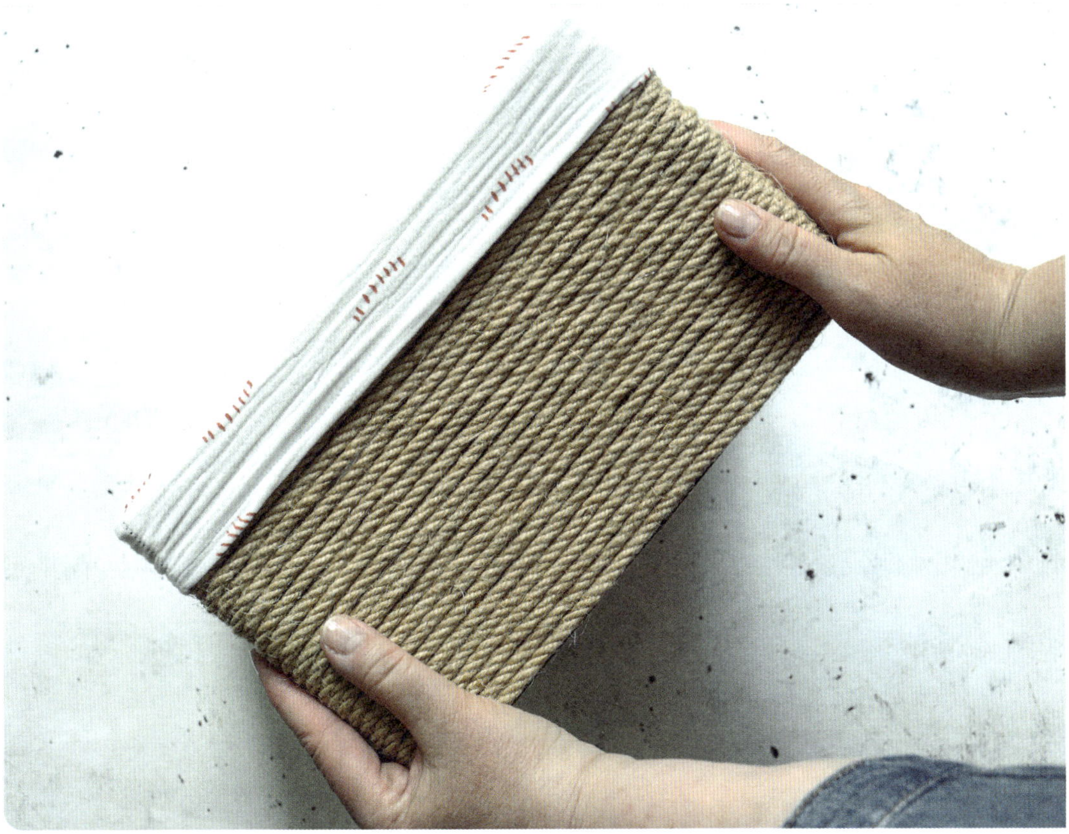

3. Zum Schluss nähst du den Boden an die Unterkanten der zusammengenähten Seitenteile.

   Das Innenfutter kannst du nun in den Karton legen und die Seiten über den Karton stülpen.

   Tipp: Falls du kein Innenfutter nähen kannst, kannst du die Stoffteile auch einfach zusammenkleben oder alternativ die Kartoninnenseiten mit Stoff oder Filz bekleben.

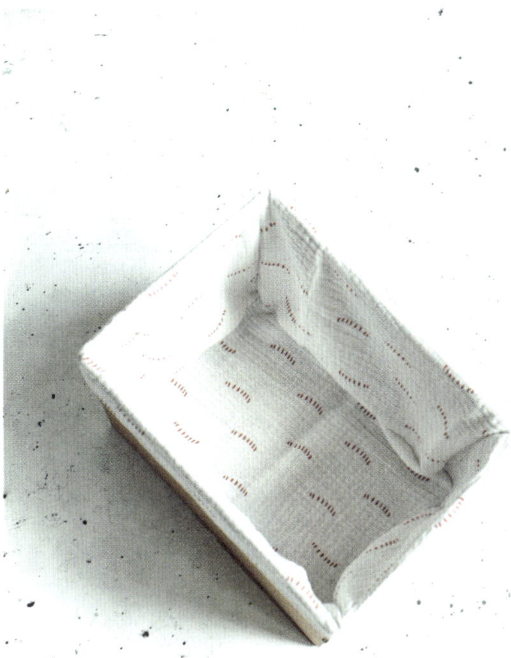

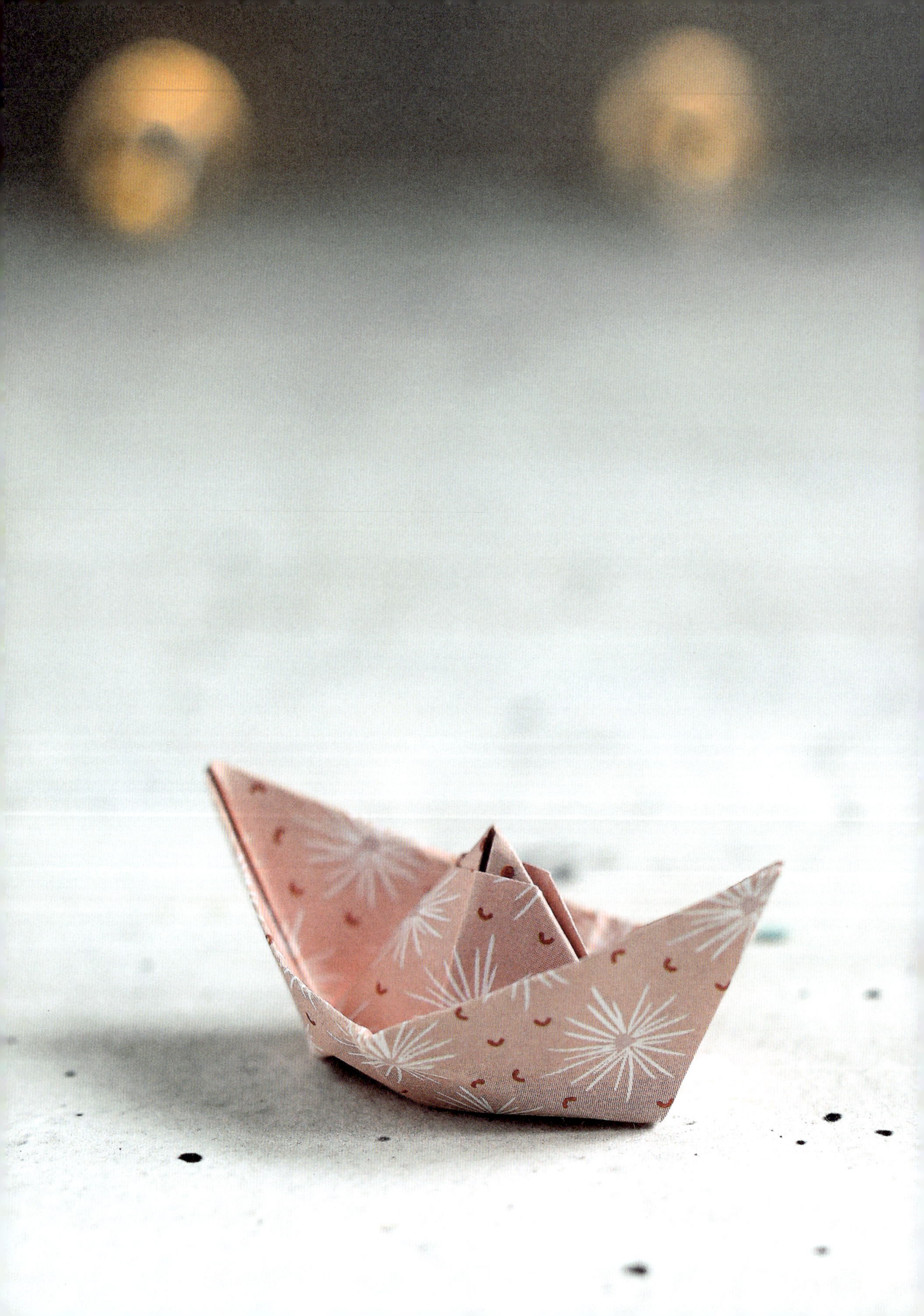

PAPIERSCHIFFCHEN AUS GELDSCHEIN

Ob Schmetterling, Herz oder Schiffchen – Geldscheine lassen sich prima falten und machen somit aus einem Geldgeschenk etwas ganz Besonderes. Diese Faltanleitung passt für alle Geldscheingrößen.

Alles, was du brauchst:

✓ Geldschein (hier wurde gemustertes Papier im passenden Format zur Veranschaulichung verwendet)

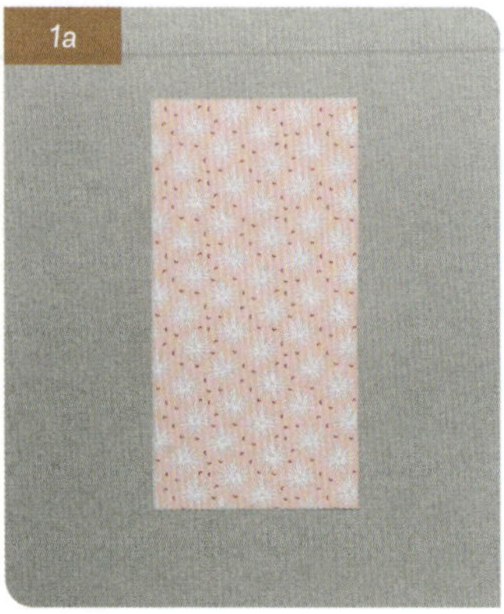
1a

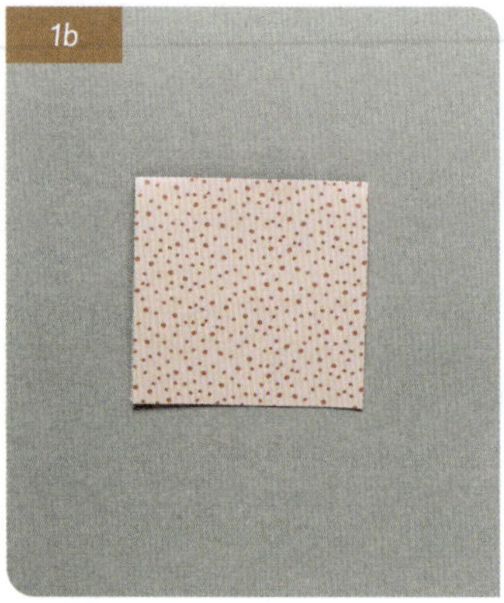
1b

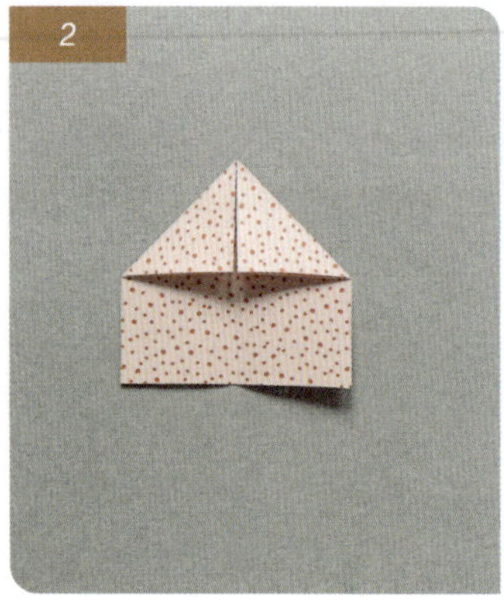
2

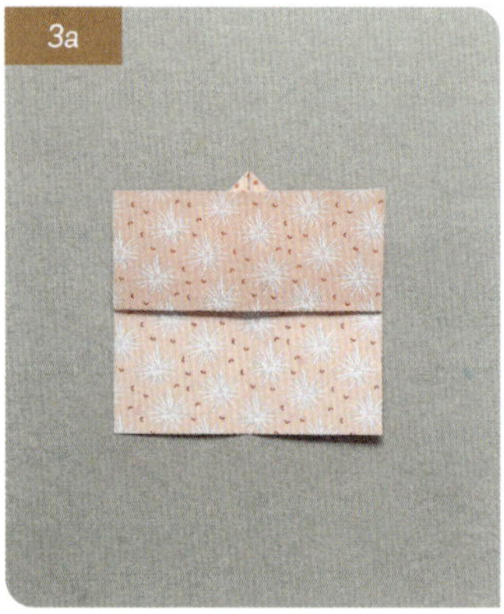
3a

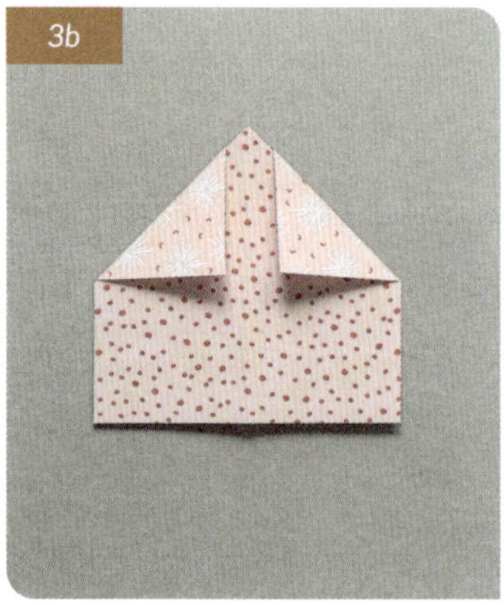
3b

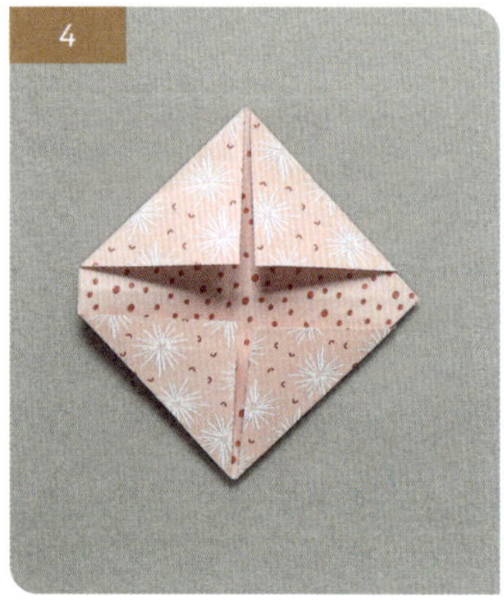
4

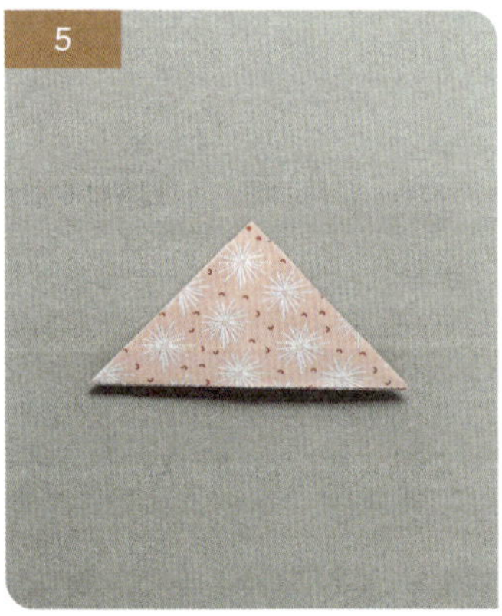
5

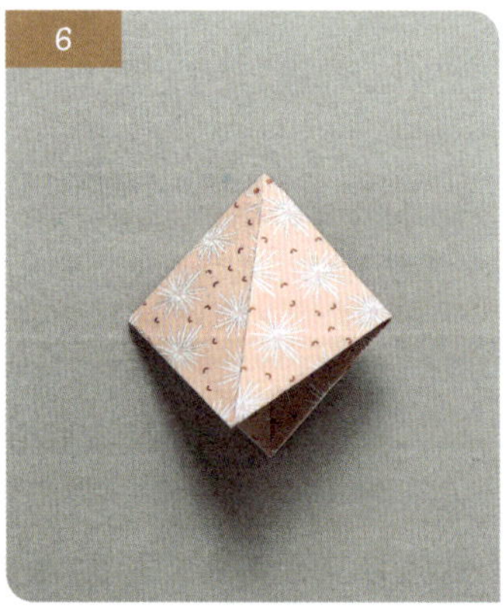
6

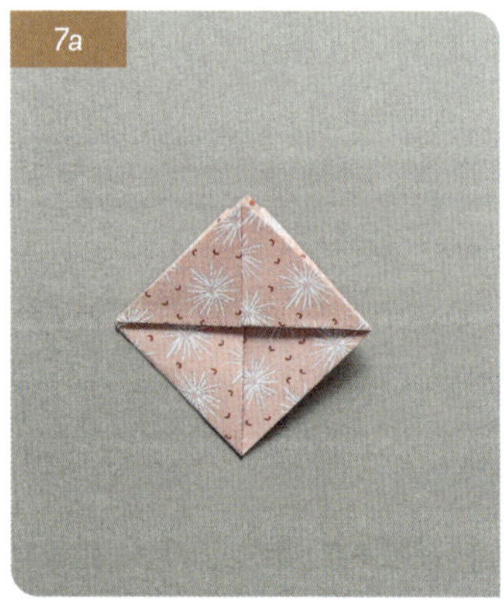
7a

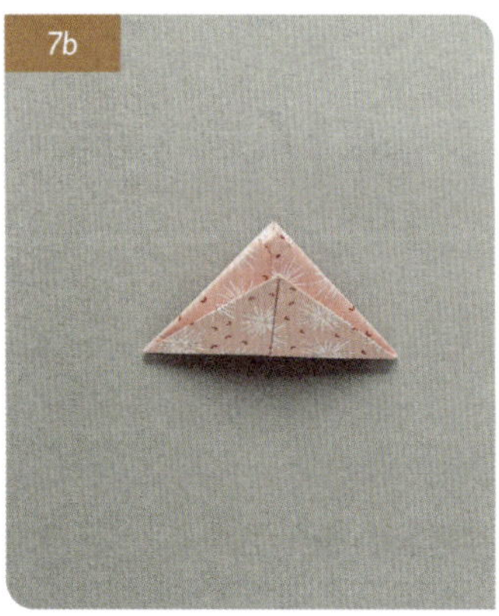
7b

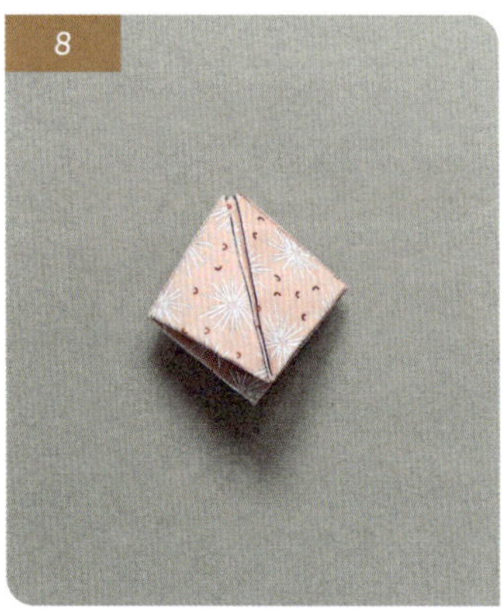
8

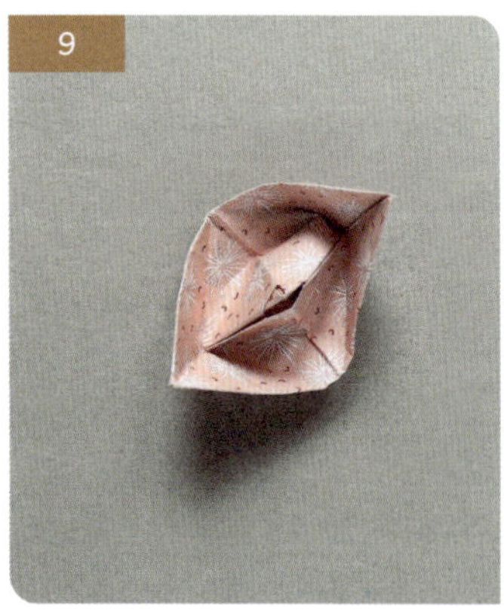
9

1. Zuerst faltest du den Geldschein, wie hier mit dem Papier gezeigt, mittig. Die offene Kante liegt unten.

2. Falte nun die Seiten zu einer Spitze.

3. Falte den unteren Teil nach oben und drehe das Papier um. Die Ecken werden jetzt nach vorn gefaltet.

4. Falte nun auch die unteren Ecken nach innen.

5. Anschließend die untere Ecke auf die obere falten und dabei die beiden äußeren, unteren Laschen um die obere Ecke legen.

6. Öffne das Dreieck einmal leicht und lege beide Spitzen übereinander.

7. Falte beide Spitzen nach oben.

8. Das Dreieck wieder leicht öffnen und beide Spitzen übereinander falten.

9. Nun ziehst du vorsichtig an beiden seitlichen Spitzen und formst so das Segelboot aus.

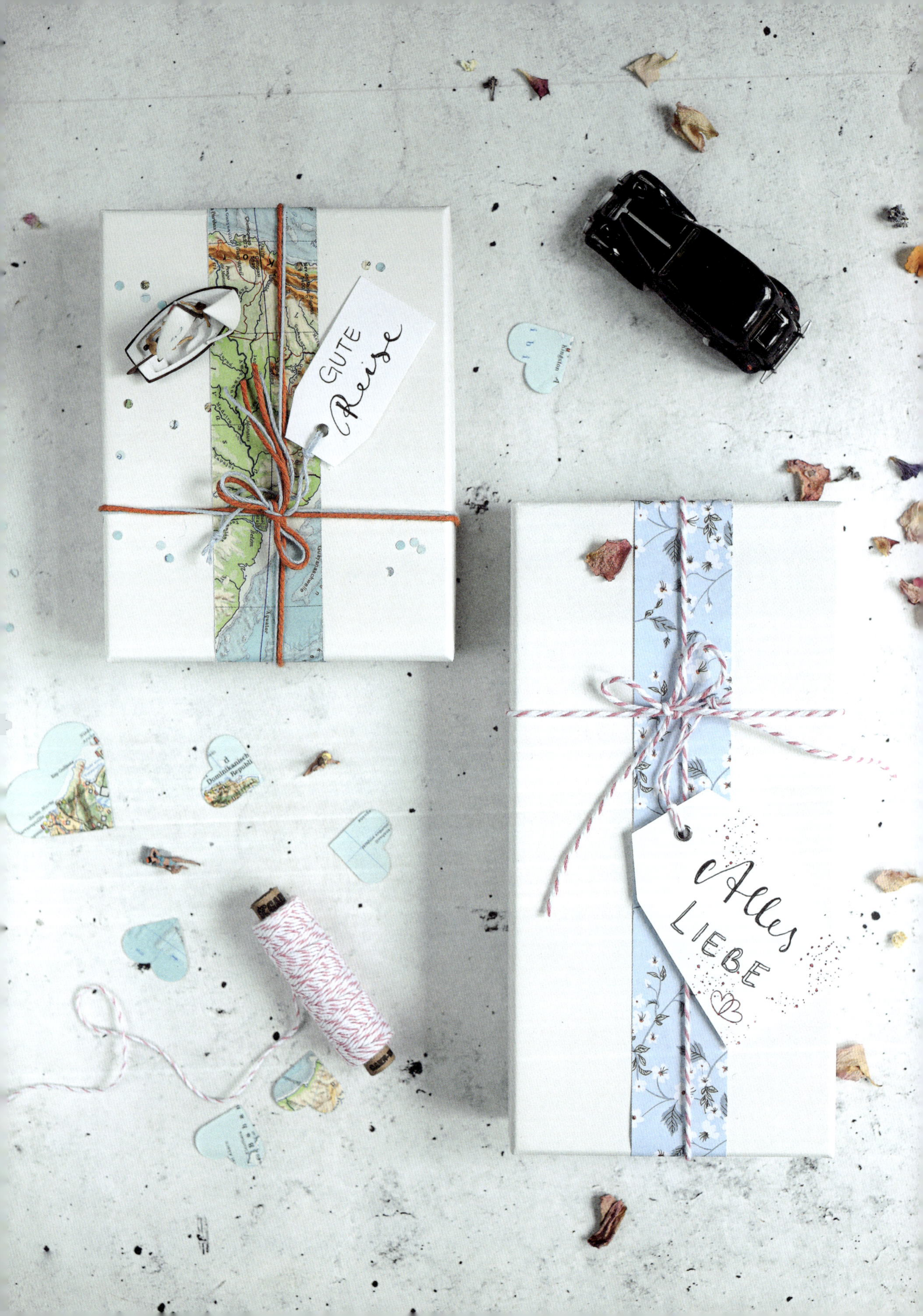
GUTE
Reise
Alles
LIEBE

GESCHENKE AUS DER SCHACHTEL

Ich hebe gerne schöne Schachteln auf, die ich später für Geschenke oder auch als Aufbewahrung für Kleinteile nutze. Alternativ kann man in den Geschäften nachfragen, ob sie leere Boxen übrig haben. Meine weißen Boxen habe ich alle aus einem Taschenladen erhalten. Auf der Oberseite steht zwar der Firmenname, aber das lässt sich mit den passenden Papieren gut überkleben. Mit wenigen Accessoires lassen sie sich zu etwas ganz Besonderem gestalten – so wie bei den folgenden Ideen für drei verschiedene Anlässe.

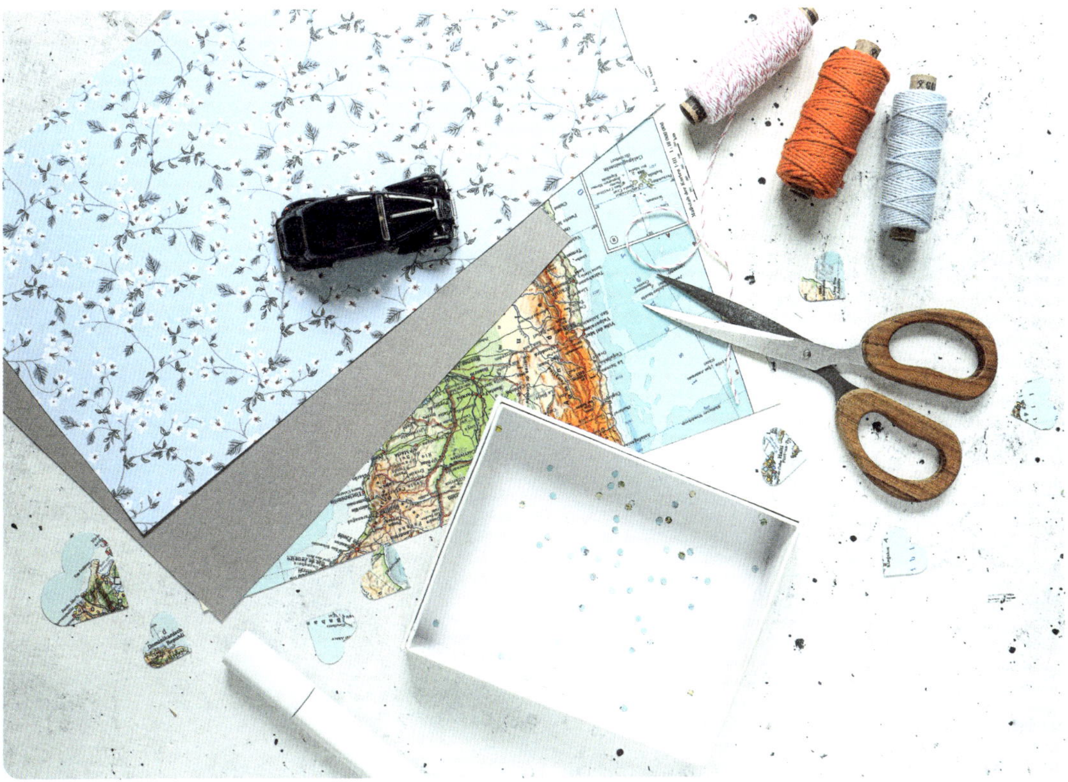

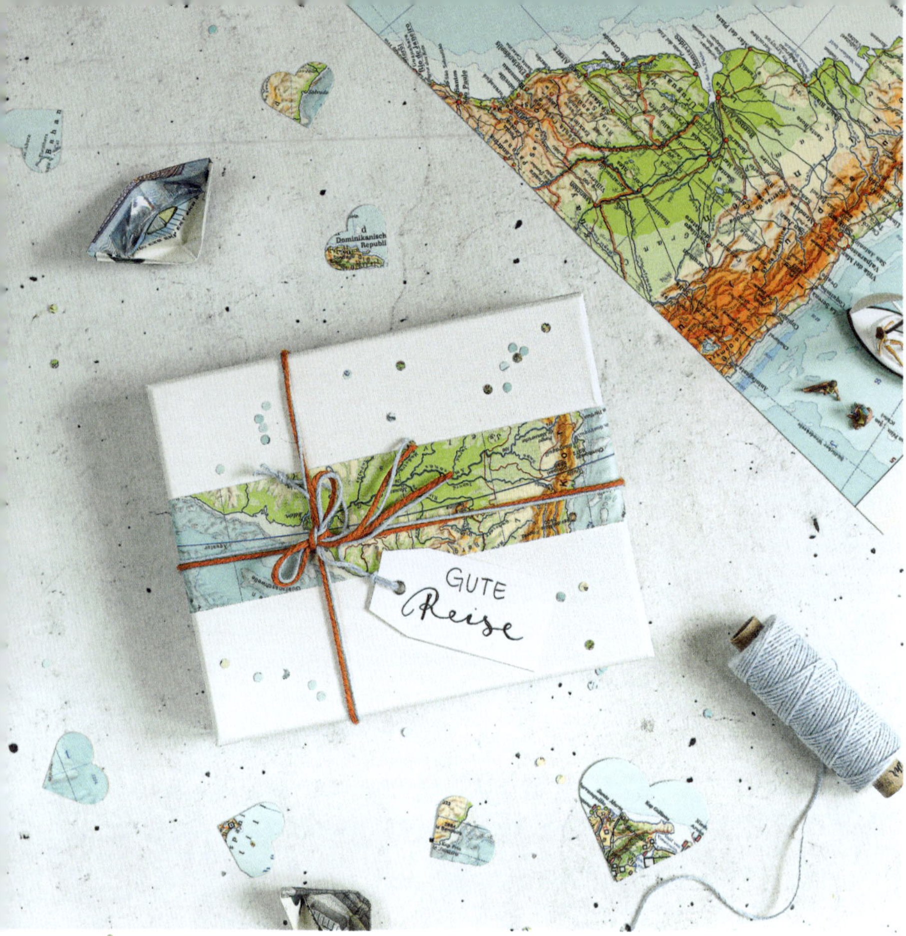

Alles, was du brauchst:

- ✓ Pappschachtel
- ✓ Seiten aus einem Atlas (alternativ: Landkarte)
- ✓ kleine Eisenbahnfiguren oder ähnliches
- ✓ Schere
- ✓ Kleber
- ✓ Klebeband
- ✓ Tesafilm
- ✓ Geldscheine
- ✓ Geschenkband

GUTE-REISE-BOX

Um Freunde oder Familie bei einer anstehenden Reise zu unterstützen, habe ich eine Schachtel aus meinem Fundus mit Papier sowie kleinen Figuren dekoriert und das Geld in Form kleiner Boote über die Landkarte schippern lassen.

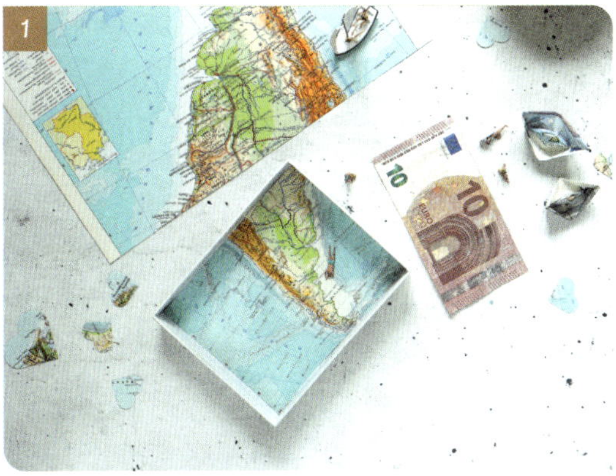

1

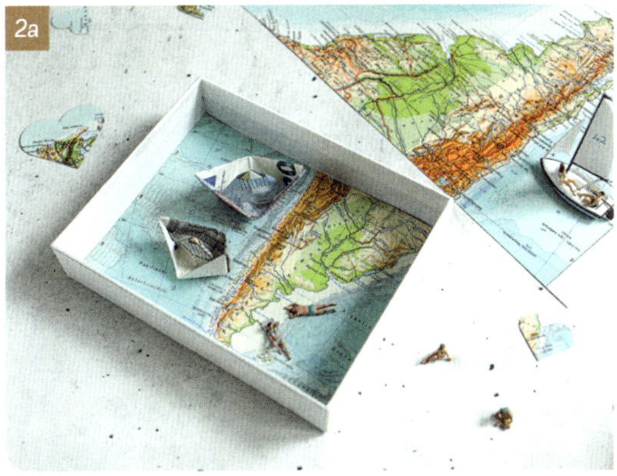

2a

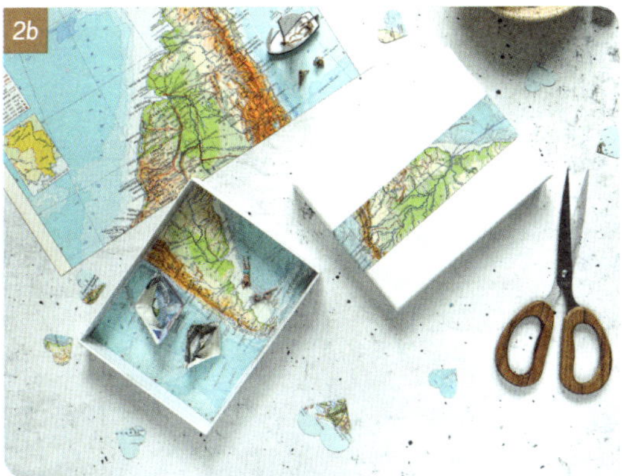

2b

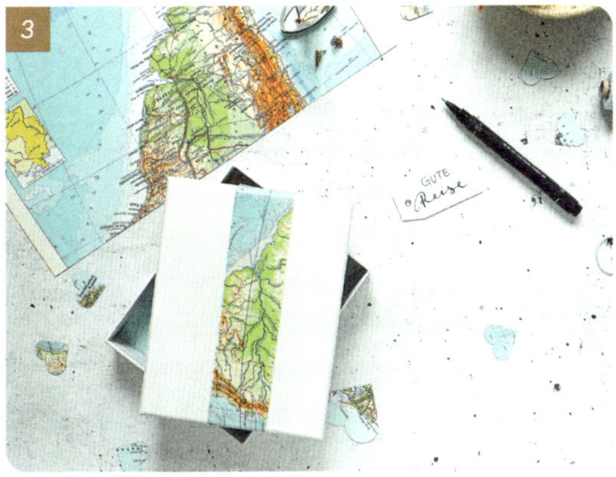

3

1. Schneide zunächst die Atlasseite oder Landkarte in der Größe des Schachtelbodens zu und klebe sie hinein.

2. Klebe nun die kleinen Figuren an die gewünschten Stellen.

   Alternativ zu den Eisenbahnfiguren kannst du auch Zeichnungen anfertigen oder Fotos einkleben. Lasse deiner Fantasie freien Lauf.

   Nun faltest du die Geldscheine nach der Anleitung auf Seite 121 zu Papierschiffen. Platziere sie ebenfalls auf der Landkarte. Um sie zu befestigen, nimmst du am besten ein Stück Klebeband und wickelst es so zusammen, dass es beidseitig klebt.

3. Beklebe dann noch den Deckel der Schachtel mit einem Papierstreifen aus der Landkarte.

4. Jetzt fehlt nur noch ein handschriftlicher Gruß, den du in die Schachtel legen kannst, und ein schönes Geschenkband zum Umwickeln und schon ist das Geldgeschenk in der Box fertig.

   Tipp: Aus den übrigen Landkarten kannst du Konfetti stanzen. Das kannst du dann noch in die Geburtstagsbox packen.

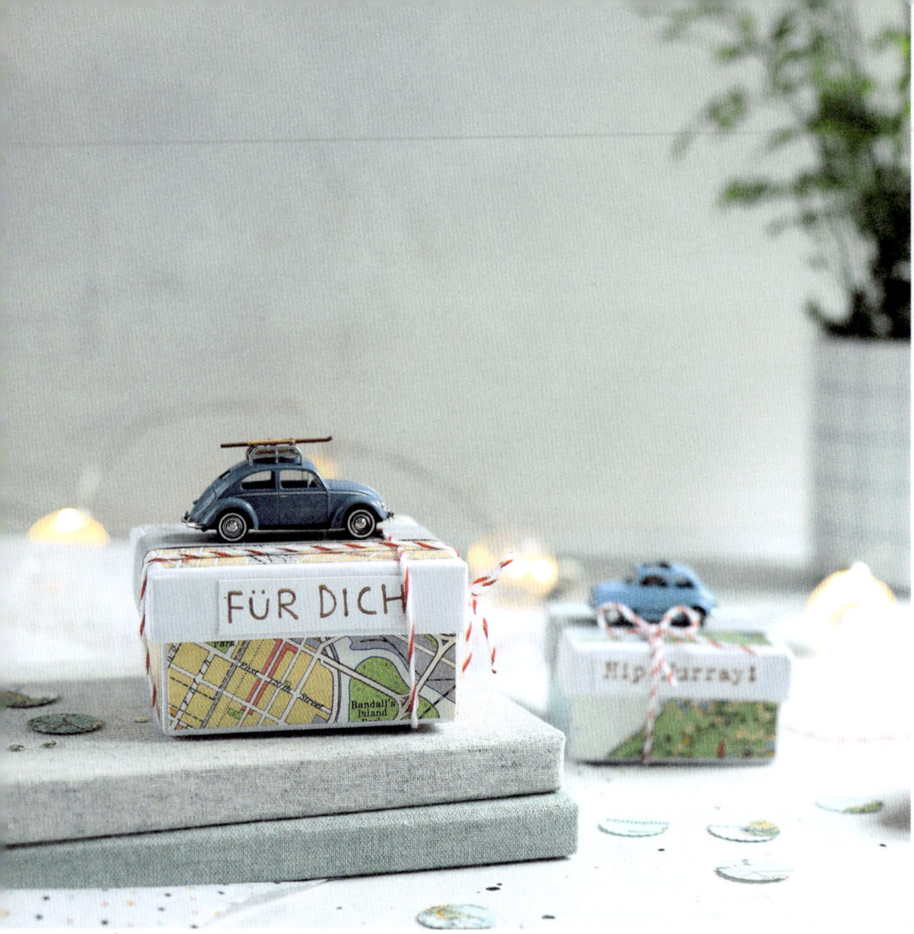

Alles, was du brauchst:

- ✓ Pappschachtel
- ✓ Land- oder Straßenkarte
- ✓ einfarbiges Papier, grau
- ✓ Kleber
- ✓ weißer, deckender Stift
- ✓ Seidenpapier (optional)
- ✓ Spielzeugauto
- ✓ Geschenkband

FÜHRERSCHEINBOX

Ob das erste Auto oder der geplante Führerschein; für junge Leute kostet das sehr viel Geld. So freuen sich Fahranfänger ganz sicher über einen kreativ verpackten Zuschuss.

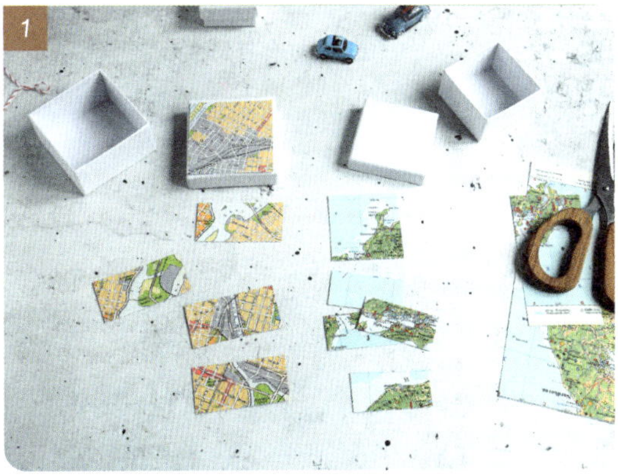

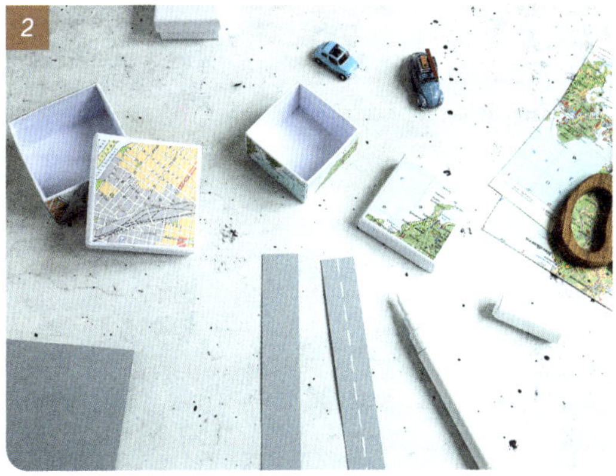

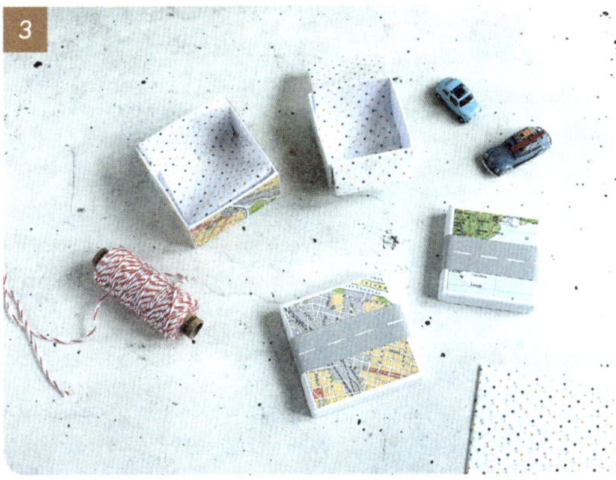

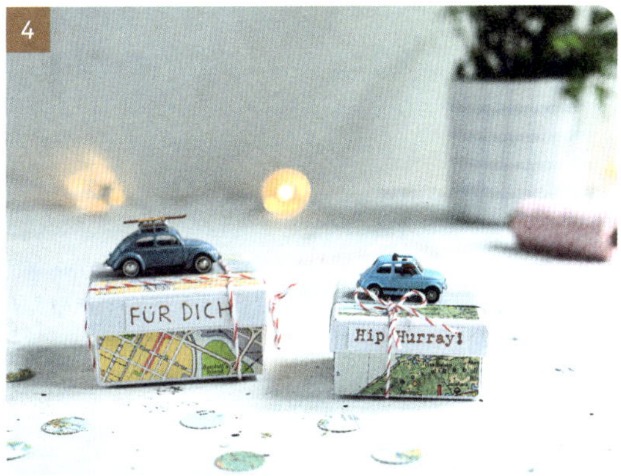

1. Schneide zunächst die Atlasseite oder Landkarte in der Größe des Schachtelbodens zu und klebe sie hinein.

2. Klebe nun die kleinen Figuren an die gewünschten Stellen.

   Alternativ zu den Eisenbahnfiguren kannst du auch Zeichnungen anfertigen oder Fotos einkleben. Lasse deiner Fantasie freien Lauf.

3. Nun faltest du die Geldscheine nach der Anleitung auf Seite 121 zu Papierschiffen. Platziere sie ebenfalls auf der Landkarte. Um sie zu befestigen, nimmst du am besten ein Stück Klebeband und wickelst es so zusammen, dass es beidseitig klebt.

4. Beklebe dann noch den Deckel der Schachtel mit einem Papierstreifen aus der Landkarte.

Jetzt fehlt nur noch ein handschriftlicher Gruß, den du in die Schachtel legen kannst, und ein schönes Geschenkband zum Umwickeln und schon ist das Geldgeschenk in der Box fertig.

Tipp: Aus den übrigen Landkarten kannst du Konfetti stanzen. Das kannst du dann noch in die Geburtstagsbox packen.

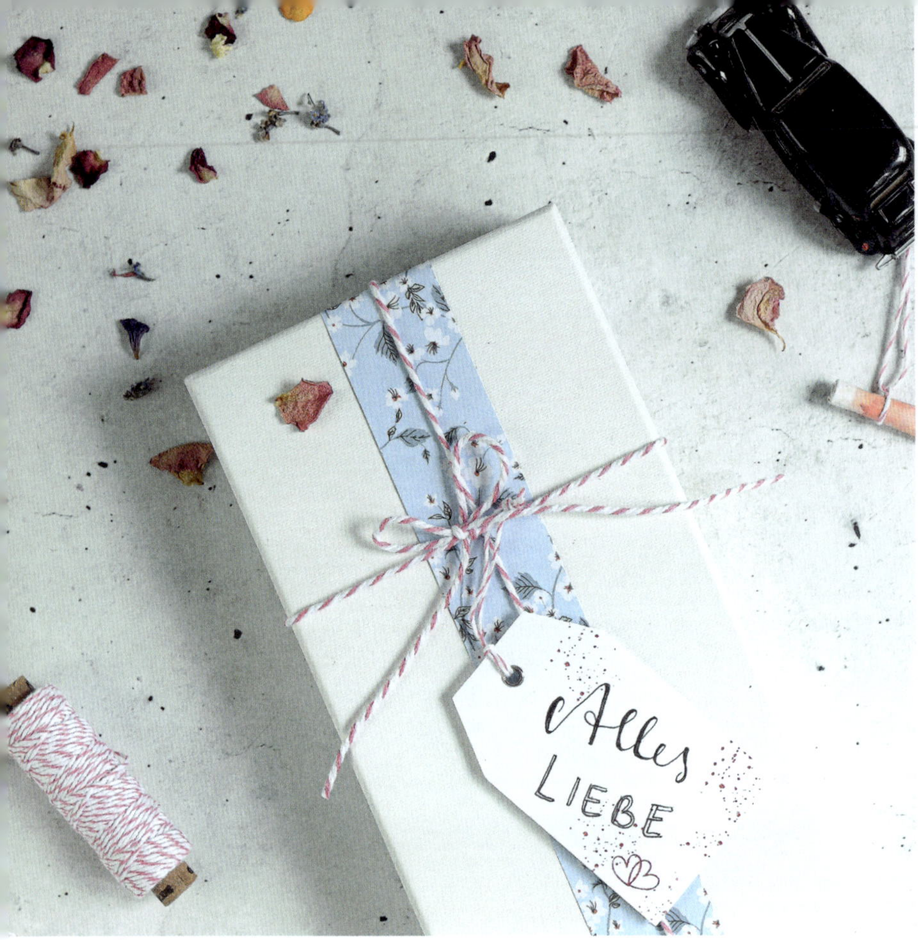

Alles, was du brauchst:

- ✓ Pappschachtel
- ✓ gemustertes Papier
- ✓ einfarbiges Papier, grau
- ✓ weißer, deckender Stift
- ✓ Spielzeugauto
- ✓ Schere
- ✓ Kleber
- ✓ Klebeband
- ✓ Getrocknete Blüten (siehe Seite 29)
- ✓ Bäckergarn
- ✓ Geldscheine
- ✓ Geschenkband

HOCHZEITSBOX

Die meisten Paare wünschen sich zur Hochzeit Geld und das will mit ganz viel Liebe verschenkt werden. Also habe ich aus der Spielzeugkiste einen schicken Oldtimer geholt und mit ordentlich Penunsen durch die Schachtel düsen lassen.

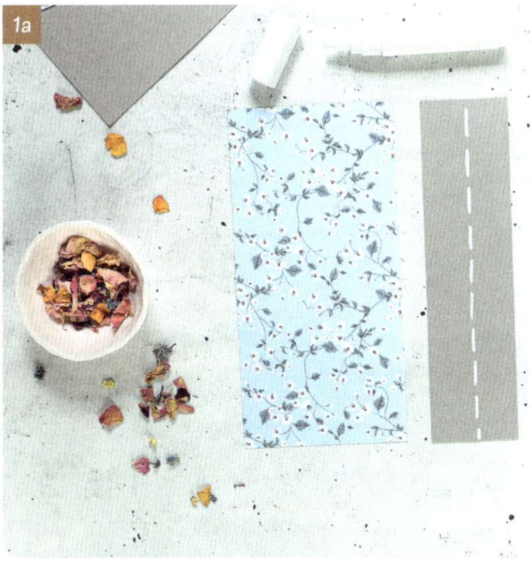

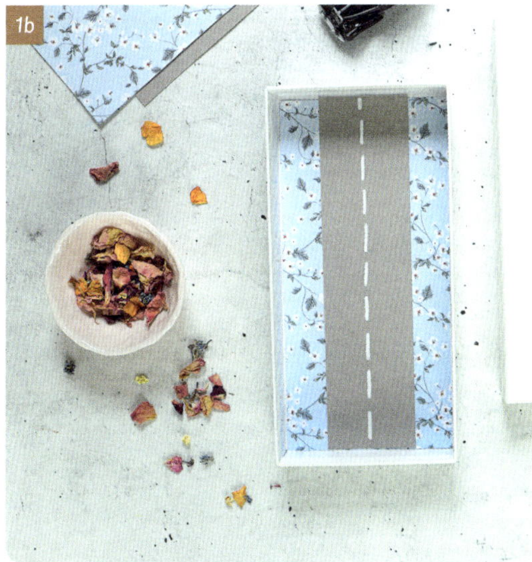

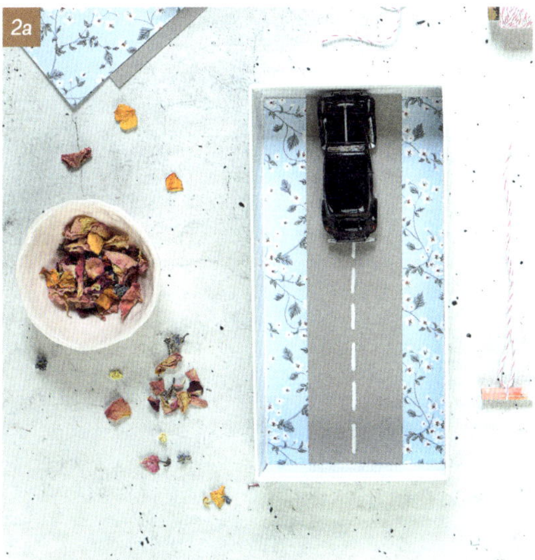

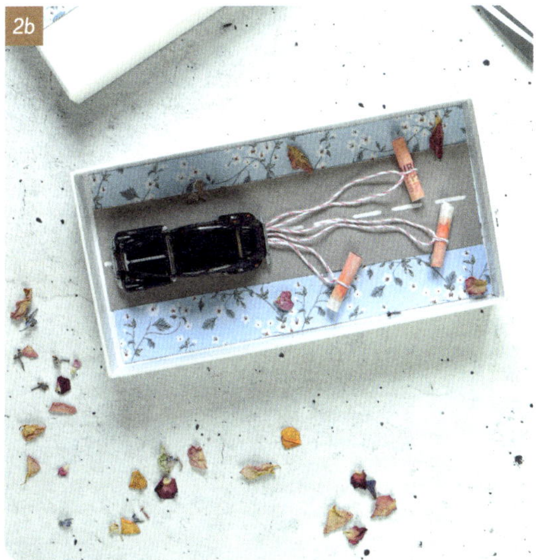

1. Schneide aus dem gemusterten Papier die passenden Teile für den Schachtelboden sowie -deckel aus. Fertige ebenso wie bei der Führerscheinbox eine Straße an und klebe anschließend alle zugeschnittenen Teile in und auf die Box.

2. Wickele die Geldscheine zu kleinen Rollen und binde sie so mit dem Bäckergarn zusammen, dass jeweils noch lange Fäden übrigbleiben. Die Fäden klebst du jetzt nur noch unter das Auto und befestigt es ebenfalls mit Kleber oder Klebeband auf der Papierstraße. Der Deckel bekommt ebenfalls noch einen Papierstreifen. Du kannst noch getrocknete Blüten in die Schachtel geben und dann alles mit Geschenkband und optional einem kleinen Schildchen dekorieren. Nun kann das Hochzeitsauto mit Vollgas zum Brautpaar düsen.

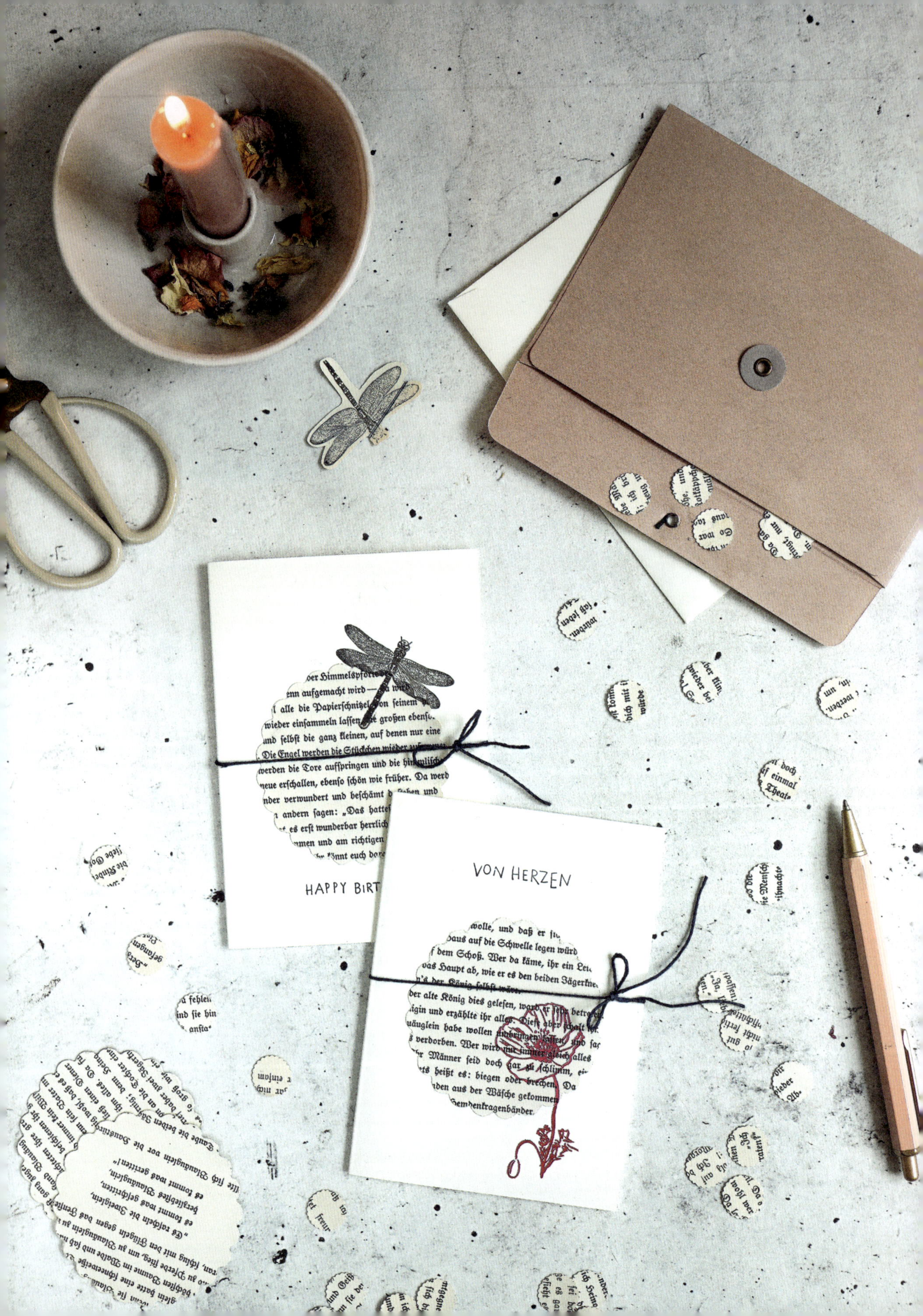
HAPPY BIRT
VON HERZEN

GLÜCKWÜNSCHE MIT ALTEN BUCHSEITEN

Ich liebe alte Buchseiten sehr und bastle unheimlich gerne damit. So bekommen abgelegte Bücher einen neuen, wundervollen Sinn und werden zu vielen neuen, kreativen Ideen verwendet. Zur Weihnachtszeit falte ich aus den Buchseiten gerne Sterne, die im Haus dekoriert, aber meistens verschenkt werden. Das nostalgische Flair der alten Seiten passt einfach wundervoll in die magische Weihnachtswelt. Aber auch für Karten und andere Ideen lassen sich die Buchseiten kreativ einsetzen.

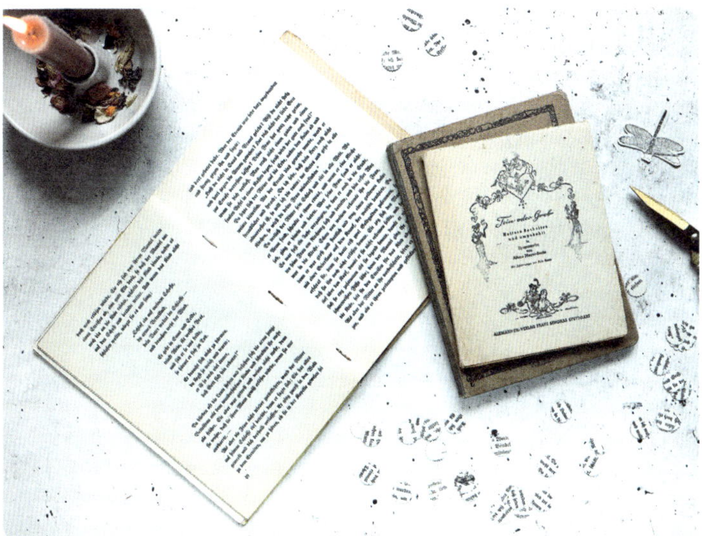

Alles, was du brauchst:

- ✓ alte Buchseiten
- ✓ gewellte Rundstanzer, ca. 7 cm und 1,6 cm
- ✓ Blankokarten
- ✓ Stempel
- ✓ Schere
- ✓ Band
- ✓ Kleber
- ✓ kleine Tüten aus Pergament- oder Transparentpapier

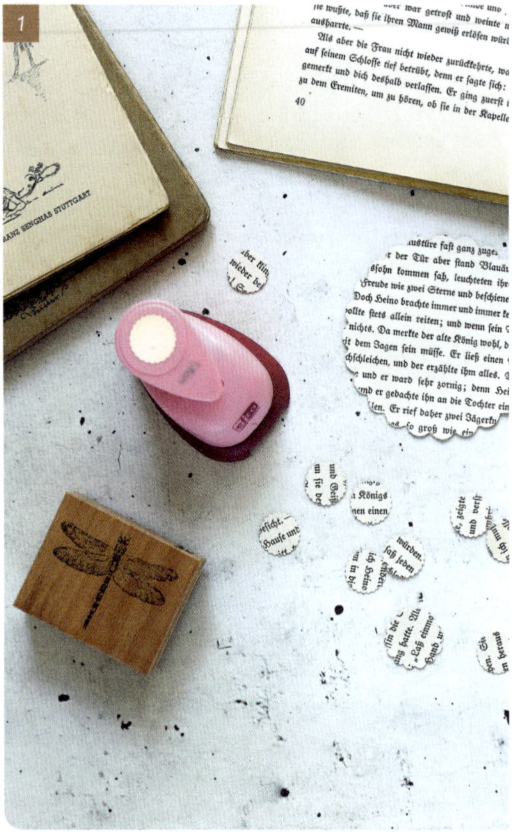

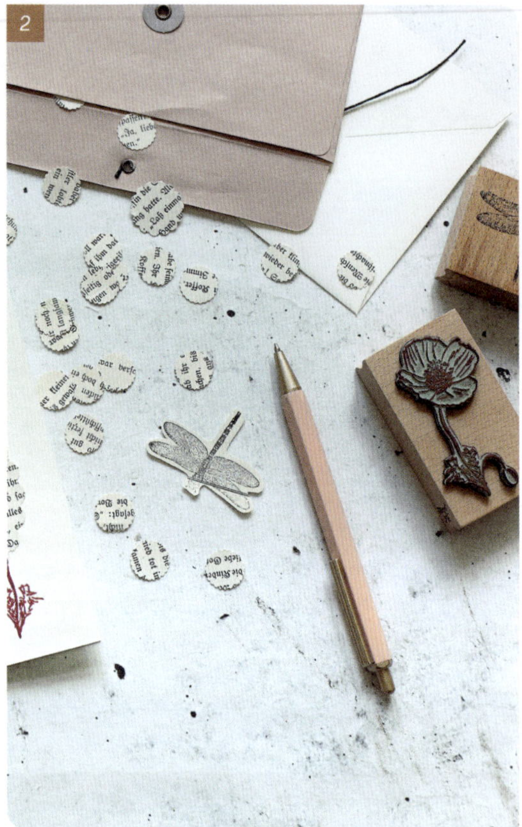

1. Aus den Buchseiten stanzt du große und kleine Kreise aus. Wenn du keine Stanzer zur Hand hast, kannst du die großen Kreise auch mit der Hand ausschneiden. Nimm dir dann einfach ein rundes Glas als Schablone zur Hilfe. Für die kleinen Kreise kannst du alternativ auch einen klassischen Locher verwenden.

2. Die ausgestanzten Kreise werden nun auf die Vorderseite der Karte geklebt. Anschließend kannst du die Karte mit schönen Stempelmotiven bestempeln. Am Schluss bekommt die Karte noch ein feines Band und kann verschenkt werden.

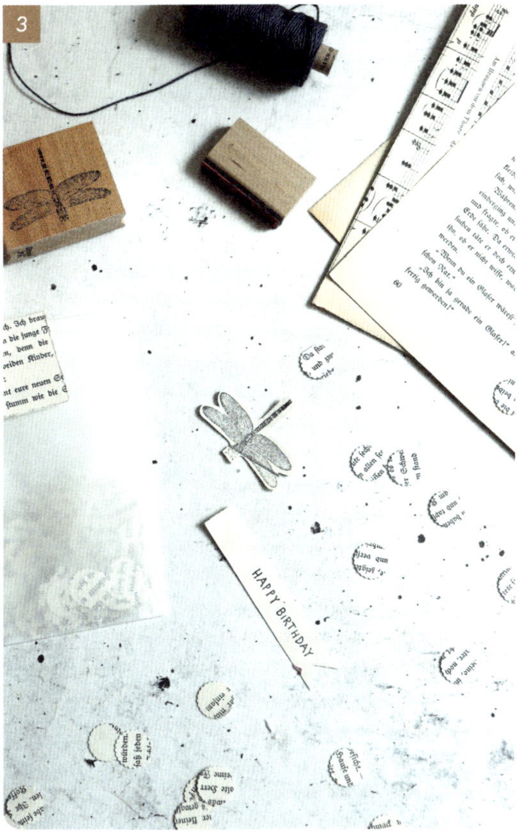

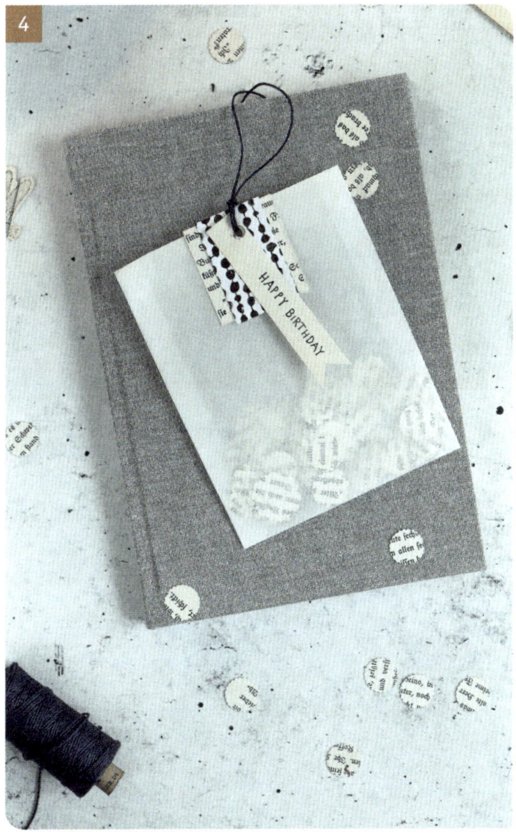

3. Für meine zweite Idee habe ich lauter kleine Konfettipünktchen aus den Buchseiten gestanzt und in ein Pergamenttütchen gesteckt. So ein Tütchen lässt sich auch ganz einfach aus einem Stück Transparentpapier zusammenkleben.

4. Das Tütchen wird jetzt noch hübsch mit Stempeln und lieben Grüßen verziert.

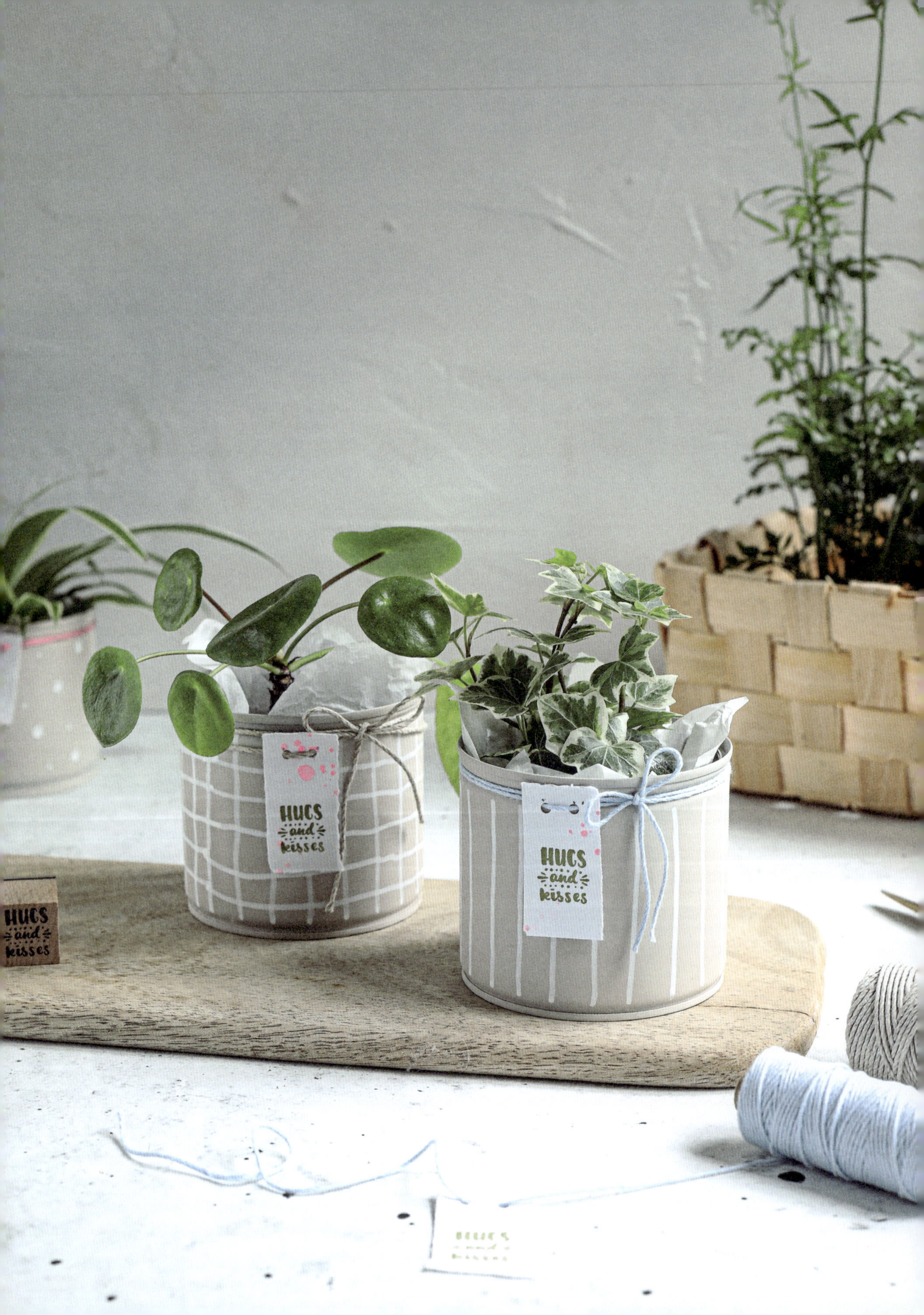
HUGS
and
kisses
HUGS
and
kisses
HUGS
and
kisses

VON DER NUSS ZUR PFLANZE – ÜBERTÖPFE AUS SNACKDOSEN

*Diese kleinen Dosen, die gerne zum Fernsehabend geleert werden, sind einfach superpraktisch für Tausend Dinge. Besonders, wenn sie noch einen Deckel haben. Dann lassen sich darin Schrauben, Klammern, Bastelkram und so viel mehr aufbewahren. Diese Dosen hier sind zu kleinen Übertöpfen für Pflanzenableger geworden. Eine tolle Verpackungsidee zum Weiterverschenken an Pflanzenfreund*innen oder als nettes Gastgeschenk.*

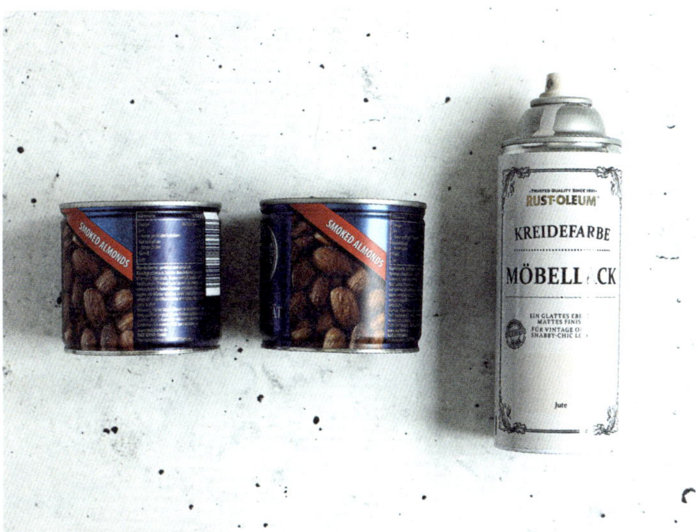

Alles, was du brauchst:

- ✓ leere Snackdosen
- ✓ Sprüh- oder Acryllack
- ✓ Lackmarker oder Acryllack (für Letzteres brauchst du dann außerdem einen feinen Pinsel)
- ✓ Dekomaterial wie Bänder und Stempel

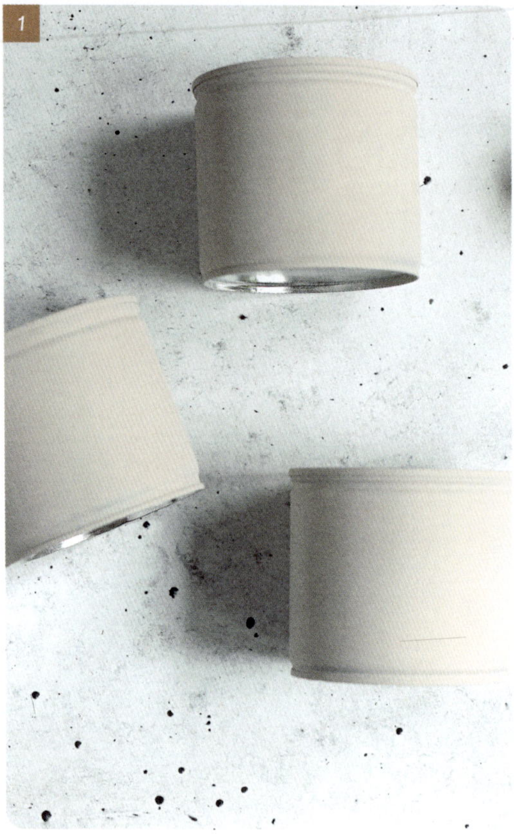

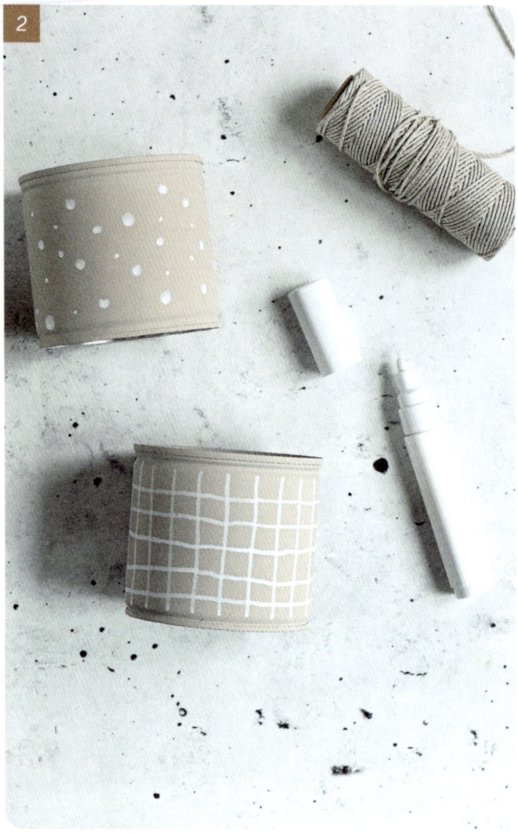

1. Reinige die Dosen zuerst gründlich. Anschließend kannst du sie mit Sprühlack oder Acryllack kolorieren.
2. Die kleinen Töpfe können, nachdem sie getrocknet sind, mit einem Lackmarker mit Streifen und Punkten verziert werden.
3. Anschließend kannst du ein Band und ein bestempeltes Kärtchen dranhängen.
4. Und schon ist ein richtig schicker Mini-Pflanztopf fertig. Wenn du mit Nagel und Hammer noch Löcher in den Boden stanzt, kann überschüssiges Wasser ablaufen.

Tipp: Bei der Verwendung von Sprühlack darauf achten, dass du möglichst draußen oder bei gut geöffnetem Fenster sprühst. Stelle die Dose am besten in einen Karton, sodass der Sprühnebel möglichst eingegrenzt wird. Um die Hände zu schonen, ziehe gerne Handschuhe an.

3

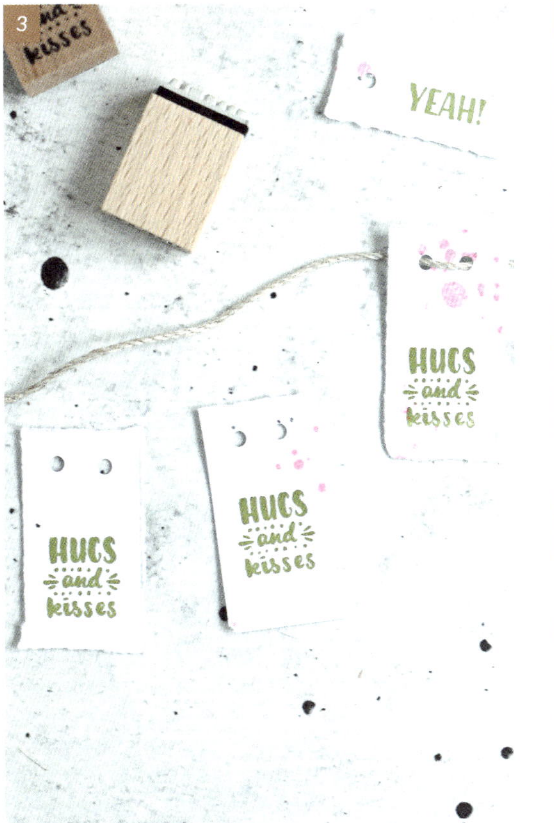
YEAH!
HUGS and kisses
HUGS and kisses
HUGS and kisses

4

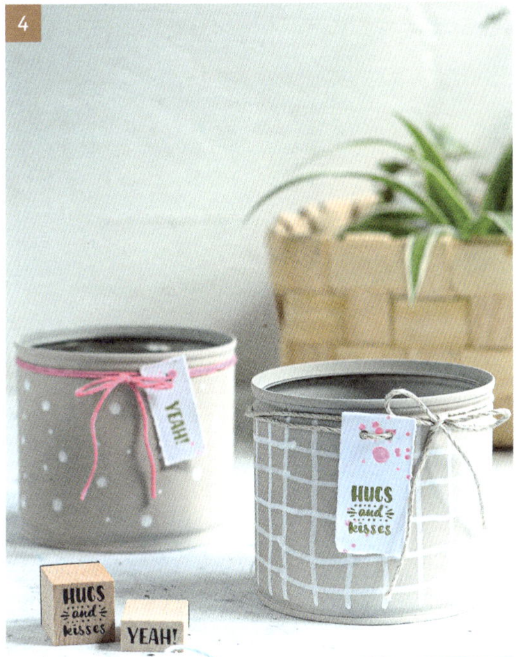
YEAH!
HUGS and kisses
HUGS and kisses
YEAH!

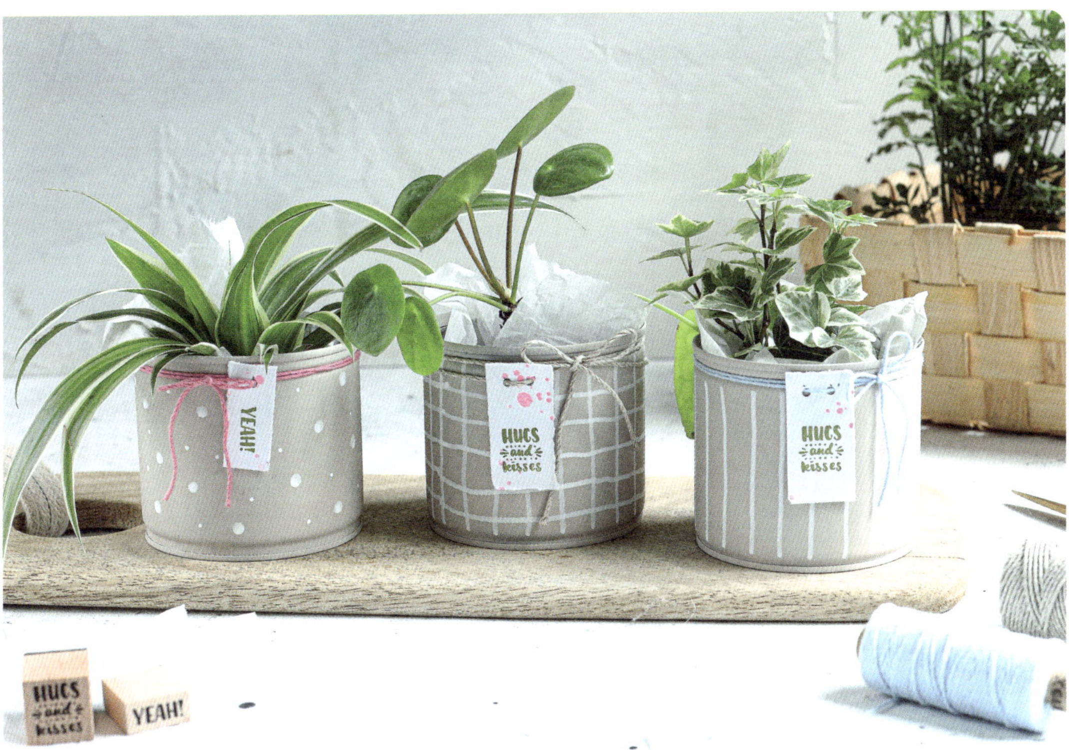
YEAH!
HUGS and kisses
HUGS and kisses
HUGS and kisses
YEAH!

VORLAGEN

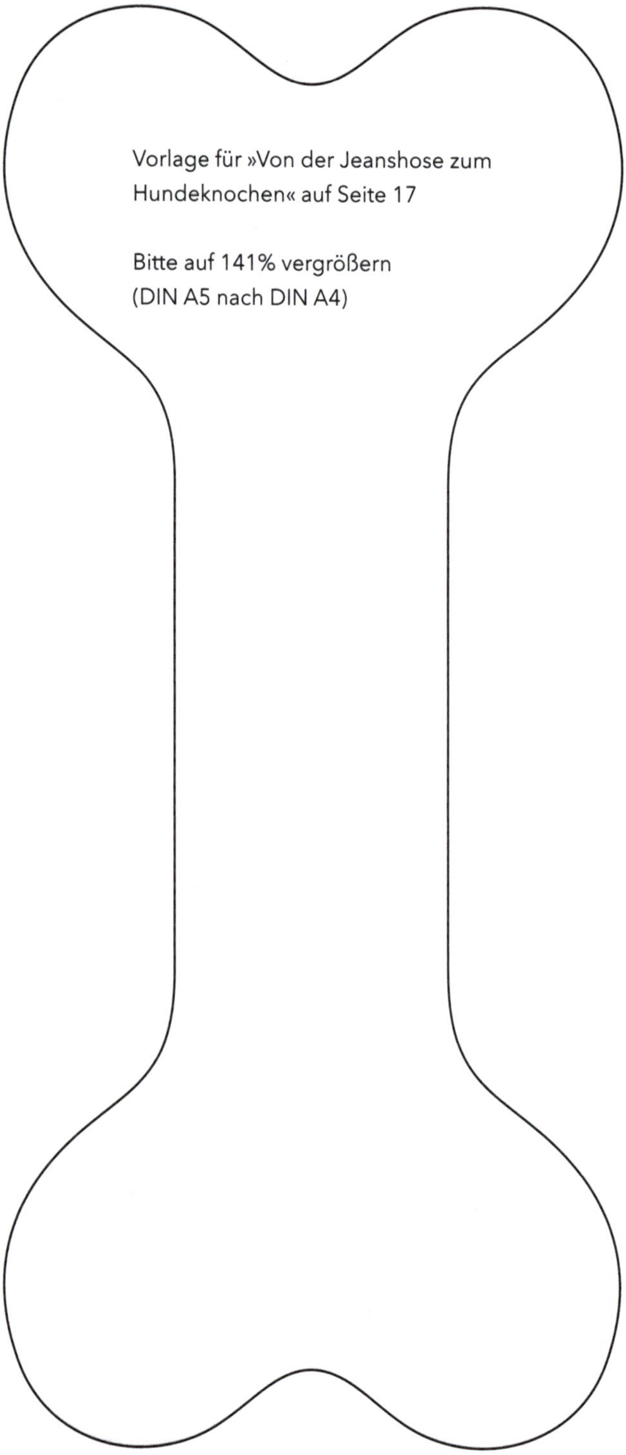

Vorlage für »Von der Jeanshose zum Hundeknochen« auf Seite 17

Bitte auf 141% vergrößern (DIN A5 nach DIN A4)

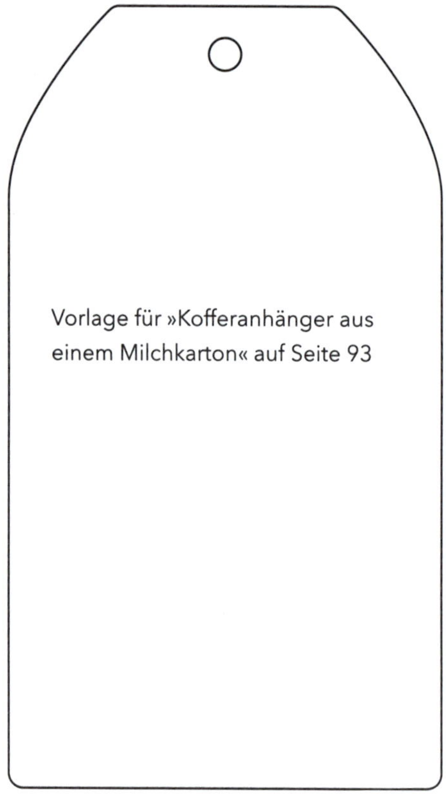

Vorlage für »Kofferanhänger aus einem Milchkarton« auf Seite 93

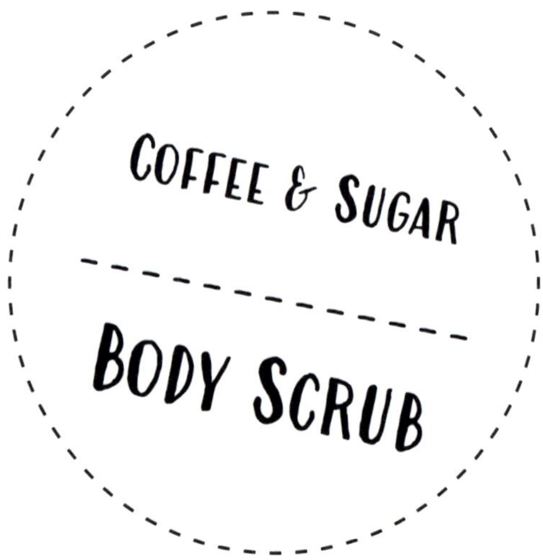

Vorlage für »Kaffee-Körperpeeling« auf Seite 38

IMPRESSUM

Design & Realisation: Evelyn Jaschke
Fotos & Styling: Evelyn Jaschke
Projektmanagement: Svenja Wiglinghaus
Lektorat: Lena-Maria Denu
Korrektorat: Mareike Weber
Umschlaggestaltung: Mathias Frisch
Layout: Marcus Taeschner, A flock of sheep
Repro: LUDWIG:media
Herstellung: Julia Hegele
Printed in Türkiye by Elma Basim

Unser komplettes Programm finden Sie unter
www.christophorus-verlag.de

★★★★★

Sind Sie mit diesem Titel zufrieden? Dann würden wir uns über Ihre Weiterempfehlung freuen. Erzählen Sie es im Freundeskreis, berichten Sie Ihrem Buchhändler oder bewerten Sie bei Onlinekauf. Und wenn Sie Kritik, Korrekturen, Aktualisierungen haben, freuen wir uns über Ihre Nachricht an:
Christophorus Verlag,
Postfach 40 02 09, D-80702 München oder per E-Mail an lektorat@verlagshaus.de

Die Deutsche Nationalbibliothek verzeichnet diese Publikation in der Deutschen Nationalbibliografie; detaillierte bibliografische Daten sind im Internet über www.dnb.de abrufbar.

ISBN 978-3-8388-3906-6

FSC www.fsc.org MIX Aus vorbildlich bewirtschafteten Wäldern FSC® C164814

Kreativ-Service

Sie haben Fragen zu unseren Büchern und Materialien? Wir beraten Sie gern rund um alle Kreativthemen. Rufen Sie uns einfach an. Wir interessieren uns auch für Ihre eigenen Ideen und Anregungen. Sie erreichen uns per E-Mail kreativ-service@c-verlag.de oder unter der Telefonnummer 0049-89-1306 99 577.